Rechtsrahmen und Regulierung Privater Militär- und Sicherheitsunternehmen unter besonderer Berücksichtigung ihrer Einsatzmöglichkeiten in UN-Friedensmissionen

ERLANGER SCHRIFTEN ZUM ÖFFENTLICHEN RECHT

Herausgegeben von Andreas Funke, Max-Emanuel Geis,
Heinrich de Wall, Markus Krajewski , Jan-Reinard Sieckmann
und Bernhard W. Wegener

Band 8

Tina Linti

Rechtsrahmen und Regulierung Privater Militär- und Sicherheitsunternehmen unter besonderer Berücksichtigung ihrer Einsatzmöglichkeiten in UN-Friedensmissionen

PETER LANG

Bibliografische Information der Deutschen Nationalbibliothek
Die Deutsche Nationalbibliothek verzeichnet diese Publikation
in der Deutschen Nationalbibliografie; detaillierte bibliografische
Daten sind im Internet über http://dnb.d-nb.de abrufbar.

Zugl.: Erlangen-Nürnberg, Univ., Diss., 2018

Umschlagabbildung:
Historisches Siegel der Universität Erlangen-Nürnberg.

Gedruckt auf alterungsbeständigem,
säurefreiem Papier.

D 29
ISSN 2192-8460
ISBN 978-3-631-76024-6 (Print)
E-ISBN 978-3-631-76237-0 (E-Book)
E-ISBN 978-631-76238-7 (E-Pub)
E-ISBN 978-631-76239-4 (Mobi)
DOI 10.3726/b14427

© Peter Lang GmbH
Internationaler Verlag der Wissenschaften
Berlin 2018
Alle Rechte vorbehalten.

Peter Lang – Berlin · Bern · Bruxelles · New York ·
Oxford · Warszawa · Wien

Diese Publikation wurde begutachtet.

www.peterlang.com

Inhaltsverzeichnis

Abkürzungsverzeichnis

AdV	Archiv des Völkerrechts
AJIL	American Journal of International Law
AMRK	Amerikanische Menschenrechtskonvention
ANSI	American National Standards Institute
AöR	Archiv des Öffentlichen Rechts
APSC Guidelines	UN Guidelines on the Use of Armed Security Services from Private Security Companies
APuZ	Archiv für Politik und Zeitgeschichte
ASIS	American Society for Industrial Security
BGBL	Bundesgesetzblatt
BPS	Bundesgesetz über die im Ausland erbrachten privaten Sicherheitsdienstleistungen
BYIL	British Yearbook of International Law
CCDP	Centre on Conflict, Development & Peacebuilding
CSR	Corporate Social Responsibility
DARIO	Draft Articles on the Responsibility of International Organizations
DCAF	Geneva Centre for the Democratic Control of Armed Forces
DFS	Department of Field Support
DÖV	Die Öffentliche Verwaltung – Zeitschrift für Öffentliches Recht und Verwaltungswissenschaften
DPKO	United Nations Department for Peacekeeping Operations
Draft Articles	Draft Articles on Responsibility of States for Internationally Wrongful Acts
Draft Convention	Draft of a possible Convention on Private Military and Security Companies (PMSCs) for consideration and action by the Human Rights Council
DSS	United Nations Department of Safety and Security
DVBL	Deutsches Verwaltungsblatt
EGMR	Europäischer Gerichtshof für Menschenrechte
EJIL	European Journal of International Law
EMRK	Europäische Menschenrechtskonvention
EUI	European University Institute
FILJ	Fordham International Law Journal
GK	Genfer Konvention

GYIL	German Yearbook of International Law
HLKO	Haager Landkriegsordnung
HuV	Humanitäres Völkerrecht
IAGMR	Inter-Amerikanischer Gerichtshof für Menschenrechte
ICLQ	International and Comparative Law Quarterly
ICoC	International Code of Conduct for Private Security Service Providers
ICoCA	International Code of Conduct Articles of Association
ICRC	International Committee of the Red Cross
IFOR	Implementation Force
IGH	Internationaler Gerichtshof
IGWG	open-ended intergovernmental working group to consider the possibility of elaborating an international regulatory framework on the regulation, monitoring and oversight of the activities of private military and security companies
IJHL	International Journal of Human Rights
ILC	International Law Commission
IPbpR	Internationaler Pakt über bürgerliche und politische Rechte
ISAF	International Security Assistance Force
ISO	International Organization for Standardization
ITAR	International Traffic in Arms Regulations
JIHLS	Journal of International Humanitarian Legal Studies
JILPAC	Journal of International Law of Peace and Armed Conflict
KFOR	Kosovo Force
LJIL	Leiden Journal of International Law
MINURCAT	United Nations Mission in the Central African Republic and Chad
MINURSO	United Nations Mission for the Referendum in Western Sahara
MINUSMA	United Nations Multidimensional Integrated Stabilization Mission in Mali
MINUSTAH	United Nations Stabilization Mission in Haiti
Montreux Document	Montreux Document on pertinent international legal obligations and good practices for States related to operations of private military and security companies during armed conflict
MONUC	United Nations Organization Mission in the Democratic Republic of the Congo
MONUSCO	United Nations Organization Stabilization Mission in the Democratic Republic of the Congo
MPEPIL	Max Planck Encyclopedia of Public International Law

MPYUNL	Max Planck Yearbook of United Nations Law
NCACC	National Conventional Arms Control Committee
NKS	Nationale Kontaktstelle
NYIL	Netherlands Yearbook of International Law
OAU	Organisation of African Unity
OECD	Organisation for Economic Co-operation and Development
OIOS	Office of Internal Oversight Services
ONUB	United Nations Operation in Burundi
ONUC	United Nations Operation in the Congo
ONUMOZ	United Nations Operation in Mozambique
OSZE	Organisation für Sicherheit und Zusammenarbeit in Europa
PAE	Pacific Architects and Engineers
PMSC	Private Military and Security Company
PSIRA	Private Security Industry Regulation Act
RdC	Recueil des Cours
RFMA	Regulation of Foreign Military Assistance Act
SFOR	Stabilisation Force
SIRA	Security Industry Regulating Authority
SoFA	Status of Forces Agreement
SWP	Stiftung Wissenschaft und Politik
TUN	Transnationale Unternehmen
UN Working Group	UN Working Group on the use of mercenaries as a means of violating human rights and impeding the exercise of the right of peoples to self-determination
UNAMA	United Nations Assistance Mission In Afghanistan
UNAMIR	United Nations Assistance Mission for Rwanda
UNAVEM	United Nations Angola Verification Mission
UNCOK	United Nations Commission on Korea
UNEF	United Nations Emergency Force
UNFICYP	United Nations Peacekeeping Force in Cyprus
UNHCR	United Nations High Commissioner for Refugees
UNIFIL	United Nations Interim Force in Lebanon
UNISFA	United Nations Interim Security Force for Abyei
UNMEE	United Nations Mission in Ethiopia and Eritrea
UNMIK	United Nations Mission in Kosovo
UNMIL	United Nations Mission in Liberia
UNMISS	United Nations Mission in the Republic of South Sudan
UNMOGIP	United Nations Military Observer Group in India and Pakistan
UNMOGIP	United Nations Military Observer Group in India and Pakistan

UNOCI	United Nations Operation in Côte d'Ivoire
UNOMIL	United Nations Observer Mission in Liberia
UNOSOM	United Nations Operation in Somalia
UNPROFOR	United Nations Protection Force
UNTAET	United Nations Transitional Administration in East Timor
UNTSO	United Nations Truce Supervision Organization in Jerusalem
UNYB	United Nations Yearbook
VStGB	Völkerstrafgesetzbuch
VVDStRL	Veröffentlichungen der Vereinigung der Deutschen Staatsrechtslehrer
WVRK	Wiener Vertragsrecht Konvention
YBILC	Yearbook of the International Law Commission
YIHL	Yearbook of International Humanitarian Law
ZaöRV	Zeitschrift für ausländisches öffentliches Recht und Völkerrecht
ZP	Zusatzprotokoll

Einleitung und Gang der Darstellung

„Peace is a daily, a weekly, a monthly process, gradually changing opinions, slowly eroding old barriers, quietly building new structures."[1]

US-Präsident *John F. Kennedy* beschrieb in seiner Ansprache vor der UN-Generalversammlung einen Veränderungsprozess, wie er sich auch bei den Friedensmissionen der UN wiederfinden lässt. Trotz der stetigen Weiterentwicklung und Anpassung an neue Herausforderungen, Rahmenbedingungen und Aufgabenstellungen wurde gleichzeitig auch an grundlegenden Strukturen und Prinzipien festgehalten. Beginnend mit reinen Beobachtermissionen, hin zu robusten Einsätzen in Konfliktgebieten, veränderte sich das Profil der Peacekeeper in signifikanter Weise. Immer wieder wurde und wird dabei insbesondere das Maß der Gewaltanwendung diskutiert.

Aktuell stellt sich für Friedensmissionen die Frage nach den Einsatzmöglichkeiten von Privaten Sicherheits- und Militärfirmen (PMSCs). Damit greift man auf eine – vor allem in der medialen Öffentlichkeit – stark stigmatisierte Branche zurück und sieht sich deshalb weitreichenden Bedenken ausgesetzt. Beginnend mit der grundsätzlichen Frage der Delegierbarkeit von staatlichen Aufgaben an Private, dem völkerrechtlichen Status des PMSC-Personals, über Fragen nach deren Rechtsbindung – insbesondere im Hinblick auf die Menschenrechte – hin zu dem Problemfeld der Sanktionierung und der Gewährung effektiven Rechtsschutzes. Dies beschreibt zugleich die Ausgangslage für die künftige Regulierung von PMSCs. Dabei stehen Selbstverpflichtungserklärungen der Forderung nach einer internationalen, rechtsverbindlichen Konvention gegenüber.

Während der Recherche zu dieser Arbeit zeigte sich, dass die Bedeutung von PMSCs für die UN und speziell für Friedensmissionen – auch innerhalb der UN – ganz unterschiedlich wahrgenommen wird. Während der *Under-Secretary-General for Safety and Security* die Mitwirkung von PMSCs als *drop in the ocean*[2] charakterisiert, sieht die *UN Working Group on the use of mercenaries as a means of violating human rights and impeding the exercise of the right of peoples to self-determination* in den engen Beziehungen zwischen UN

---

1   *Kennedy*, Ansprache vor der UN-Generalversammlung 20.09.1963.

2   *Peter Thomas Drennan*, Fourth session – Open-ended IGWG to consider the possibility of elaborating an international regulatory framework on the regulation, monitoring and oversight of the activities of private military and security companies, 29. April 2015, Büro der Vereinten Nationen in Genf.

und PMSCs ein nicht zu unterschätzendes Gefahrenpotential. Diese Auffassung spiegelt sich auch in ihrem Bericht, der deutliche Missstände identifiziert und entsprechende Nachbesserungen im Umgang mit PMSCs einfordert, wider.[3] Ebenso wird in der einschlägigen Literatur ein vielschichtiges und umfangreiches Bild der Einsatzmöglichkeiten von PMSCs beschrieben.

Zielsetzung der vorliegenden Arbeit ist es, das Ausmaß der Verbindungen von PMSCs und Friedensmissionen zu erfassen, die vorhandenen Regulierungsmechanismen zu identifizieren, vergleichend gegenüberzustellen sowie rechtlich zu bewerten. Etwaige Kombinationsmöglichkeiten und Interdependenzen werden aufgezeigt und daraus der notwendige Handlungsbedarf abgeleitet sowie konkrete Handlungsvorschläge erarbeitet.

In den ersten Arbeitsschritten wird das Phänomen der PMSCs als solches sowie deren Aufgaben- und Einsatzfelder dargestellt. Neben deren Einsatzmöglichkeiten im Personen- und Objektschutz, wird hier auch die Entwicklung der UN-Friedensmissionen erläutert (1. Kapitel). Anschließend werden der Rechtsstatus des PMSC-Personals gemäß dem humanitären Völkerrecht sowie die grundsätzliche Zulässigkeit und die Grenzen der Einsatzmöglichkeiten anhand der Regelungen des humanitären Völkerrechts, der Menschenrechte sowie der sog. Due-Diligence-Verpflichtungen analysiert (2. Kapitel). Für letzteren Punkt werden insbesondere die Zurechnungsfrage, der einschlägige Rechtsrahmen sowie die Durchsetzung der Rechtsfolgen und etwaige Sanktionierungsmöglichkeiten diskutiert. Anschließend werden die unterschiedlichen, auf internationaler und nationaler Ebene bestehenden Regulierungsansätze analysiert und bewertet, ob es sich dabei um belastbare Regulierungsmechanismen für den Einsatz von PMSCs handelt (3. Kapitel). Ein besonderer Schwerpunkt wird hierbei auf vier Regelungsinstrumente gelegt. Die Gruppe der zu untersuchenden Regulierungsmechanismen besteht sowohl aus rechtsverbindlichen Regulierungsansätzen als auch Selbstverpflichtungserklärungen. Dabei werden wiederum sowohl PMSC-spezifische als auch allgemein an Wirtschaftsunternehmen adressierte Regulierungsansätze einbezogen und deren Verflechtungen untereinander dargestellt und hinterfragt, wie diese weiterentwickelt, kombiniert oder auch modifiziert werden können, um den Anforderungen, die der Einsatz von PMSCs mit sich bringt, besser gerecht werden zu können (4. Kapitel).

---

3   UN Doc., A/69/338, 21.08.2014, Report of the Working Group on the use of mercenaries as a means of violating human rights and impeding the exercise of the right of peoples to self-determination.

Gleichzeitig soll an dieser Stelle aber auch bereits deutlich gemacht werden, was nicht Ziel dieser Arbeit ist. Das System der UN-Friedensmissionen zeichnet sich durch komplexe Strukturen, vielschichtige Wechselwirkungen mit den Mitgliedstaaten sowie durch Unzulänglichkeiten bei der Implementierung und der Sanktionierung aus. Diese Probleme können und sollen in der vorliegenden Arbeit nicht selbstständig behandelt und/oder gar gelöst werden. Vielmehr geht es um die Konsequenzen des Einsatzes von PMSCs, deren rechtliche Einordnung und die Identifikation belastbarer Regulierungsmechanismen.

1. Kapitel: Das Phänomen der Privaten Militär- und Sicherheitsfirmen (PMSCs)

PMSCs haftet in den Medien der Ruf der Söldner und das Image der nicht belangbaren, privaten Kämpfer an, die fernab jeglicher Gesetze und Konsequenzen agieren.[4] Die Vorstellung, dass diese nun von der UN und zur Erfüllung ihrer hehren Ziele herangezogen werden, ruft des Öfteren Skepsis und Ablehnung hervor.[5] Diese Skepsis ist nicht unbegründet. PMSCs waren vermehrt in Gewaltanwendungen, Hinrichtungen, Misshandlungen, Menschenhandel und Ausbeutungen verwickelt.[6] Dabei war es den PMSCs und ihrem Personal oft möglich, sich sowohl im Einsatz- als auch im Heimatstaat (Staat in dem die PMSC ihren Hauptsitz hat) einer Strafverfolgung zu entziehen. Zudem haben durchgeführte Audits Korruption, Verschwendung und Ineffizienz offensichtlich gemacht.[7] Andererseits bergen PMSCs das Potential in sich, Ressourcenknappheit, fehlender Effektivität und unüberschaubaren Verzögerungen entgegen zu wirken. Das Phänomen der PMSCs soll nun anhand ihres Aufgabenspektrums und mittels konkreter Einsatzbeispiele dargestellt und exemplifiziert werden.

§ 1 Terminologie – Was sind PMSCs?

PMSCs weisen keine einheitlichen Strukturen auf. Sie existieren sowohl als transnational organisierte und operierende „Global Players" mit tausenden von Angestellten als auch als lokal ansässige Kleinunternehmen. Durch eine Fusions- und Übernahmewelle in den letzten Jahren hat in der PMSC-Landschaft allerdings eine Konzentration auf trans- und multinationale Unternehmen[8]

---

4   *Kruck/Spencer*, in: Hofmann/Renner/Teich (Hrsg.), Narrative Formen der Politik, S. 145 (145 ff.).
5   *Pingeot*, Dangerous Partnership, S. 18 ff.
6   UN Doc., A/HRC/15/25/Add.2, 14.06.2010, Report of the UN Working Group on the use of mercenaries as a means of violating human rights and impeding the exercise of the right of peoples to self-determination – Mission to Afghanistan, Para. 57 ff.
7   Commission on Wartime Contracting in Iraq and Afghanistan, Transforming Wartime Contracting, S. 68 ff.
8   Während im alltäglichen Sprachgebrauch die Begriffe häufig synonym verwendet werden, unterscheidet die Wissenschaft. Multinationale Unternehmen zeichnen sich durch eine multinationale Eigentümerstruktur aus. Transnationale Unternehmen hingegen

stattgefunden.[9] Literatur und Praxis zeichnen sich hinsichtlich der Anbieter von Militär- und Sicherheitsdienstleistungen durch eine große Begriffsdiversität aus. Die am häufigsten gebrauchten sind: Private Sicherheitsfirmen, Private Sicherheitsanbieter, Private Militärfirmen oder Privatisierte Militärische Unternehmen. Die Unternehmen selbst präferieren die Klassifizierung als Sicherheitsdienstleister und setzten dabei auf die damit einhergehende positive Konnotation. Die Bezeichnung als <u>Military</u> Companies wird weitestgehend vermieden, da sie die Verbindung zum Militärsektor als für ihren Ruf und ihre wirtschaftlichen Ziele beeinträchtigend wahrnehmen. So wechselte z.B. der Titel des momentan relevantesten Regulierungsansatzes während der Verhandlungsphase von „Private <u>Military</u> and Security Service Providers" zu „Private Security Service Providers". *Singer* wählt mit seiner *Tip-of-the-Spear Typology* eine Unterteilung in *Military*

---

sind wesentlich stärker internationalisiert. Als TNUs werden nach nationalem Gesellschaftsrecht gegründete juristische Personen verstanden die über zentral gesteuerte Niederlassungen, Tochterfirmen oder Produktionsstätten in mehreren Staaten verfügen, einen Großteil ihres Umsatzes im Ausland einwerben und ihre Unternehmensstrategie global ausrichten (siehe hierzu Emmerich-Fritsche, AdV 2007, 541). Mittlerweile hat sich in der Literatur ein vermehrter Gebrauch des Begriffs transnational etabliert. Dies steht ebenfalls im Einklang mit der, vom UN-Generalsekretär auf Beschluss des Wirtschafts- und Sozialrat der Vereinten Nationen eingesetzten, sog. Group of Eminent Persons. Dort heißt es „There is general agreement in the Group that the word ‚enterprise' should be substituted for corporation, and a strong feeling that the word transnational would better convey the notion that these firms operate from their home bases across national borders." (UN Doc., E/5500, 14.06.1974, The Impact of Multinational Corporations on the Development Process and on International Relations, Fn. 2.) Die Begrifflichkeiten transnational und multinational sollen hier nicht weiter differenziert werden, da dies für die zugrundeliegende Fragestellung nicht streitentscheidend ist. Zudem zeigt auch die Definition der OECD, dass die Begriffe in diesem Kontext sehr allgemein zu verstehen sind, Abschnitt I Nr. 4, „Eine genaue Definition des Begriffs multinationales Unternehmen ist zum Zweck der Leitsätze nicht erforderlich. Diese Unternehmen sind in allen Wirtschaftsbereichen tätig. Es handelt sich gewöhnlich um Unternehmen oder andere in mehreren Ländern niedergelassene Unternehmensteile, die so miteinander verbunden sind, dass sie ihre Geschäftstätigkeit auf unterschiedliche Art und Weise koordinieren können. Einer oder mehrere dieser Unternehmensteile können u.U. in der Lage sein, einen wesentlichen Einfluss auf die Geschäftstätigkeit der anderen Unternehmensteile auszuüben, doch wird ihr Autonomiegrad innerhalb des Gesamtunternehmens je nach den betreffenden multinationalen Unternehmen sehr unterschiedlich sein."

9 *Pingeot*, Dangerous Partnership, S. 11.

Provider, Military Consultant und *Military Support Firms.*[10] Aber auch eine solche Unterteilung kann nur bedingt überzeugen. Das konkrete Einsatzfeld kann sich in kürzester Zeit ändern und Firmen, die sich gerade noch im deutlichen Abstand zu den unmittelbaren Kampfhandlungen befinden, können rasch im Zentrum der Konflikte stehen.[11] Des Weiteren ist eine solche Trennung in der Praxis wegen des meist sehr breiten Aufgabenspektrums der Unternehmen kaum durchführbar.[12] Ebenso wenig kann eine Differenzierung in offensive und defensive Tätigkeiten überzeugen. Das humanitäre Völkerrecht kennt eine solche Unterscheidung gerade nicht; beide Handlungsvarianten können als unmittelbare Teilnahme an Feindseligkeiten qualifiziert werden.[13] Die fehlende Trennschärfe ist für die Ableitung völkerrechtlicher Konsequenzen daher nicht relevant.

Bislang gibt es auch keine einheitliche Definition für PMSCs.[14] Am 17. September 2008 wurde von 17 Staaten das *Montreux Document* verabschiedet.[15] In ihm wurden bestehende Verpflichtungen des humanitären Völkerrechts und der Menschenrechte für Sitz-, Vertrags- sowie Gaststaaten der PMSCs dargestellt und *Good Practices* Beispiele für den Umgang mit PMSCs erarbeitet. Das *Montreux Document*, das PMSCs damit zum ersten Mal auf internationaler Ebene thematisierte, definiert PMSCs entsprechend dem dieser Arbeit zu Grunde liegenden Verständnis:

> "PMSCs" are private business entities that provide military and/or security services, irrespective of how they describe themselves. Military and security services include, in particular, armed guarding and protection of persons and objects, such as convoys, buildings and other places; maintenance and operation of weapons systems; prisoner detention; and advice to or training of local forces and security personnel.[16]

---

10 *Singer*, Corporate Warriors, S. 91.

11 *Seidl*, Private Sicherheits- und Militärfirmen als Instrumente staatlichen Handelns, S. 17.

12 *Krahmann/Schneiker*: Diskussionspapier Mehr Kapazität – Weniger Verantwortung?, S. 2; *Krahmann/Abzhaparova*, The Regulation of Private Military and Security Services in the European Union: Current Policies and Future Options, Para. 2; *Tonkin*, State Control over Private Military and Security Companies in Armed Conflict, S. 33.

13 *Krahmann/Schneiker*, Diskussionspapier Mehr Kapazität – Weniger Verantwortung?, S. 2.

14 *Pressler*, MPYUNL 2014, 152 (155).

15 Siehe dazu ausführlich 3. Kapitel § 1 A.

16 Montreux Document on Pertinent International Legal Obligations and Good Practices for States related to Operations of Private Military and Security Companies during Armed Conflict (im Folgenden: Montreux Document); Preface Nr. 9 a.

Der Aufgabenkatalog orientiert sich dabei augenscheinlich an dem von nationalen Militär- und Polizeikräften.[17] Daran schließt eine Definition des PMSC-Personals an,[18] wonach auch das Personal von Subunternehmen – einem bei PMSCs weit verbreiteten Phänomen – umfasst wird.[19] Sowohl das *Montreux Document* als auch die Definition in der *Draft of a possible Convention on Private Military and Security Companies (PMSCs) for consideration and action by the Human Rights Council* (im Folgenden: *Draft Convention),*[20] definiert PMSCs mittels einer funktionalen Betrachtung.[21] In keinem der beiden Dokumente wird der Einsatz von PMSCs in UN-Friedensmissionen thematisiert.[22]

Die entgeltliche Beauftragung von nicht-staatlichen Akteuren für Kampfhandlungen reicht bis weit in die Vergangenheit.[23] Wie sich aus den folgenden Ausführungen ergibt, sind diese mit den heutigen PMSCs aber nur noch bedingt vergleichbar.

Die historische Entwicklung der Privaten Militär- und Sicherheitsfirmen kann kaum beschrieben werden ohne dabei das Söldnerwesen anzusprechen. Sowohl PMSCs als auch Söldner leisten militärische und sicherheitsrelevante Dienste gegen Entgelt. Dieses kann zwar einen Erstzugriff auf die Thematik leisten, kann es aber nicht abschließend und vollständig erklären. Nationalstaatliche Bewegungen sowie die Entwicklung des Gewaltmonopols der Staaten und die Etablierung von Massenheeren brachten das Wachstum des Söldnerwesens Anfang des 19. Jahrhundert zum Stillstand, bevor das Verlangen nach nicht-staatlichem Personal in den 1960er und 70er Jahren wieder sprunghaft – und von da an stetig – anstieg. Dafür waren insbesondere die Sezessionsbestrebungen der afrikanischen Staaten

---

17 *Pressler,* MPYUNL 2014, 152 (156); *Gillard* definiert PMSCs als „*corporations that perform functions traditionally perfomed by security or military appartuses of the states*" in *Gillard,* International Review of the Red Cross 2006, 525 (526).

18 "Montreux Document, Preface Nr. 9 b: ""*Personnel of a PMSC*" are persons employed by, through direct hire or under a contract with, a PMSC, including its employees and managers."

19 *Juma,* Law Democracy & Development 2011, 182 (190).

20 Art. 2 a Draft Convention: „*Private Military and/or Security Company (PMSC): refers to a corporate entity which provides on a compensatory basis military and/or security services by physical persons and/or legal entities.*"

21 *Juma,* Law Democracy & Development 2011, 182 (191).

22 *Pressler,* MPYUNL 2014, 152 (156).

23 *Seidl,* Private Sicherheits- und Militärfirmen als Instrumente staatlichen Handelns, S. 5 f.

verantwortlich.[24] *Singer* benennt vier wesentliche Gründe für das massive Wachstum der PMSC-Branche: Die veränderte Art der Kriegsführung, die Demobilisierung der Heere, das Erstarken privater Unternehmen in fragilen Staaten sowie die wachsende Verbindung zwischen privaten Heeren und Geschäftsunternehmen.[25]

Neu war aber nun, dass nicht mehr einzelne Personen/Söldner angeworben wurden, sondern gewerblich organisierte Unternehmen – die heutigen PMSCs.[26] Auch die rasche Weiterentwicklung der Militärtechnologie und der damit einhergehende Spezialisierungsbedarf, den die nationalen Armeen nur bedingt erfüllen konnten, führten zu einem raschen Wachstum der PMSC-Branche. Gegenüber dem Einsatz nationaler Streitkräfte war es die einfachere und kostengünstigere Variante, PMSCs mit der Bedienung und Wartung solcher Systeme zu betrauen.[27] Ergänzend stellt *Cockayne* ihre globale Tätigkeit in den Fokus.[28]

PMSCs können dennoch nicht plakativ als eine neue Generation von Söldnern bezeichnet werden. Neben der vorhandenen Parallele bestehen klar benennbare Unterschiede:

PMSCs verfügen im Unterschied zum Söldnerwesen über eine Unternehmensstruktur, die durch eine moderne Form des Organisationsmanagements geprägt wird und in deren Rahmen sie ihre Dienste anbieten. Sie befinden sich in einem stetigen Wettbewerbsverhältnis und werden nicht anlässlich eines konkreten Konflikts gegründet. Bei den von den PMSCs angebotenen Dienstleistungen handelt es sich – anders als bei Söldnern – nicht ausschließlich um militärische Tätigkeiten. Ein Großteil der Aufgaben ist im zivilen Bereich angesiedelt. Bei PMSCs bestehen zudem meist enge und ausgeprägte Beziehungen mit anderen Wirtschaftsunternehmen. Ebenso unterscheiden sich PMSCs und Söldner bei der Art und Weise der Rekrutierung. Während bei den PMSCs ein professionelles Verfahren durchlaufen wird, beschränkt es sich bei den Söldnern meist auf eine ad-hoc Verpflichtung.[29]

---

24 *Seidl*, Private Sicherheits- und Militärfirmen als Instrumente staatlichen Handelns, S. 8.
25 *Singer*, Corporate Warriors, S. 49 ff.; *Pressler*, MPYUNL 2014, 152 (155).
26 *Finke*, Private Sicherheitsunternehmen im bewaffneten Konflikt, S. 7.
27 *Giesen*, Private Military Companies im Völkerrecht, S. 61 f.
28 „*There is now a network of military entrepreneurs operating around the world, recruiting in one country, headquartered in a second, contracted to a third, perhaps operating weapons in a fourth to carry out attacks in a fifth.*" *Cockayne*, in: Clapham/Gaeta (Hrsg.), The Oxford Handbook of International Law in Armed Conflict, S. 624 (625).
29 *Seidl*, Private Sicherheits- und Militärfirmen als Instrumente staatlichen Handelns, S. 16.

Das Söldnerwesen und PMSCs verbindet somit zwar gemeinsame historische Wurzeln, dennoch sind PMSCs aber nicht mit diesen gleichzusetzen.

Im Wesentlichen lassen sich die folgenden acht Tätigkeitsfelder von PMSCs benennen: Kampfeinsätze; bewaffneter und unbewaffneter Personen-, Gebäude- und Konvoischutz; Aufklärung; Training und Ausbildung; Beratung, Demobilisierung und Reintegration ehemaliger Kämpfer; Minenräumung und Waffenentsorgung; technische Dienste sowie Logistik.[30] Die folgenden Beispiele können das Einsatzfeld von PMSCs anschaulich illustrieren: Das Unternehmen *Dyncorp International* war in den US-Einsätzen 2008/2009 in Afghanistan mit 594 und im Irak mit 756 Ausbildern vertreten.[31] Die Unternehmen *CACI International* und *L-3* wurden für den Einsatz im Irak und dort speziell für den Einsatz im Gefangenenlager Abu Ghraib herangezogen.[32] Ebenfalls im Irak wurde Personal von *Blackwater* unter anderem für den Schutz der amerikanischen Botschaft, eingesetzt und stieß aufgrund der Tötung von 17 Zivilisten am Nisour-Platz auf massive mediale Öffentlichkeit.[33] Die Regierung von Papua-Neuguinea engagierte das Unternehmen *Sandline International* beim Einsatz gegen die *Bougainville Revolutionary Army* und deren Bestrebungen nach Unabhängigkeit.[34] Dasselbe Unternehmen wurde 2003 bei einem Putschversuch in Liberia für Ausbildungszwecke verwendet.[35] Ein festgeschriebener Katalog, in dem die Sicherheits- bzw. Militärdienstleistungen der PMSCs abschließend definiert werden, ist jedoch nicht vorhanden.

PMSCs werden hauptsächlich von Staaten engagiert. Daneben aber auch von Regierungsorganisationen, Nichtregierungsorganisationen und Unternehmen.[36] Etwa 70% der PMSCs sind in den USA und im Vereinigten Königreich ansässig.[37] Von den 50 momentan größten PMSCs haben 27 ihren Sitz in den USA und 12

---

30 *Schneiker*, Die Selbst- und Koregulierung privater Sicherheits- und Militärfirmen, S. 16; *Bailes/Holmqvist*, The increasing role of private military and security companies, S. 2 f.; *Bryden*, in: Bryden/Caparini (Hrsg.), Private Actors and Security Governance, S. 3 (3).

31 *Stöber*, Battlefield Contracting, S. 44.

32 N-TV, 01.07.2014, Private US-Sicherheitsfirma Abu-Ghraib-Häftlinge dürfen klagen, http://www.n-tv.de/politik/Abu-Ghraib-Haeftlinge-duerfen-klagen-article13128941. html zuletzt abgerufen am 05.01.2017.

33 *Krahmann/Schneiker*, Diskussionspapier Mehr Kapazität – Weniger Verantwortung?, S. 2.

34 *Engartner*, Staat im Ausverkauf, S. 128.

35 Washington Post, 16.10.1999, Diamond Hunters Fuel Africa's Brutal Wars, http:// www.washingtonpost.com/wp-srv/inatl/daily/oct99/sierra16.htm, zuletzt abgerufen am 05.01.2016.

36 *Faite*, Defence Studies 2004, 166 (166).

37 *Schneiker*, Die Selbst- und Koregulierung privater Sicherheits- und Militärfirmen, S. 16.

im Vereinigten Königreich.[38] Gleichzeitig stellen die USA auch den wohl momentan größten Auftraggeber der PMSCs dar. Aber auch das Vereinigte Königreich, Deutschland, Norwegen, Frankreich, die Niederlande, Schweden und Polen bedienen sich immer häufiger der PMSCs. Ebenso greifen NATO, EU und insbesondere die UN auf PMSCs zurück.[39] Viele PMSCs pflegen sehr enge Kontakte mit der Regierung ihres Sitzstaates, akquirieren einen Großteil ihrer Aufträge über diese und sehen sich selbst als verlängerter Arm der jeweiligen Regierung.[40] Mit dem Einsatz nicht-staatlichen Personals konnte auch der Verlust an nationalen Streitkräften und damit zugleich der dadurch entstehende Druck der Öffentlichkeit deutlich reduziert werden.[41] Insbesondere bei sehr risikoreichen Einsätzen, bei denen keine eigenen Interessen betroffen waren, standen diese Erwägungen einem staatlichen militärischen Engagement entgegen.[42] Das Verhältnis von regulären Streitkräften zu PSMC-Bediensteten lag beispielsweise während des Golfkrieges 1991 bei 50:1, im Irakkrieg 2003 bei 10:1 und stieg bis 2007 auf ein Verhältnis 1:1 an. Die steigenden Umsätze der PMSCs unterstreichen diese Entwicklung. Sie stiegen von 1995 bis 2005 von 55,6 Mrd. US$ auf 105 Mrd. US$. Der Gesamtwert der PMSC-Branche wird inzwischen auf 200 Mrd. US$ geschätzt.[43] Der zumeist deutlich höhere Verdienst als bei einer Beschäftigung bei den nationalen Armeen stellte und stellt einen stetigen Zulauf an willigem und bereits oft gut ausgebildetem Personal sicher, so dass die nationalen Heere einen starken Abwanderungstrend verzeichnen müssen.[44] Bei der Anzahl der vorhandenen Unternehmen muss auf Schätzungen zurückgegriffen werden, die teilweise deutlich variieren. Eine Studie der französischen Regierung bezifferte sie auf zwischenzeitlich 6.500.[45]

---

38 *Saner*, Private Military and Security Companies: Industry-Led Self-Regulatory Initiatives versus State-Led Containment Strategies, CCDP Working Paper 11, S. 8.
39 *Krahmann/Schneiker*, Diskussionspapier Mehr Kapazität – Weniger Verantwortung?, S. 3.
40 *Pingeot*, Dangerous Partnership, S. 14.
41 *Krahmann/Schneiker*, Diskussionspapier Mehr Kapazität – Weniger Verantwortung?, S. 4.
42 *Giesen*, Private Military Companies im Völkerrecht, S. 58.
43 *Krahmann/Schneiker*, Diskussionspapier Mehr Kapazität – Weniger Verantwortung?, S. 2.
44 *Pingeot*, Dangerous Partnership, S. 12.
45 *Fenazzi*, Private Armies Enter Judicial Cross Hairs, http://iissonline.net/private-armies-enter-judicial-cross-hairs/, zuletzt abgerufen am 25.03.2016.

§ 2 Einsätze im Rahmen von UN-Missionen

Mit Ende des Kalten Krieges reduzierten viele Staaten ihre nationalen Streit-kräfte. Gleichzeitig stieg die Anzahl der Friedensmissionen. Insbesondere die westlichen Staaten zeigten sich bei der Zurverfügungstellung von Truppen für UN-Missionen sehr zurückhaltend.[46] Aufgrund dessen suchte man nach Alter-nativen. Nachdem sich zu Beginn vorwiegend Staaten der PMSCs bedienten (insbesondere das Vereinigte Königreich und die USA), sind nun zunehmend in-ternationale Organisationen wie die UN als Auftraggeber präsent. So wurde z.B. bei den Missionen im Kongo MONUC (1999–2010) und MONUSCO (seit 2010) für verschiedene Dienstleistungen, insbesondere in den Bereichen unbewaffne-ter Sicherheitsdienst, Transport und Fahrzeuginstandhaltung und -reparatur auf PMSCs zurückgegriffen.[47] Dadurch erhofft man sich insbesondere eine kosten-günstige Alternative zu den nationalen Armeen sowie die Durchbrechung der Abhängigkeit von den oft nur unzureichend ausgestatteten Truppen der Mit-gliedstaaten. Insbesondere bei der kurzfristigen Einsatzbereitschaft, den Kosten und der Effektivität der Einsätze sowie der Professionalität, galten die PMSCs als den nationalen Truppen überlegen.[48] Sie sind *„faster, cheaper, better."*[49] Dazu kommt, dass aufgrund des vermehrten Einsatzes von PMSCs für die Bedienung von High-Tech Equipment, ein Expertiseverlust der nationalen Armeen stattge-funden hat. Es herrscht ein Know-how-Abhängigkeitsverhältnis.[50] Ein weiterer Grund für den Anstieg von PMSC-Einsätzen liegt in der Umgehung der Legis-lative. Beim Einsatz von PMSCs muss nicht wie beim Einsatz von nationalen Heeren die Billigung der nationalen Parlamente eingeholt werden.[51]

Gleichzeitig wurden aber auch Gefahren und Probleme im Bereich Men-schenrechtsschutz, humanitäres Völkerrecht, Souveränität und Zurechnung wahrgenommen.[52] Während staatliche Truppen den an die Kombattantenei-genschaft anknüpfenden Regelungen der Genfer Konventionen und der Haager

---

46 *Gareis/Varwick*, Internationale Politik 2007, 68 (71).
47 *Krahmann/Schneiker*, Diskussionspapier Mehr Kapazität – Weniger Verantwortung?, S. 6.
48 *Seidl*, Private Sicherheits- und Militärfirmen als Instrumente staatlichen Handelns, S. 22 f.
49 *Brooks/Laroia*, The National Interest 2005, 121 (123).
50 *Krahmann/Schneiker*, Diskussionspapier Mehr Kapazität – Weniger Verantwortung?, S. 4.
51 *Krahmann/Schneiker*, Diskussionspapier Mehr Kapazität – Weniger Verantwortung?, S. 4.
52 *Pressler*, MPYUNL 2014, 152 (156).

Landkriegsordnung unterfallen und an nationale Militärkodizes gebunden sind, beschränkt sich dies bei PMSC-Personal im Wesentlichen auf die Beachtung der Unternehmensleitsätze und die Androhung und Durchführung von Konsequenzen durch die PMSCs selbst.[53] Auch die UN vergaben in der Vergangenheit bisweilen Aufträge an Firmen, die im Vorfeld in Menschenrechtsverletzungen involviert waren oder im Verdacht eines solchen Fehlverhaltens standen. Die Auslagerung von Aufgaben an PMSCs war deswegen starker Kritik von verschiedenen Seiten ausgesetzt. Der Klärungsbedarf erscheint im Kontext der UN-Friedensmissionen und der direkten Rekrutierung durch die UN noch notwendiger, da in diesen Konstellationen der Entsendestaat und somit ein taugliches Völkerrechtssubjekt als mögliches Anknüpfungs- und Zurechnungsobjekt entfällt. Kann ein etwaiges Fehlverhalten nur den Unternehmen, aber nicht den Staaten oder der UN zugerechnet werden, kommt der unterschiedlich ausgestaltet Pflichtenträgerschaft von Unternehmen auf der einen und Staaten und internationalen Organisationen auf der anderen Seite besondere Bedeutung zu.[54]

Auch die PMSCs selbst streben immer mehr danach, großflächig in Friedensmissionen zum Einsatz zu kommen. Einerseits können sie dadurch eine neue Einnahmequelle generieren, andererseits ist es ein Versuch, ihre Reputation zu verbessern.[55] Obwohl der Einsatz von PMSCs bereits seit längerer Zeit im Raum steht, findet sich in den neuesten Veröffentlichungen des *Department of Peacekeeping Operations* (DPKO) kein Bezug auf die künftige Rolle der PMSCs in UN-Friedensmissionen. Auch in den Diskussionen des Sicherheitsrats über den aktuellen Stand und die Zukunft der UN-Friedensmissionen ging es ausschließlich um logistische Aufgaben beim Einsatz von PMSCs.[56] Generell wurde die Freigabe von Informationen über den Einsatz von PMSCs zu Beginn äußerst restriktiv gehandhabt. Seit Ende 2012 ändert sich dies mehr und mehr. Den Anfang machten ein Bericht des Generalsekretärs im Oktober 2012 sowie ein weiterer Bericht des *Advisory Committee on Administrative and Budgetary Questions*, der erstmals auch konkrete Zahlen nannte.[57]

---

53 *Singer*, Corporate Warriors, S. 154.
54 Siehe dazu ausführlich 2. Kapitel § 3 A.
55 Global Policy Forum, PMSCs & the UN, https://www.globalpolicy.org/pmscs/50225-pmscs-a-the-un.html#pckp, zuletzt abgerufen am 30.11.2016.
56 UN DPKO, A New Partnership Agenda; *Cameron/Chetail*, Privatizing War, S. 19.
57 UN Doc. A/67/624, 07.12.2012, Reports on the Department of Safety and Security and on the use of private security. Report of the Advisory Committee on Administrative and Budgetary Questions.

In dem vermehrten Rückgriff auf PMSCs spiegelt sich auch der Wandel der Friedensmissionen wieder. Die UN und deren Personal werden nicht mehr ausschließlich als Schutzeinheit verstanden, sondern werden zunehmend selbst als potentielles Angriffsziel wahrgenommen. Zwischen 2003 und 2014 wurden 567 Anschläge auf ziviles Personal mit 200 Todesopfern gezählt.[58] Davon fallen 126 Opfer in das Jahr 2014.[59] Die UN-Mission MINUSMA erwies sich dabei als besonders gefährlich. Zwischen Juli 2013 und Mai 2016 wurden alleine in dieser Mission 68 Blauhelme getötet.[60]

Als Resultat dieser Entwicklung ergab sich ein deutlich höherer Bedarf an Schutzkräften für UN-Missionen. Nach einem im Sommer 2014 von der *UN Working Group* veröffentlichten Bericht, wurden zu diesem Zeitpunkt 30 bewaffnete und unbewaffnete Sicherheitsfirmen von den UN beschäftigt. Das UN-Budget 2013/2014 für den Einsatz von PMSCs belief sich auf 42.125.298 US$, wovon 14.015.520 US$ auf bewaffnete Sicherheitsdienstleistungen entfielen.[61] Für das Haushaltsjahr 2012/2013 belief sich der Gesamtbetrag auf 30.931.122 US$ und verteilte sich auf 42 Firmen.[62] Weltweit werden die Ausgaben für die gesamte PMSC-Branche (UN und Nicht-UN-Einsätze) für 2016 auf 244 Mrd.

---

58 UN Doc., A/69/338, 21.08.2014, Report of the UN Working Group on the Use of mercenaries as a means of violating human rights and impeding the exercise of the right of peoples to self-determination, Para. 20; Bundeswehr Journal vom 07.07.2016, Mali- Friedensmission inmitten von Terror und Kriminalität, http://www.bundeswehr-journal.de/2016/mali-friedensmission-inmitten-von-terror-und-kriminalitaet/, zuletzt abgerufen am 05.12.2016.

59 *Ban Ki-moon*, Erklärung zum Internationalen Tag der Friedenssicherungskräfte der Vereinten Nationen, 29. Mai 2015, http://www.unric.org/de/pressemitteilungen/27545-un-generalsekretaer-ban-ki-moon-erklaerung-zum-internationalen-tag-der-friedenssicherungskraefte-der-vereinten-nationen-29-mai-2015, zuletzt abgerufen am 05.12.2016.

60 Bundeswehr Journal vom 07.07.2016, Mali- Friedensmission inmitten von Terror und Kriminalität, http://www.bundeswehr-journal.de/2016/mali-friedensmission-inmitten-von-terror-und-kriminalitaet/, zuletzt abgerufen am 05.12.2016.

61 UN Doc., A/69/338, 21.08.2014, Report of the UN Working Group on the Use of mercenaries as a means of violating human rights and impeding the exercise of the right of peoples to self-determination, Para. 11.

62 UN Doc., A/69/338, 21.08.2014, Report of the UN Working Group on the Use of mercenaries as a means of violating human rights and impeding the exercise of the right of peoples to self-determination, Para. 13.

US$ geschätzt.[63] Der Anstieg der PMSC-Einsätze in UN-Friedensmissionen ist daher direkte Konsequenz des sich gewandelten Aufgabenspektrums.[64]

A. Die Entwicklung der UN-Friedensmissionen

Die Friedensmissionen der Vereinten Nationen haben im Laufe der letzten Jahrzehnte einen deutlichen Wandel durchlaufen. Sowohl hinsichtlich Quantität als auch Qualität. Das Personal (zivil und militärisch) umfasst nun mehr als 120.000 Personen, der Haushalt hat die Marke von 7 Mrd. US-Dollar überstiegen.[65] Funktionen, Zielsetzungen, Aufgaben und Zusammensetzung der Missionen haben sich spürbar verändert.[66] Die Truppen werden zunehmend zu einem immer früheren Zeitpunkt in die Konfliktgebiete entsandt. Konsequenz daraus war und ist eine verstärkte Teilnahme an Kampfhandlungen.[67] Dieser Werdegang brachte die Vereinten Nationen nicht nur einmal an ihre Grenzen und an den Rand ihrer Kapazitäten. Insbesondere unpräzise und teilweise widersprüchliche Mandate machten die UN bisweilen handlungsunfähig.[68] Mangelnde Effizienz und fehlende Erfolge wurden oft überdehnten Zielen und Erwartungshaltungen zugeschrieben.[69] Ein präzise formuliertes und realistisches Mandat hat sich dabei zum entscheidenden Erfolgsfaktor einer Mission entwickelt. Rückschläge, Misserfolge und Frustrationen die auf dem bisherigen Weg hingenommen werden mussten, waren zugleich aber auch immer wieder Ausgangspunkt für Reformen, Verbesserungsvorschläge und den Willen, aus den gemachten Fehlern zu lernen.[70]

Da der Einsatz von PMSCs gerade im Rechtsregime der Friedensmissionen untersucht werden soll, ist ein umfassendes Verständnis von Konzept und Entwicklung der Friedensmissionen und deren Rechtsgrundlage notwendig.

---

63 UN Doc., A/68/339, 20.08.2013, Report of the UN Working Group on the Use of mercenaries as a means of violating human rights and impeding the exercise of the right of peoples to self-determination, Para. 29.
64 *Pressler*, MPYUNL 2014, 152 (158).
65 Peacekeeping Fact Sheet, 31.08.2016, http://www.un.org/en/peacekeeping/resources/statistics/factsheet.shtml, zuletzt abgerufen am 05.12.2016.
66 UNRIC, 27.05.2008, 60 Jahre Friedenssicherung der Vereinten Nationen, http://www.unric.org/html/german/pdf/2008/UNRIC_Hintergrund_Peacekeeping.pdf, zuletzt abgerufen am 05.12.2016.
67 *Vöneky/Wolfrum*, ZaöRV 2002, 569 (573).
68 *Biermann/Vadset*, in: Biermann/Vadset (Hrsg.), UN Peacekeeping in Trouble, S. 17 (24).
69 *Tull*, Die Peacekeeping-Krise der Vereinten Nationen, S. 5 f.
70 *Völpel*, UN-Friedensmissionen in Ruanda und Kongo, S. 13.

Es ist ebenso zu eruieren, ob die damals gültigen Grundprinzipien der UN-Friedensmissionen auch noch heute Gültigkeit haben und somit auch für den Einsatz von PMSCs als Maßstab anzulegen sind. Zudem verdeutlicht sich dabei ein grundlegendes Problem der UN: die unzureichende Deckung des Ressourcenbedarfs. Der Einsatz von PMSCs könnte dieser Schieflage dadurch begegnen, dass er für eine ausreichende Versorgung mit Personal und Equipment sowie eine rechtzeitige Stationierung Sorge trägt. Der schwerwiegenden Problematik der unklaren Mandate und des legitimen Ausmaßes der Gewaltanwendung kann dadurch jedoch nicht entgegengewirkt werden. Trotzdem wurden erstmals im Report des *High-level Independent Panel on UN Peace Operations* auch private Sicherheitsanbieter als optionale Vertragspartner und die Notwendigkeit für einen konkreten Einsatzrahmen benannt.[71]

I) Historische Einführung

Mit der Gründung der Vereinten Nationen am 24.10.1945 sollte die Verantwortung zur Wahrung des Friedens, einer ständigen Institution übertragen werden und die Idee eines kollektiven Sicherheitssystems realisiert werden (Art. 1 Nr. 1 UN-Charta).[72] Die relevanten Prinzipien und Handlungsdirektiven werden in Art. 2 UN-Charta konkretisiert.[73]

Art. 2 Nr. 4. UN-Charta statuiert das allgemeine Gewaltverbot, wonach jegliche Anwendung und Androhung militärischer Gewalt untersagt wird. Damit wurde das bereits in der Satzung des Völkerbundes und des Briand-Kellogg-Paktes angelegte Verbot des Angriffskrieges deutlich erweitert. Beiden Konstrukten war gemein, dass es an einer ausreichenden Sanktionsmöglichkeit bei Verstößen mangelte. Diese Schwäche sollte bei der Gründung der UN verbessert werden. Bei Zuwiderhandlung besteht gemäß Kapitel VII der UN-Charta nun die Pflicht und die Möglichkeit des UN-Sicherheitsrates, gegen einen Aggressor Zwangsmaßnahmen zu beschließen und durchzusetzen. Bei der Durchführung mangelt es aber bis heute an eigenen Ressourcen.[74] Art. 43 UN-Charta sieht vor, die Vereinten Nationen über Sonderabkommen mit eigenen Truppen zu versorgen. Bisher wurden solche Sonderabkommen aber nicht abgeschlossen und es

---

71 UN Doc., A/70/95 – S/2015/446, 17.06.2015, Comprehensive review of the whole question of peacekeeping operations in all their aspects, Para. 300 ff.

72 *Löwe*, Peacekeeping-Operationen der UN, S. 38.

73 *Pallek*, in: Volger (Hrsg.), Grundlagen und Strukturen der Vereinten Nationen, S. 67 (86).

74 *Landshuter*, Die Friedensmissionen der Vereinten Nationen, S. 50.

bestehen auch keinerlei Bestrebungen dies zu ändern.[75] Zusätzlich schwächten der Ost-West-Konflikt und das dementsprechende Abstimmungsverhalten der vetoberechtigten Großmächte die Bestrebungen zur Wahrung des Weltfriedens und der internationalen Sicherheit.[76] Mit Ende des Kalten Krieges änderte sich die Situation allerdings sehr rasch.[77]

Die ersten entsandten UN-Truppen waren reine Beobachtermissionen und daher in ihrem Aufgabenspektrum deutlich beschränkt. Im Wesentlichen konzentrierte man sich darauf, eine bereits geschlossene Friedensvereinbarung oder einen geschlossenen Waffenstillstand zu beobachten und über die aktuelle Lage zu berichten, wie z.B. 1948 im Rahmen von UNTSO (United Nations Truce Supervision Organization in Jerusalem) und 1949 im Rahmen von UNMOGIP (United Nations Military Observer Group in India and Pakistan).[78] Die UN-Truppen waren in diesen Missionen durchweg unbewaffnet.[79] Als Geburtsstunde der klassischen Friedensmissionen gilt der Einsatz der UN in der Suezkriese 1956: UNEF I (United Nations Emergency Force). Das Mandat umfasste die Gewährleistung und Kontrolle der Beendigung der Feindseligkeiten sowie den Rückzug der französischen, britischen und israelischen Truppen aus Ägypten. Nach Abzug der Truppen fungierte UNEF I als ein Puffer zwischen Ägypten und Israel und als Garant für den Erhalt des Waffenstillstandes. UNEF I war damit zugleich auch Weichensteller und Vorbild für künftige Friedensmissionen.[80] Um die dort gemachten Erfahrungen zu dokumentieren, die Ausrichtung zukünftiger Missionen daran zu orientieren sowie etwaige Empfehlungen für den konkreten Einsatzablauf an die Hand geben zu können, wurde die *summary study of the experience derived from the establishment and operation of the Force (summary study)* erarbeitet.[81] In deren Einleitung wird deutlich herausgestellt, dass diese Mission ein Novum darstellt; gleichzeitig wurde bereits die Wiederholung eines

---

75 *Landshuter*, Die Friedensmissionen der Vereinten Nationen, S. 50.

76 *Löwe*, Peacekeeping-Operationen der UN, S. 40; *Forrester*, in: Smith (Hrsg.), Peacekeeping, S. 1 (5).

77 *Forrester*, in: Smith (Hrsg.), Peacekeeping, S. 1 (8); *White*, in: Odello/Piotrowicz (Hrsg.), International Military Mission and International Law, S. 1 (2).

78 United Nations Paecekeeping, The early years, http://www.un.org/en/peacekeeping/ operations/early.shtml, zuletzt abgerufen am 30.05.2016; *Schwendimann*, Rechtsfragen des humanitären Völkerrechts bei Friedensmissionen der Vereinten Nationen, S. 17.

79 *Eisele*, in: Volger (Hrsg.), Grundlagen und Strukturen der Vereinten Nationen, S. 131 (134).

80 United Nations Peacekeeping, Past peacekeeping operations, http://www.un.org/en/ peacekeeping/missions/past/unef1backgr1. zuletzt abgerufen am 30.05.2016.

81 *Forand*, in: Smith (Hrsg.), Peacekeeping, S. 155 (157).

Einsatzes dieses Typus für möglich erachtet.[82] *Dag Hammarskjöld* definierte den bis dato definitionslosen Begriff der Friedensmissionen als

> *„multi-dimensional management of a complex peace operation, usually in a post-civil war context, designed to provide interim security and assist parties to make those institutional and material transformations that are essential to make peace sustainable."*[83]

Damit war UNEF I Ausgangspunkt für einen lang andauernden Entwicklungsprozess, der bis heute noch keinen Abschluss gefunden hat.

II) Generationen der UN-Friedensmissionen

Die Friedensmissionen haben – von UNEF I ausgehend – eine deutliche Wandlung hinsichtlich Einsatzgebiet, Aufgaben und Kompetenzen erfahren. Wichtiger, aber nicht alleiniger Parameter bei der Eingruppierung in die einzelnen Generationen, ist die chronologische Abfolge. Dabei darf aber nicht übersehen werden, dass sich die verschiedenen Generationen oft nebeneinander entwickelt haben und deren Werdegang nicht immer stringent verlaufen ist.[84] Weitestgehende Einigkeit herrscht bezüglich der ersten Generation.[85]

1) Die erste Generation

Die erste Generation der Friedensmissionen umfasst das sog. traditionelle Peacekeeping. Bis zum Ende des Kalten Krieges entsprach das dem gängigen Bild von Friedensmissionen. Auch wenn bei den einzelnen Missionen kein vollkommener Gleichlauf hinsichtlich der Aufgaben und der Funktionen feststellbar ist, so lässt sich doch ein deutlicher Schwerpunkt ausmachen, nämlich Überwachung von Waffenstillstandslinien und Errichtung von Pufferzonen (sog. Interposition) im Rahmen von zwischenstaatlichen Konflikten.[86] Die Peacekeeper wurden zwischen den Konfliktparteien stationiert. Ein erneutes Ausbrechen des Konflikts

---

82 UN Doc., A/3943, 09.10.1958, Summary Study of the experience derived from the establishment and operation of the Force: report of the Secretary-General, Para. 1.

83 *Kovac*, Max Planck UNYB 2009, 307 (311).

84 *Schmidl*, in: Reiter (Hrsg.), Jahrbuch für internationale Sicherheitspolitik 2001, S. 65 (69).

85 *Jund*, Intelligence in Peacekeeping Operations, S. 8.

86 *Rittberger*, in: Deutsche Stiftung Friedensforschung (Hrsg.), Erhöhte menschenrechtliche Anforderungen an multilaterale Friedensmissionen S. 54 (54); *Rassel*, Strafgerichtsbarkeit über Angehörige der Friedenstruppen in UN-geführten Missionen, S. 32.

sollte dadurch verhindert werden.[87] Drei konzeptionelle Grundpfeiler – die *Holy Trinity* – charakterisieren diese Generation:[88]

1. Die Zustimmung der involvierten Parteien zur Präsenz und zum Auftrag der internationalen Mission. Die Zustimmung konnte dabei in Form einer Übereinkunft der Konfliktparteien, der Annahme einer Resolution oder durch eine Übereinkunft zwischen den UN und dem Aufenthaltsstaat erfolgen.[89] Damit entfällt die Legitimation einer Friedensmission sobald das Einverständnis einer der Parteien zurückgezogen wird.[90]

2. Die Unparteilichkeit der UN-Truppe und strikte politische Neutralität. Um diese Ziele zu verwirklichen, sollte keine Truppenbeteiligung solcher Staaten zugelassen werden, die einen festen Sitz im Sicherheitsrat innehaben.[91] Letztere Voraussetzung wurde aber bereits im Rahmen der Friedensmissionen der ersten Generation gelockert.[92]

3. Gewalt nur zum Zwecke der Selbstverteidigung.[93] Jedwede Gewalt seitens der UN-Truppen war nur als Reaktion auf einen bewaffneten Angriff vorgesehen.[94] Gewaltanwendung zur Durchführung des Mandats war explizit ausgenommen.[95] Der Umfang des Selbstverteidigungsrechts bedurfte nach UN-Generalsekretär *Dag Hammarskjöld* einer klaren Kontur, da andererseits die Grenze zum Einsatz nach Kapitel VII der UN-Charta verwischt werde.[96] Vom Selbstverteidigungsrecht umfasst waren Situationen, bei denen eine unmittelbare Gefährdung der Sicherheit der Missionsteilnehmer gegeben war, wie z.B. bei Versuchen, Angehörige der Truppen zu verschleppen, die

---

87 *Völpel*, UN-Friedensmissionen in Ruanda und Kongo, S. 30.

88 *Feurle*, Die Privatisierung des Friedens: Private Militär- und Sicherheitsfirmen als Teil des UN-Peacekeeping?, S. 43.

89 *Lüder*, Völkerrechtliche Verantwortlichkeit bei Teilnahme an „Peacekeeping"-Missionen der Vereinten Nationen, S. 12.

90 *Völpel*, UN-Friedensmissionen in Ruanda und Kongo, S. 30.

91 *Rassel*, Strafgerichtsbarkeit über Angehörige der Friedenstruppen in UN-geführten Missionen, S. 29.

92 *Rassel*, Strafgerichtsbarkeit über Angehörige der Friedenstruppen in UN-geführten Missionen, S. 32.

93 *Schwendimann*, Rechtsfragen des humanitären Völkerrechts bei Friedensmissionen der Vereinten Nationen, S. 18; *Oswald/Durham/Bates*, Documents on the Law of UN Peace Operations, S. 7.

94 *Cox*, in: Kondoch (Hrsg.) International Peacekeeping, S. 175 (186).

95 *Downes*, in: Smith (Hrsg.), Peacekeeping, S. 13 (17).

96 *Sloan*, The Militarisation of Peacekeepig in the Twenty-First Century, S. 24.

Truppe zum Rückzug zu zwingen oder sie an der Ausführung von Befehlen zu hindern.[97] Die Anwendung von Gewalt war ein derartiges Novum, dass Frankreich und die Sowjetunion sich weigerten, ihren Kostenanteil an dieser Mission zu übernehmen, da sie ernsthafte Zweifel an der Legitimität einer solchen Mission hatten. Die Truppen waren nur leicht bewaffnet und somit mangels adäquater Ausrüstung nicht fähig, sich militärischen Offensiven der Konfliktparteien entgegenzustellen.[98] UN-Truppen wurden in diesem Stadium meist in vergleichbar konfliktarme Gebiete entsandt. Die Friedensmissionen der ersten Generation waren weniger darauf ausgerichtet, eine konkrete Konfliktlösung zu finden, sondern primär eine Eskalation der Situation zu verhindern.[99] Diesem Grundkonzept haftete aber auch der Nachteil an, dass die Missionen sehr statisch waren und vielfach nicht bzw. nicht erfolgreich abgeschlossen werden konnten.[100]

Da die UNEF I Mission die erste ihrer Art war, bemühte man sich, diese als Maßstab und Richtlinie für noch folgende Missionen aufzuarbeiten. Es zeigte sich aber, dass sich die Missionen generell deutlich voneinander unterscheiden und durch die jeweils vorherrschenden geographischen, kulturellen und politischen Umstände derart geprägt werden, dass sie als Einzelfälle einzuordnen und Verallgemeinerungen nur sehr bedingt möglich sind.[101] Daher beschränkte man sich auf die *Holy Trinity* als die grundlegendsten Prinzipien, die allen Missionen gemein sind.

2) Die zweite Generation

Zwischenstaatliche Konflikte wurden spätestens nach Ende des Kalten Krieges durch innerstaatliche Konflikte abgelöst.[102] Auslöser waren zumeist Bürgerkriege, kollabierende Wirtschaftssysteme, Dekolonialisierungskonflikte, Separatismus,

---

97   *Lüder*, Völkerrechtliche Verantwortlichkeit bei Teilnahme an „Peacekeeping"-Missionen der Vereinten Nationen, S. 13.
98   *Völpel*, UN-Friedensmissionen in Ruanda und Kongo, S. 30.
99   *Landshuter*, Die Friedensmissionen der Vereinten Nationen, S. 57.
100 *Kühne*, Blätter für deutsche und internationale Politik 2000, 1355 (1355 f.); neben UNEF kann hier auch die Mission UNFICYP auf Zypern genannt werden.
101 UN Doc., A/3943, 09.10.1958, Summary Study of the experience derived from the establishment and operation of the Force: report of the Secretary-General, Para. 148 ff.
102 *Vöneky/Wolfrum*, ZaöRV 2002, 569 (573).

Konflikte um Rohstoffe sowie ethnische und religiöse Motive.[103] Waren es zwischen 1988 und 1992 noch acht von 21 Mandaten, die auf einen internationalen Konflikt entfielen, verringerte sich dies im Zeitraum 1992 bis 1995 auf nur noch zwei von insgesamt 11 Mandaten.[104] Dies machte sich auch bei der konkreten Ausgestaltung der Friedensmissionen bemerkbar. Das Aufgabenspektrum wurde erweitert. Die militärische Beobachtung verlor an Bedeutung, der Aufgabenkatalog umfasste nun Polizeiaufgaben, Entwaffnung von Militäreinheiten, Minenräumungen, Vorbereitung von Wahlen, humanitäre Hilfe, Beobachtung der Menschenrechtssituation und Aufbau einer zivilen Verwaltung.[105] Diese Umgestaltung erforderte zugleich eine heterogene Zusammensetzung der Truppen. Vermehrt wurden zivile Experten eingesetzt.[106] Die Pluralität der anvisierten Aufgaben und der personellen Zusammensetzung begründeten in diesem Kontext den Begriff des multidimensionalen Peacekeepings.[107] Zielsetzung war nun nicht mehr die bloße Verhinderung einer Eskalation, sondern es wurde eine dauerhafte Konfliktlösung angestrebt.[108]

Auch die im Rahmen der ersten Generation entwickelten Grundprinzipien (*Holy Trinity*) waren von diesen Entwicklungen betroffen. Wie die Friedensmissionen der ersten Generation, waren auch die Friedensmissionen der zweiten Generation nach wie vor an die Zustimmung der Konfliktparteien gebunden.[109] Ob Gewaltanwendung auf Selbstverteidigungszwecke beschränkt sei, wurde in diesem Stadium bereits massiv hinterfragt.[110] Man löste sich zusehends von einem restriktiven Verständnis und ging dazu über, den Begriff und den Umfang

---

103 *Rassel*, Strafgerichtsbarkeit über Angehörige der Friedenstruppen in UN-geführten Missionen, S. 32 f.
104 *Lüder*, Völkerrechtliche Verantwortlichkeit bei Teilnahme an „Peacekeeping"-Missionen der Vereinten Nationen, S. 19.
105 *Schwendimann*, Rechtsfragen des humanitären Völkerrechts bei Friedensmissionen der Vereinten Nationen, S. 20; *Rassel*, Strafgerichtsbarkeit über Angehörige der Friedenstruppen in UN-geführten Missionen, S. 33.
106 *Gareis*, Der Wandel der Friedenssicherung durch die Vereinten Nationen, http://www.bpb.de/apuz/26825/der-wandel-der-friedenssicherung-durch-die-vereinten-nationen?p=all#footnodeid12-12 zuletzt abgerufen am 30.05.2016.
107 *Spitz*, UN-Peacekeeping Reformen, S. 27.
108 *Landshuter*, Die Friedensmissionen der Vereinten Nationen, S. 57.
109 *Schwendimann*, Rechtsfragen des humanitären Völkerrechts bei Friedensmissionen der Vereinten Nationen, S. 20.
110 *Lüder*, Völkerrechtliche Verantwortlichkeit bei Teilnahme an „Peacekeeping"-Missionen der Vereinten Nationen, S. 22.

von Selbstverteidigungsmaßnahmen weitaus großzügiger auszulegen.[111] Nach der neueren Definition waren auch alle Maßnahmen erlaubt, die zur Umsetzung und zum Schutz des Mandats erforderlich waren. Die ursprüngliche Forderung *Hammarskjölds*, die Truppen selbst dürften keine Gewaltaktionen initiieren, war damit überholt. Dieser Trend wurde in der Praxis nur sehr zögernd übernommen. Insbesondere fürchtete man, den neutralen Status zu verlieren und durch ein solches Verhalten zu Gewalteskalationen beizutragen oder diese zu provozieren.[112]

Die United Nations Assistance Mission for Rwanda (UNAMIR) führte zu einer der prägendsten Krisen in der Geschichte der UN. Insbesondere der Grad der legitimierten Gewaltanwendung stand dabei im Zentrum des Diskurses.[113] UNAMIR entsprach zu Beginn dem Leitgedanken des traditionellen Peacekeepings. Bald zeigte sich jedoch, dass diese Maximen mit den tatsächlichen Aufgaben und Bedürfnissen der Mission kaum kompatibel waren.[114]

Der vier Jahre später auf Initiative des damaligen UN-Generalsekretärs *Annan* veröffentlichte Bericht *Independent Inquiry into United Nations Actions during the 1994 Genocide in Rwanda* benannte die maßgeblichen Probleme in aller Deutlichkeit: Ein unzureichendes und unklares Mandat, Hemmnisse bei der Implementierung, auseinandergehende Interpretationsansätze bzgl. der Rules of Engagement, eine unzureichende Ausrüstung und eine generell überlastete Mission.[115]

3) Die dritte Generation

Mit den nach Ende des Kalten Krieges neu entstandenen Handlungsmöglichkeiten und den bisher gesammelten Erfahrungen stiegen die Erwartungen an die UN-Friedensmissionen.[116] Die Missionen wurden, zusätzlich zum schon breiten Aufgabenspektrum, um humanitäre Komponenten erweitert. Die Operationsgebiete waren immer mehr durch instabile Lagen, die Präsenz von bewaffneten

---

111 *Roberts*, Survival 1994, 93 (94); Cox, in: Kondoch (Hrsg.) International Peacekeeping, S. 175 (191).

112 *Roberts*, Survival 1994, 93 (94).

113 *Fischer*, Resolution 918 verändert UN-Blauhelmkonzept entscheidend, BO-Fax Nr. 106, http://www.ifhv.de/documents/bofaxe/bofaxe2000/x106.pdf, zuletzt abgerufen am 30.05.2016.

114 *Völpel*, UN-Friedensmissionen in Ruanda und Kongo, S. 114.

115 *Bures*, United Nations Peacekeeping, S. 77.

116 *Landshuter*, Die Friedensmissionen der Vereinten Nationen, S. 59.

Gruppen und schwache Kontrollmechanismen gekennzeichnet.[117] Splittergruppen und Vertragsbrüche einzelner Separatisten erschwerten die Einsätze erheblich und friedenskonsolidierende Maßnahmen waren nur von geringem Erfolg. Für diese dritte Generation ist der Begriff *robustes Peacekeeping* prägend geworden. Das *robuste Peacekeeping* trat in die Lücke zwischen traditionellem Peacekeeping und *Peace Enforcement* (Aktivitäten nach Kapitel VII UN-Charta ohne Zustimmung der beteiligten Parteien und unter Waffeneinsatz). Die Rechtsgrundlage verschob sich aus dem Graubereich des Kapitels VI ½ zu einer expliziten Verankerung in Kapitel VII der UN-Charta.[118] Die ursprünglich strikte Trennung von *Peace Enforcement* (Friedenserzwingung) und traditionellem Peacekeeping verlor damit immer mehr an Kontur und bildete den Nährboden für neue Probleme. Die intensivere Nutzung von Gewalt im Rahmen der UN-Missionen bewirkte zugleich auch einen Wandel in der Wahrnehmung der Missionen als unparteilich. Nach Meinung etlicher Mitgliedstaaten bestand Anlass zur Sorge, dass die UN als Konfliktpartei betrachtet würden. Da sich die jeweiligen Resolutionen auf Kapitel VII stützten, verlor das Einverständnis der Konfliktparteien seine Eigenschaft als zwingende Voraussetzung für die Legitimität eines Einsatzes.[119]

4) Die vierte Generation

Im Hinblick auf den erweiterten Aufgabenkreis der UN-Missionen wie zum Beispiel im Kosovo (UNMIK seit 1999) und in Ost-Timor (UNTAET 1999–2002) kann von einer weiteren, der vierten Generation gesprochen werden. Der wesentliche Unterschied zu den vorangegangenen Missionen lag in der vorübergehenden Übernahme staatlicher Aufgaben (z.B. dem Aufbau und Wiederaufbau staatlicher Strukturen), der Unterstützung politischer Übergangslösungen, der Reform des Sicherheitssektors, der Übernahme legislativer Aufgaben und der Einrichtung demokratischer Institutionen.[120] Diesen Wandel verdeutlicht auch

---

117   *Schwendimann*, Rechtsfragen des humanitären Völkerrechts bei Friedensmissionen der Vereinten Nationen, S. 20 f.; *Rittberger*, in: Deutsche Stiftung Friedensforschung (Hrsg.), Erhöhte menschenrechtliche Anforderungen an multilaterale Friedensmissionen, S. 54 (55).

118   *Sloan*, The Militarisation of Peacekeeping in the Twenty-First Century, S. 3.

119   *Völpel*, UN-Friedensmissionen in Ruanda und Kongo, S. 33.

120   *Rittberger*, in: Deutsche Stiftung Friedensforschung (Hrsg.), Erhöhte menschenrechtliche Anforderungen an multilaterale Friedensmissionen, S. 54 (55); *Downes*, in: Smith (Hrsg.), Peacekeeping, S. 13 (19); *Eisele*, in: Volger (Hrsg.), Grundlagen und Strukturen der Vereinten Nationen, S. 131 (156).

der in diesem Zusammenhang neu eingeführte Begriff des *peacebuilding*.[121] Die Regierungsgewalt wird dabei solange von UN-Bediensteten ausgeübt, bis sich das betroffene Gebiet soweit regeneriert hat, dass eine rechtsstaatlich-demokratische Selbstverwaltung die Aufgaben übernehmen kann.[122] Dies war im Vergleich zu den Vorgängermissionen ein Novum. Die Rechtsgrundlage für solch administrative Aktivitäten ist in Art. 41 UN-Charta geregelt. Diese Vorschrift gibt dem Sicherheitsrat die Möglichkeit, andere Maßnahmen als Waffengewalt zu ergreifen, um seinen Beschlüssen Wirksamkeit zu verleihen. Exemplarisch werden dabei die Unterbrechung der Wirtschaftsbeziehungen, des Eisenbahn-, See- und Luftverkehrs, der Post-, Telegraphen- und Funkverbindungen, sonstiger Verkehrsverbindungen oder der Abbruch diplomatischer Beziehungen genannt. Dieser Katalog ist aber nicht abschließend zu verstehen. Vielmehr lässt er auch Möglichkeiten offen, die in Art. 41 UN-Charta nicht explizit benannt werden, wie z.B. die Übernahme der administrativen Befugnisse.[123]

5) Die fünfte Generation?

Wo sind die UN-Friedensmissionen 70 Jahre nach der Gründung der Vereinten Nationen angekommen? Die Konzeption des traditionellen Peacekeepings stellte sich in mehreren Situationen als zu schwach dar. Es konnte den gestellten Anforderungen und Aufgaben nicht gerecht werden. Die Konsequenz daraus: Peacekeeper erhielten die Berechtigung, alle notwendigen Maßnahmen zu ergreifen, um sich selbst und/oder die Implementierung des Mandats zu schützen; sie agierten im Rahmen des robusten Peacekeepings immer öfter unter Kapitel VII der UN-Charta. Damit geriet die Belastbarkeit der Missionen aber erneut in eine Schieflage, die bis heute andauert. Insbesondere bei der United Nations Protection Force (UNPROFOR) kamen die UN an eine deutliche Grenze. Sie wurden mit einer Situation konfrontiert, in der es keinen Frieden zu bewahren gab. Vielmehr waren sie aktiv in die Auseinandersetzungen involviert. Zur Umsetzung der gestellten Aufgaben fehlte es aber an Personal, technischer Ausrüstung, der notwendigen finanziellen Ausstattung und insbesondere einer klaren und eindeutigen Positionierung was das erlaubte Maß an Gewalt betraf. Dies führte zu einem erneuten Richtungswechsel: Zurück zu den klassischen Friedensmissionen.

---

121 *Gray*, International Law and the Use of Force, S. 273.

122 *Rittberger*, in: Deutsche Stiftung Friedensforschung (Hrsg.), Erhöhte menschenrechtliche Anforderungen an multilaterale Friedensmissionen, S. 54 (55).

123 *Kondoch*, in: White/Klaasen (Hrsg.), The UN, human rights and post-conflict situations, S. 19 (24).

Der Wortlaut der anschließenden Resolutionen verzichtete auf einen Verweis auf Kapitel VII UN-Charta. So wurden z.B. die UN-Missionen in Liberia (UNOMIL) und in Äthiopien und Eritrea (UNMEE) nicht auf Kapitel VII der UN-Charta gestützt.[124]

Im Gegensatz dazu wurde im Rahmen der jüngeren Missionen wie z.B. UNOCI, die seit 2004 an der Elfenbeinküste vor Ort ist, in ständiger Wiederholung Kapitel VII der UN-Charta als Rechtsgrundlage angeführt sowie die Autorisation ausgesprochen, alle notwendigen Maßnahmen zur Durchsetzung des Mandats ausführen zu dürfen. Damit war Gewaltanwendung wieder über die reine Selbstverteidigung hinaus zulässig.[125] In den aktuellsten Missionen zeigt sich damit wieder eine deutlich stärkere Tendenz hin zur Anwendung von Kapitel VII der UN-Charta. Allerdings wird der explizite Gewalteinsatz (*all necessary means*), neben dem generellen Verweis auf Kapitel VII, nicht immer separat autorisiert, wie es z.B. in den Missionen in Liberia (UNMIL) oder in Haiti (MINUSTAH) der Fall ist. Die Einsätze an der Elfenbeinküste (UNOCI), Burundi (ONUB) und Süd Sudan (UNMISS) hingegen weisen eine solche direkte Autorisierung zur Gewaltanwendung auf.[126] Die Bedeutung des fehlenden Verweises zur Anwendung aller notwendigen Mittel beschrieb der Rechtsberater der UN anlässlich der Mission UNMIL, die von 2003–2012 in Liberia aktiv war: Wäre ein solcher Hinweis enthalten, so wäre es eindeutig, dass die Autorisation auch zur Gewaltanwendung über Zwecke der Selbstverteidigung hinaus gegeben ist. Der Gegenschluss, dass das Fehlen desgleichen, belege, dass eine solch weitgehende Autorisation nicht vorliege, solle aber nicht möglich sein. Vielmehr sei eine Auslegung der konkreten Resolution und der in ihr enthaltenen Aufgaben geboten.[127]

Die Friedensmissionen der Gegenwart positionieren sich also wieder näher an einer extensiven Gewaltanwendung. Oftmals kann dies nicht aus dem bloßen Wortlaut des Mandats gefolgert werden. Vielmehr bedarf es einer Auslegung des Gesamtkontextes. Zum Stand Januar 2017 gibt es aktuell 16 laufende Friedensmissionen. Betrachtet man davon die neun Missionen, die seit 2003 einberufen wurden, so wurden ausnahmslos alle auf Kapitel VII UN-Charta gestützt. Davon wurde bei sieben Missionen die Gewaltanwendung separat durch die Formulierung *all necessary means* autorisiert; in zwei Missionen war dies nicht der Fall, kann aber durch entsprechende Auslegung der Mandatsziele begründet werden.

---

124   *Gray*, International Law and the Use of Force, S. 295.
125   *Sloan*, The Militarisation of Peacekeeping in the Twenty-First Century, S. 241.
126   *Gray*, International Law and the Use of Force, S. 297.
127   *Sloan*, The Militarisation of Peacekeeping in the Twenty-First Century, S. 226.

Die Zulassung extensiver Gewaltanwendung wie im Rahmen der dritten Generation wird daher teilweise weniger sichtbar. Damit hat die UN zwar formal auf die Kritik an den früheren Missionen und deren Fehler reagiert, eine tatsächliche inhaltliche Änderung wurde aber nicht vorgenommen. Vielmehr hat man Raum für zusätzliche Ungenauigkeiten und Divergenzen geschaffen, da der Wortlaut alleine nun keine abschließende Bewertung mehr zulässt.

III) Zwischenergebnis

Eine der wichtigsten Zäsuren für die Entwicklung der Friedensmissionen der UN war das Ende des Kalten Krieges. Die Annäherung der Großmächte ebnete den Boden für den signifikanten Anstieg der UN-Friedensmissionen. Zudem änderte sich der politische Rahmen der Konflikte. Aus zwischenstaatlichen wurden innerstaatliche Auseinandersetzungen. Daraus resultierte ein nicht zu unterschätzender Anpassungsbedarf auf Seiten der UN. Aus den dabei erlittenen Fehlschlägen und Misserfolgen wurden jedoch nicht durchweg die gleichen Konsequenzen gezogen. Einerseits kam es zu einer Rückbesinnung und stärkeren Ausrichtung an den ursprünglichen Grundprinzipien, andererseits sollte an den Grundprinzipien gerade nicht mehr festgehalten werden. Die Missionen sollten stärker bewaffnet werden und ihnen der Gewalteinsatz auch über das Recht zur Selbstverteidigung hinaus möglich sein.[128] Unübersichtlich wurde dieser Entwicklungsprozess durch eine zahlreiche, nicht einheitliche und mitunter widersprüchliche Terminologie, die sich auch in den UN-Resolutionen selbst widerspiegelt.

Zumindest die Theorie geht noch von der Geltung der ursprünglichen Prinzipien – den *Holy Trinity* – aus. Die Begrifflichkeiten sind im Ergebnis zwar gleich geblieben, deren Inhalt und Auslegung hat sich aber maßgeblich geändert. Auch aus politischen und diplomatischen Gründen hat man in der UN-Terminologie an den ursprünglichen Begriffen festgehalten. Anstatt die Ära der *Holy Trinity* zu beenden, hat man sich an neuen Interpretationen und Auslegungsansätzen versucht. Im Zuge dessen wurden auch neue Abgrenzungskriterien und Kategorien eingeführt.

Zur besseren Analyse der UN-Friedensmissionen rief der damalige UN-Generalsekretär Kofi Annan im März 2000 das hochrangig besetzte *Panel of United Nations Peace Operations* ins Leben. Reformvorschläge sollten erarbeitet und anschließend den Mitgliedstaaten präsentiert werden.[129] Der Algerier

---

128 *Jund*, Intelligence in Peacekeeping Operations, S. 12 f.
129 *Schmidl*, in: Reiter (Hrsg.), Jahrbuch für internationale Sicherheitspolitik 2001, S. 65 (66).

Lakhdar *Brahimi* stand der Expertengruppe vor; bereits im August des gleichen Jahres wurde der Bericht vorgestellt.[130] Das Dokument enthielt eine umfassende Darstellung der strukturellen Mängel der bisherigen Missionen.[131] Dabei wurden die Modernisierung der Planungs- und Entwicklungsphase sowie die Steigerung der Effizienz der Einsätze postuliert.[132] Klar formulierte und mit Mitteln der UN erreichbare Mandate sollten dafür den Grundstein legen.[133] Des Weiteren wurden die Verbesserung der Entscheidungsstrukturen und des Informationsaustausch zwischen der Zentrale und den Truppen vor Ort angesprochen. Weitere Kritikpunkte waren die oft verspätete Stationierung sowie die unzureichende Ausstattung der Truppen.[134] Dabei richtete sich die Kritik insbesondere auch an die Mitgliedstaaten. Verbindliche Zusagen müssten gegeben und eingehalten werden.[135] Bei der Umstrukturierung des *Departments for Peacekeeping* wurden die vorgestellten Empfehlungen berücksichtigt und umgesetzt.[136] Die Kritik an der internen Struktur der UN mündete in zahlreiche Neuerungen und Optimierungen des Peacekeeping-Apparats.[137] Insbesondere wurden viele neue Stellen geschaffen. Das Verhältnis von Personal in der Zentrale und Personal vor Ort konnte dadurch aber nicht signifikant verbessert werden.[138] Auch der *Brahimi*-Report forderte eine Ausrichtung der Missionen an den *Holy Trinity*, fügte dem aber zugleich eine auffallend weitreichende Definition von Selbstverteidigungshandlungen für die Verteidigung des Mandats hinzu. Je nach Formulierung des Mandats kann diese Ermächtigung weit über den Rahmen der klassischen Selbstverteidigung hinausgehen. Dennoch betrachtete man diese Neuinterpretation immer noch vom Umfang der ursprünglichen Grundidee der Selbstverteidigung umfasst, auch wenn diese Auslegung den Wortlaut bis aufs äußerste strapaziert. Der *Brahimi*-Report entfernte sich damit deutlich von dem Standpunkt im *Supplement to an Agenda for Peace*.[139] Dieser Umschwung

---

130 *Landshuter*, Die Friedensmissionen der Vereinten Nationen, S. 1.

131 *Lüder*, Völkerrechtliche Verantwortlichkeit bei Teilnahme an „Peacekeeping"-Missionen der Vereinten Nationen, S. 21.

132 *Griep*, Vereinten Nationen 2002, 61 (62).

133 *Eisele*, in: Volger (Hrsg.), Grundlagen und Strukturen der Vereinten Nationen, S. 131 (142).

134 *Völpel*, UN-Friedensmissionen in Ruanda und Kongo, S. 39.

135 *Griep*, Vereinten Nationen 2002, 61 (62).

136 *Gray*, International Law and the Use of Force, S. 307.

137 *Völpel*, UN-Friedensmissionen in Ruanda und Kongo, S. 40.

138 *Stock*, Brahimi plus 10, S. 3.

139 UN Doc., A/RES/51/242, 26.09.1997, Supplement to an Agenda for Peace.

wurde vom Generalsekretär *Annan* mitgetragen:[140] *„Sometimes peace has to be made – or enforced – before it can be kept.“*[141] Auch der Grundsatz der Unparteilichkeit wurde dadurch extrem ausgeweitet, dass er durch die Befolgung der Prinzipien der UN ersetzt wurde.[142] Bezüglich der gewichtigen Aspekte des Gewalteinsatzes und der Forderung nach robusten Mandaten zeigte er aber deutliche Bedenken. Ein Automatismus dahingehend, dass Gewaltanwendung per se legitimiert sei, wurde gerade abgelehnt.[143] In diesem Sinne bedient sich der Peacekeeping-Sonderausschuss auch weiterhin der Begriffe Peacekeeping und nicht *Peace Enforcement* oder *Peace Operations*. Damit manifestierte man den Willen, bei dem ursprünglichen Verständnis des traditionellen Peacekeepings zu bleiben.[144] Die Reaktion der Mitgliedstaaten auf das erweiterte Gewaltverständnis fiel teilweise sehr reserviert aus und wurde von mehreren Mitgliedstaaten als Verletzung der staatlichen Souveränität verstanden.[145]

2008 lieferte das Department of Peacekeeping Operations eine weitere Analyse der Friedensmissionen. In dessen Bericht *United Nations Peacekeeping Operations – Principles and Guidelines*[146] – besser bekannt als *Capstone Doctrine* – wurde eine stärkere Ausrichtung an den Grundprinzipien des Peacekeepings postuliert.[147] Gleichzeitig wurde aber auch betont, dass die bisherigen Entwicklungen mit den Grundprinzipien vereinbar sind. Hinsichtlich der Unparteilichkeit wurde der Gedanke des *Brahimi*-Reports weitergeführt. Die Unparteilichkeit dürfe nicht zu einer Entschuldigung für die Handlungsunfähigkeit der UN werden.[148] Bezüglich des Rechts auf Selbstverteidigung wurde ausgeführt, dass davon auch

---

140 UN Doc., A/55/305 – S/2000/809, 21.08.2000, Comprehensiv review of the hole question of Peacekeeping operations in all their aspects, Annex III recommendation Nr. 3.

141 Statement by the United Nations Secretary-General before the special commemorative meeting of the General Assembly, Honouring 50 years of peacekeeping, http://www.un.org/en/peacekeeping/sites/50years/8.htm, zuletzt abgerufen am 31.05.2016.

142 *Kreß*, „Friedensmissionen unter einem Mandat der Vereinten Nationen und Menschenrechte", S. 12 ff.

143 *Kondoch*, in: White/Klaasen (Hrsg.), The UN, human rights and post-conflict situations, S. 19 (24 f.).

144 *Kühne*, Der Brahimi-Report – ein Jahr später, SWP-Aktuell 13/01, S. 6 f.

145 *Völpel*, UN-Friedensmissionen in Ruanda und Kongo, S. 39 f.

146 United Nations Department of Peacekeeping Operations/Department of Field Support, United Nations Peacekeeping Operations Principles and Guidelines (im Folgenden Capstone Dorctrine.).

147 Capstone Doctrine, S. 31.

148 Capstone Doctrine, S. 33.

die Verteidigung des Mandats umfasst sei, damit aber noch nicht die Schwelle zum *Peace Enforcement* überschritten sei.[149] Des Weiteren wurde ein neues Abgrenzungskriterium für robustes Peacekeeping und *Peace Enforcement* eingeführt.[150] Während sich das Peacekeeping durch Gewaltanwendung auf taktischer und lokaler Ebene auszeichne, werde Gewalt bei *Peace Enforcement* Aktionen auf strategischer und internationaler Ebene eingesetzt.[151] Die Unterscheidung zwischen taktisch/lokal und strategisch/international kann aber keine endgültige und überzeugende Abgrenzungsformel liefern. Insbesondere werden keine Parameter mit an die Hand gegeben, die eine solche Kategorisierung nachvollziehbar erscheinen lassen. Es verbleiben Unklarheiten, wo genau die Linie zwischen diesen beiden Kategorien zu ziehen ist. Was aber aus dieser Differenzierung hervorgeht, ist der Wille der UN ein Bewusstsein dafür zu schaffen, dass *Peace Enforcement* und Peacekeeping nicht gleichgesetzt werden können. Wird also in UN-Dokumenten einer der Begriffe verwendet, so bedeutet dies zugleich den Ausschluss des anderen. 15 Jahre nach Veröffentlichung des *Brahimi*-Reports erfolgte im Juni 2015 mittels des *High-level Independent Panel on UN Peace Operations* die jüngste Bestandsaufnahme zu den Friedensmissionen. In ihr wurde insbesondere durch die veränderten Formen der Konfliktführung die Sorge geäußert, dass Friedensmissionen den neuen Bedingungen nicht mehr gerecht werden könnten. Die Kluft zwischen dem, was von Peacekeepern verlangt wird, und dem, was sie tatsächlich leisten können, wächst.[152] Die Auslöser dafür sind im Wesentlichen identisch geblieben: Unpräzise Mandate, ungenügende personelle Ausstattung, fehlendes Equipment sowie verspätete Stationierungen.[153] Weiterhin ist auch das erlaubte Gewaltmaß ein zentraler Aspekt; dies auch deswegen, weil künftig mit mehr Einsätzen in noch andauernden Konflikten gerechnet werden muss. Zwar wird auch in diesem Bericht weiterhin die Gültigkeit der Grundprinzipien der Friedensmissionen postuliert, jedoch wird gleichzeitig die zwingend notwendige weite Auslegung unterstrichen. Insbesondere dürfen

---

149　Capstone Doctrine. S. 34.

150　*Kreß*, „Friedensmissionen unter einem Mandat der Vereinten Nationen und Menschenrechte", S. 14 ff.

151　*Tardy*, in: de Coning/ Stensland/Tardy (Hrsg.), Beyond the 'New Horizon' UN Peacekeeping Future Challenges Seminar Proceedings Geneva, 23–24 June 2010, S. 66 (67 f.).

152　UN Doc., A/70/95 – S/2015/446, 17.06.2015, Comprehensive review of the whole question of peacekeeping operations in all their aspects, S. 9.

153　UN Doc., A/70/95 – S/2015/446, 17.06.2015, Comprehensive review of the whole question of peacekeeping operations in all their aspects, S. 9.

die *Holy Trinity* nicht als Grund für den defizitären Schutz der Zivilbevölkerung oder für das Unterlassen einer aktiven Verteidigung der Mission herangezogen werden.[154]

B. Einsatzformen der PMSCs

Grundsätzlich sind zwei Einsatzformen der PMSCs zu unterscheiden. Entweder werden PMSCs durch die Mitgliedstaaten an die UN entsandt oder die UN engagieren die PMSCs direkt. Die vorliegende Arbeit beschäftigt sich ausschließlich mit letzterer Alternative. Momentan werden PMSCs im Rahmen von UN-Friedensmissionen (noch) nicht als Peacekeeper eingesetzt. Das heißt, sie selbst sind nicht originärer Teil der Mission und sie werden nicht mit der Durchführung der Mission betraut. Vielmehr werden sie ergänzend zur Unterstützung der Mission herangezogen. Sie liefern somit die Zuarbeit für die eigentlichen Peacekeeper. Dabei ist der konkrete Aufgabenkatalog durchaus vielfältig. Werden PMSCs in dieser Form eingesetzt, so wird im Folgenden dafür der Begriff der *Contractors* verwendet. In der aktuellen Praxis werden PMSCs überwiegend als Schutz- und Sicherheitsdienstleister sowie in der Logistikbranche eingesetzt. Die Betrauung mit Mandatsaufgaben hat bisher nicht stattgefunden.[155] Entgegen der Selbstwahrnehmung innerhalb der UN als exklusives Phänomen des Personen- und Konvoischutzes, ergibt sich heutzutage in der Realität ein doch wesentlich vielseitigeres Bild von PMSCs-Aktivitäten in UN-Missionen.[156] Als Hauptaufgaben für *Contractors* lassen sich neben Personen- und Objektschutz insbesondere Logistik, Abrüstung, Minenräumung, Waffeneinsammlung und Verschrottung, Ausbildung, Wartung sowie die Bedienung hochspezialisierter Waffensysteme benennen.[157] Die UN selbst betonen, dass sie PSCs also Private Sicherheitsfirmen

---

154 UN Doc., A/70/95 – S/2015/446, 17.06.2015, Comprehensive review of the whole question of peacekeeping operations in all their aspects, S. 12.

155 *Janaby*, JIHLS 2015, 147 (162).

156 *Pingeot*, Dangerous Partnership, S. 24 ff.; Østensen, UN Use of Private Military and Security Companies, S. 15 ff; Persönliches Gespräch mit einer ehemaligen UNDPKO Mitarbeiterin, 25.03.2015, Lausanne.

157 Wulf: Internationalisierung und Privatisierung von Krieg und Frieden, S. 58; *Østensen*, International Peacekeeping 2013, 33 (36); *Sossai*, International Community Law Review 2014, 405 (406); *Østensen*, International Community Law Review 2014, 423 (423 f.), *Buzatu/Buckland*, Private Military & Security Companies: Future Challenges in Security Governance, S. 15; *Schaller*, in: Jäger/Kümmel (Hrsg.), Private Military and Security Companies, S. 345 (345).

engagieren und gerade keine PMCs, also keine Militärdienstleister.[158] Wie bereits zu Beginn ausgeführt, ist eine solch formale Unterteilung aufgrund des breiten Aufgabenspektrums der Unternehmen und der oft fließenden Übergänge von Sicherheits- zu Militärdienstleistungen jedoch kaum möglich. Dies zeigt sich auch in der Verwendung unterschiedlicher Terminologien durch die UN selbst. So wird innerhalb eines Dokuments zwischen PMSCs und PSCs ohne weitergehende Begründung gewechselt.[159] Auch bei der Auflistung der Vertragspartner der UN wird nicht näher spezifiziert für welche Aufgaben sie rekrutiert wurden.

Während zu Beginn generell keine bzw. nur äußerst lückenhaft Informationen zum Einsatz von PMSCs preisgegeben wurden, ist der Umfang an zur Verfügung gestellten Informationen zwischenzeitlich gewachsen. Die UN greifen seit den 1990er Jahren auf die Dienste von PMSCs zurück. Zu Beginn verpflichteten sie zum Schutz ihrer Angestellten und ihrer Gebäude vorwiegend lokale und unbewaffnete Anbieter. Damit erhoffte man sich, dass diese bei der lokalen Bevölkerung im Einsatzgebiet weitestgehend auf Akzeptanz stoßen würde. Nach und nach wurden vermehrt bewaffnete PMSCs in komplexen Konfliktsituationen oder Post-Konfliktsituationen, bei denen der Gaststaat nicht zur Gewährleistung der notwendigen Sicherheit im Stande war, eingesetzt.[160]

Im Mai 2014 beschäftigte die UN 30 private Sicherheitsfirmen (darunter sowohl bewaffnetes als auch unbewaffnetes Personal). Für 11 Friedensmissionen und eine Unterstützungsmission (UNMIL, UNMISS, UNISFA, MONUSCO, UNOCI, MINUSMA, UNIFIL, MINURSO, UNAMA, UNMIK, MINUSTAH, UNMOGIP) wurde auf unbewaffnete Sicherheitskräfte zurückgegriffen und für zwei Missionen (MINUSTAH und UNAMA) wurden bewaffnete Sicherheitskräfte engagiert.[161] 2012 waren etwa 3.400 Private Sicherheitskräfte als Personen- und Objektschützer für die UN aktiv.[162]

Die gängigsten Unternehmen mit denen die UN zusammenarbeitet, sind: Sandline, Pacific Architects & Engineers, Defense Systems Limited, Military

---

158 *Karska/Karski*, International Community Law Review 2014, 399 (401).

159 UN Doc., A/67/624, 07.12.2012 Report of the Department of Safety and Security and on the use of private security.

160 UN Doc., A/69/338, 21.08.2014, Report of the UN Working Group on the use of mercenaries as a means of violating human rights and impeding the exercise of the right of peoples to self-determination, Para. 2.

161 UN Doc., A/69/338, 21.08.2014, Report of the UN Working Group on the use of mercenaries as a means of violating human rights and impeding the exercise of the right of peoples to self-determination, Para. 11.

162 *Pressler*, MPYUNL 2014, 152 (161).

Professional Resources Incorporated, KZN Security, Empower Loss Control Services, International Charter Incorporated of Oregon, Life Guard, Aegis, Control Risks Group, IDG Security, G4S Security und DynCorp.[163] 2013 schlossen die UN einen drei Jahre laufenden Vertrag mit dem italienischen Unternehmen Selex über den Einsatz von Drohnen samt Personal zur Lenkung und Wartung, zuzüglich der notwendigen Analytiker, ab.[164] Während des UN-Einsatzes im Kongo (MONUSCO) wurden Aufklärungsdrohnen für verschiedenste Tätigkeiten eingesetzt: Verbesserung der Lageeinschätzung, Schutz der Zivilbevölkerung und der Peacekeeper, Überwachung von Waffenembargos sowie Überwachung von Flüchtlingsströmen. Während eines weiteren Einsatzes im Kongo (MONUC) wurde das private Unternehmen Pacific Architects and Engineers (PAE) für die Leitung von 11 Flughäfen engagiert.[165] Zudem umfasste der Auftrag auch die Vorbereitung und Durchführung der Evakuierung von UN-Personal.[166] Sie übernahmen einen wesentlichen Teil der Mission, fuhren UN-Fahrzeuge und wurden von der einheimischen Bevölkerung als UN-Personal wahrgenommen und waren als solche Ziel und Adressat von Gewalttaten.[167] Während das UN-Personal aus der Mission abgezogen wurde, verblieb das Personal von PAE vor Ort und erfüllte seine vertraglichen Pflichten in einer Situation, die *„may look like war, but it's Peacekeeping"*.[168] Ein weiterer häufiger Einsatzbereich ist die Entminung. Hierzu wurden unter anderem die Unternehmen Olive Group, EODT Technology, Ronco, ArmorGroup Mine Action (jetzt G4S) engagiert.[169] In der UN–Mission in Osttimor unterstützte das Unternehmen DynCorp die Mission mit Helikoptertransporten und Satellitenkommunikation.[170] Bereits 1992 machten die UN während des Einsatzes in Bosnien-Herzegowina (UNPROFOR) in

---

163 *Pingeot*, Dangerous Partnership, Appendix III; *Østensen*, UN Use of Private Military and Security Companies, S. 11 ff.

164 New York Times, Unarmed Drones Aid U.N. Peacekeeping Missions in Africa, http://www.nytimes.com/2014/07/03/world/africa/unarmed-drones-aid-un-Peacekeepers-in-africa.html?_r=0, zuletzt abgerufen am 24.03.2015; *Sossai*, International Community Law Review 2014, 405 (412).

165 OIOS, Audit Report MONUC aerodrome operations services contract, Para. 3.

166 *Østensen*, International Peacekeeping 2013, 33 (36).

167 *Østensen*, UN Use of Private Military and Security Companies, S. 17.

168 *Østensen*, UN Use of Private Military and Security Companies, S. 17; *Lacey*, U.N. Forces Using Tougher Tactics to Secure Peace, New York Time 23.05.2005, http://www.nytimes.com/2005/05/23/world/africa/un-forces-using-tougher-tactics-to-secure-peace.html, zuletzt abgerufen am 27.04.2016.

169 *Østensen*, International Peacekeeping 2013, 33 (46, Fußnote 24).

170 *Østensen*, UN Use of Private Military and Security Companies, S. 16.

umfangreicher Weise von PMSCs Gebrauch. Insgesamt wurden fünf Unternehmen, darunter DSL und DynCorp, von den UN eingesetzt. DSL stellte eine 425 Personen starke Truppe, die sich aus 24 Nationalitäten zusammensetzte, zur Verfügung. Die Bandbreite des dabei eingesetzten Personals reichte von Architekten über Mechaniker und Programmierer bis hin zu Lagerleitern und Personal für Verbrechensbekämpfung und -aufklärung. Durch die Entwicklung der Mission und ihrem wachsenden Mandat wuchsen auch die Aufgaben von DSL. Im Vergleich zu den Peacekeepern blieb das PMSC-Personal deutlich länger vor Ort.[171] Neben der UNPROFOR-Mission unterstützte DSL auch die Einsätze in Mosambik (ONUMOZ) und Angola (UNAVEM).[172] Für den UN-Einsatz im Kongo 2003 (MONUC) unterbreitete ein Konsortium aus PMSCs ein Angebot für einen Einsatz im Bereich Überwachungstechnologie, Bereitschaftspolizei und humanitäre Hilfsleistungen. Die UN entschieden sich letztendlich gegen dieses Angebot. Die Betrauung von PMSCs mit dieser Art Aufgaben wurde als nicht vertretbar empfunden. Insbesondere auch aufgrund der in der Öffentlichkeit noch immer vorhandenen Stigmatisierung der PMSCs als Söldner zweifelten die UN an der Vereinbarkeit eines so weitreichenden Einsatzes mit den hehren Zielen der UN.[173]

Auch das *UN Department of Management* beauftragte eine *„specialized security firm"*, um die Strukturen des *Department of Safety and Security* anhand einer umfassenden Studie festzulegen.[174]

Ebenso sind PMSCs im Vorfeld zu Friedensmissionen aktiv und wirken damit indirekt auf sie ein. Dies bezieht sich insbesondere auf den Trainings- und Ausbildungsbereich. Die *US Global Peace Operations Initiative* konzentrierte sich hauptsächlich auf die Ausbildung der Ausbilder und übergab diese Aufgabe größtenteils in die Hände von PMSCs. In Zahlen bedeutet dies, dass bis 2009

---

171 House of Commons, Select Committee on Foreign Affairs, Private Military Companies, Ninth Report of Session 2001–2002, Appendix 6 Memorandum from Armour Group Services Limited, Nr. 73–75.

172 House of Commons, Select Committee on Foreign Affairs, Private Military Companies, Ninth Report of Session 2001–2002, Appendix 6 Memorandum from Armour Group Services Limited, Nr. 80; *Lilly*, Disarmament Forum 2000, 53 (55).

173 *Seiberth*, Private Military and Security Companies in International Law, S. 44; *Percy*, in: Chesterman/Lehnardt (Hrsg.), From Mercenaries to Market, S. 11 (24).

174 UN Doc., A/63/379, 26.09.2008, Comprehensive management audit of the Department of Safety and Security, Para. 12; *Østensen*, International Peacekeeping 2013, 33 (36).

etwa 54.000 Soldaten von PMSCs bzw. von diesen ausgebildeten Trainern trainiert wurden. 45.000 von ihnen wurden in UN-Friedensmissionen eingesetzt.[175]

Auch wenn die von manchen befürchtete gänzliche Übernahme der Friedensmissionen durch PMSCs nicht stattgefunden hat und PMSCs bisher nicht direkt als „Blauhelme" eingesetzt werden, so ergibt sich dennoch ein Gesamtbild der Friedensmissionen, das deutlich durch die Arbeit von PMSCs geprägt wird.[176] Die Rolle der bloßen Zulieferer haben die PMSCs deutlich hinter sich gelassen. Sie sind mitunter tragende Bausteine der Missionen geworden. Durch ihre Expertise erlangen sie Einflussmöglichkeiten auf Planung und Ausführung von Friedensmissionen.[177] Dies zeigt sich auch anhand des für sie verwendeten Budgets. Dieses betrug für bewaffnete und unbewaffnet PMSCs für den Zeitraum 2013/2014 rund 42 Mio. US\$ (Friedensmissionen und politische Missionen).[178] Damit macht der geschätzte Anteil für PMSCs über 12% des Gesamtbudgets des *Department for Safety and Security* aus.[179] Für 2016 ist ein Gesamtbudget von 244 Mrd. US\$ veranschlagt.[180] Letzteres bezieht neben Einsätze für die UN auch Einsätze für Staaten und private Akteure ein.

C. PMSCs als Dienstleister im Personen- und Objektschutz

Da der momentane Schwerpunkt der Einsätze von PMSCs im Personen- und Objektsschutz liegt,[181] soll auf diesen Sektor besonders eingegangen werden. In Resolution 55/232 der UN-Generalversammlung von 2000 wird das Outsourcen all solcher Handlungen verboten, die die Sicherheit von Personal, Delegationen oder Besuchern, den internationalen Charakter der Mission oder die Bewahrung bewährter Verfahrensweisen gefährden könnten. In der Praxis wird dies

---

175 *Østensen*, International Peacekeeping 2013, 33 (37 f.).

176 *Østensen*, International Peacekeeping 2013, 33 (35).

177 *Østensen*, International Community Law Review 2014, 423 (424 ff.).

178 UN Doc., A/69/338, 21.08.2014, Report of the UN Working Group on the use of mercenaries as a means of violating human rights and impeding the exercise of the right of peoples to self-determination, Para. 11.

179 UN Doc., A/67/624, 07.12.2012, Reports on the Department of Safety and Security and on the use of private security, Table 1 und Annex II.

180 UN Doc., A/68/339, 20.08.2013, Report of the UN Working Group on the Use of mercenaries as a means of violating human rights and impeding the exercise of the right of peoples to self-determination, Para. 29.

181 *Buchan/Jones/White*, Journal of International Peacekeeping 2011, 281 (284); *Agardi*, Private Militär- und Sicherheitsfirmen: Gefahren und Möglichkeiten des Einsatzes von privaten Militärdienstleistern in Konfliktgebieten, S. 65.

allerdings nicht als ein Ausschlussgrund für die Beschäftigung von PMSCs verstanden.[182] Sowohl die *UN Guidelines on the Use of Armed Security Services from Private Security Companies* (*APSC Guidelines*) als auch der Bericht der *UN Working Group* setzen gerade die Möglichkeit der Zusammenarbeit voraus.[183]

Eine der ersten offiziellen Quellen zum Umgang der UN mit PMSCs lieferte das *Field Security Handbook*. Dort heißt es in Annex O: „*Should the host government be unable to provide the requisite security, under such rare and exceptional circumstances the organizations of the United Nations system may protect their offices, premises and personnel by employing security service companies providing armed guards.*"[184] In der Praxis umfasst diese Regelung neben den explizit im Wortlaut niedergelegten Schutzobjekten auch private Unterkünfte.[185] Die im *Field Security Handbook* noch vorhandenen Lücken, wie z.B. die Auswahl der PMSCs und die Heranziehung von Qualitätsmerkmalen, wurden in den chronologisch nachfolgenden Dokumenten explizit thematisiert. Hervorzuheben sind dabei die *APSC Guidelines* sowie das *Security Policy Manual Armed Private Security Companies*. Beide Dokumente wurden auf Initiative des UN-Generalsekretärs vom *United Nations Department of Safety and Security* (UNDSS) veröffentlicht und waren das Ergebnis des *Inter-Agency Security Management Networks,* das alle Verantwortliche des UN Sicherheitssektors zusammenbrachte.

Für die Beauftragung durch die UN müssen gemäß Abschnitt G Nr. 21 des *Security Policy Manuals* zusätzlich bestimmte Mindestkriterien erfüllt sein. Diese werden in Abschnitt F Nr. 25 der *APSC Guidelines* aufgezählt.[186] Unter anderem wird dabei auf den Inhalt und die Vorgaben des *International Code of Conduct for Private Security Service Providers (ICoC)* sowie das *Montreux Document* abgestellt.

---

182 UN-Doc., A/Res/55/232, 16.02.2001, Outsourcing practices, Art. 4 b-d; *Cameron/Chetail*, Privatizing War, S. 55.

183 UN Doc., A/69/338, 21.08.2014, Report of the UN Working Group on the Use of mercenaries as a means of violating human rights and impeding the exercise of the right of peoples to self-determination; *Cameron/Chetail*, Privatizing War, S. 55.

184 UN: Field Security Handbook, Annex O, S. O-1.

185 Østensen, UN Use of Private Military and Security Companies S. 41.

186 *25. Mandatory requirements for possible selection:*
   a. *The APSC must be a member company to the International Code of Conduct for Private Security Service Providers (the "Code")*
   b. *The APSC must have been in the business of providing armed security services for at least five years prior to submission of its proposal*
   c. *The APSC must have valid and current licences to provide armed security services in their Home State as defined by the Montreux Document (the State where the APSC is registered or incorporated)*

In den vom UNDSS erarbeiteten Dokumenten wird zudem festgestellt, dass der Schutz des UN-Personals primär dem Einsatzstaat obliegt. Nur wenn dieser und auch kein anderer Mitgliedstaat oder eine sonstige UN-Einrichtung in der Lage ist, für einen ausreichenden Schutz zu sorgen, darf auf bewaffnete Sicherheitsfirmen zurückgegriffen werden. Dementsprechend heißt es in Abschnitt D. Nr. 9 des *Security Policy Manuals*:

> *Armed security services from a private security company may not be contracted, except on an exceptional basis and then only for the following purposes:*
>
> *a. To protect United Nations personnel, premises and property.*
> *b. To provide mobile protection for United Nations personnel and property.*

Das Ultima-Ratio-Prinzip wurde auf der vierten Sitzung der *open-ended intergovernmental working group to consider the possibility of elaborating an international regulatory framework on the regulation, monitoring and oversight of the activities of private military and security companies (IGWG)* mehrfach bestätigt. Dazu berichtete Peter Drennan, *Under-Secretary-General for Safety and Security* des UNDSS, dass die UN in nur drei Fällen (Afghanistan, Haiti und Somalia) davon auch Gebrauch machen.[187] Dies enthüllt aber zugleich auch die gravierende Schwachstelle der *APSC Guidelines:* ihr Anwendungsbereich. Es werden ausschließlich <u>bewaffnete</u> Einsätze umfasst, die jedoch die klare Ausnahme darstellen. Bei dem Großteil der Einsätze wird unbewaffnetes Personal herangezogen. Alleine das Kriterium der Bewaffnung ist aber nicht für die Notwendigkeit einer engmaschigen und belastbaren Regulierung entscheidend. Eine Vielzahl an Rechtsverstößen – insbesondere sexuelle Übergriffe – werden jedoch unabhängig von der Tatsache ob die jeweilige Person bewaffnet oder unbewaffnet ist begangen. Eine Beschränkung des Anwendungsbereiches auf bewaffnetes Personal greift daher zu kurz.

> *d. The APSC must have valid and current licences to provide armed security services and import, carry and use firearms and ammunition in the Territorial State, as defined by the Montreux Document (the States on whose territory the APSC will operate)*
> *e. The APSC must have started the registration process to become a registered United Nations Procurement Division vendor and will only be eligible for contract award subject to the successful completion of registration at the appropriate level*
> *f. The APSC must be able to substantially comply with the Scope of Work*

187 UN Doc., A/HRC/30/47, 09. 07 2015, Report of the open-ended intergovernmental UN Working Group to consider the possibility of elaborating an international regulatory framework on the regulation, monitoring and oversight of the activities of private military and security companies on its fourth session, Para. 65.

2. Kapitel: Einsatzfähigkeit von PMSCs in UN-Friedensmissionen

Der Einsatz von PMSCs in UN-Friedensmissionen wirft vielfältige Fragen auf. Diese reichen von dem völkerrechtlichen Status des PMSC-Personals und der einschlägigen Rechtsgrundlage bis hin zu den besonderen Anforderungen des humanitären Völkerrechts und des Menschenrechtsregimes sowie den strafrechtlichen Sanktionierungsmöglichkeiten. Je nachdem ob PMSCs als Peacekeeper oder als *Contractor* eingesetzt werden, sind damit unterschiedliche Einzelprobleme und Rechtsfolgen verbunden. Diese sind Gegenstand des vorliegenden Kapitels.

§ 1 Der völkerrechtliche Status des PMSC-Personals in internationalen bewaffneten Konflikten

Weder die Aktivitäten der PMSCs noch der Status deren Angestellter werden in einem völkerrechtlichen Vertrag expressis verbis geregelt. Insbesondere das humanitäre Völkerrecht lässt eine Behandlung und Auseinandersetzung mit den PMSCs vermissen. Die PMSCs selbst bzw. deren Interessenverbände sind unterdessen sehr darum bemüht, sich von dem negativ belasteten Bild der Söldner abzugrenzen. Zu diesem Zweck verweisen sie öffentlichkeitswirksam auf ihre abgelegten Selbstverpflichtungserklärungen. Sie verstehen sich als *„normale Unternehmen (…) deren Charakteristikum die Verknüpfung von individueller Expertise und wirtschaftlichen Strukturen mit dem Ziel der weltweiten Unterstützung staatlicher und privater Akteure ist.“*[1] Diese Selbsteinschätzung vermag aber freilich nicht als Fundament einer völkerrechtlichen Bewertung zu überzeugen. Es bedarf einer Auseinandersetzung mit dem Söldnerbegriff aus Art. 47 des ersten Zusatzprotokolls zu den Genfer Konventionen (ZP I GK). Zudem ist das humanitäre Völkerrecht durch die Dichotomie in Kombattanten und Zivilisten geprägt. Auch die Angestellten der PMSCs müssen sich an diesen Maßstäben messen lassen.

---

1 *Seidl*, Private Sicherheits- und Militärfirmen als Instrumente staatlichen Handelns, S. 15.

A. Söldner i.S.v. Art. 47 ZP I GK

In den Diskussionen über den Einsatz von PMSCs findet man mit bestechender Regelmäßigkeit die Betitelung als Söldner.[2] Damit ist in erster Linie aber oft keine völkerrechtliche Bewertung verbunden, vielmehr ist es als Ausdruck der Missbilligung der PMSC-Branche zu verstehen. Söldner stellen im humanitären Völkerrecht keine eigene Statuskategorie dar. Sie sind Zivilisten.[3] Die Voraussetzungen, die an die Söldnereigenschaft gestellt werden, finden sich enumerativ und kumulativ in Art. 47 II ZP I GK aufgelistet. Neben Art. 47 ZP I GK befassen sich auch die *Konvention zur Eliminierung des Söldnerwesens* der AU[4] und die *UN-Konvention gegen die Rekrutierung, Nutzung Finanzierung und Ausbildung von Söldnern*[5] mit dem Söldnerwesen.[6] Inhaltlich sind die Normen weitestgehend deckungsgleich. Da Art. 47 II ZP I GK sechs kumulative Voraussetzungen für die Söldnereigenschaft auflistet, ist der effektive Anwendungsbereich der Regelung deutlich eingeschränkt.[7] Söldner ist:

a) wer im Inland oder Ausland zu dem besonderen Zweck angeworben ist, in einem bewaffneten Konflikt zu kämpfen,

b) wer tatsächlich unmittelbar an Feindseligkeiten teilnimmt,

c) wer an Feindseligkeiten vor allem aus Streben nach persönlichem Gewinn teilnimmt und wer von oder im Namen einer am Konflikt beteiligten Partei tatsächlich die Zusage einer materiellen Vergütung erhalten hat, die wesentlich höher ist als die den Kombattanten der Streitkräfte dieser Partei in vergleichbarem Rang und mit ähnlichen Aufgaben zugesagte oder gezahlte Vergütung,

d) wer weder Staatsangehöriger einer am Konflikt beteiligten Partei ist noch in einem von einer am Konflikt beteiligten Partei kontrollierten Gebiet ansässig ist,

---

2 *Drews*, in: Jäger/Kümmel (Hrsg.), Private Military and Security Companies, S. 331 (331); Joachim, Der Einsatz von „Private Military Companies" im modernen Konflikt, S. 25; Eppacher, Private Sicherheits- und Militärfirmen, S. 39; *Mancini/Ntoubandi/Marauhn*, in: Francioni/Ronzitti (Hrsg.), War by contract, S. 321 (321 ff.).

3 *De Preux*, in: Sandoz/Swinarski/Zimmermann (Hrsg.), Protocol I, Art. 47, Rdn.: 1797; *Behnsen*, GYIL 2003, 494 (496).

4 Convention for the Elimination of Mercenarism in Africa, OAU, CM/817 (XXIX) Annex II Rev. 1.

5 UN Doc., A/RES/44/34, 04.12.1989, International Convention against the Recruitment, Use, Financing and Training of Mercenaries.

6 *Seidl*, Private Sicherheits- und Militärfirmen als Instrumente staatlichen Handelns, S. 9.

7 Zusammenfassend zur Söldnereigenschaft: *Cassese*, ZaöRV 1980, 1 (1 ff.).

e) wer nicht Angehöriger der Streitkräfte einer am Konflikt beteiligten Partei ist und

f) wer nicht von einem nicht am Konflikt beteiligten Staat in amtlichem Auftrag als Angehöriger seiner Streitkräfte entsandt worden ist.

In den meisten Fällen scheidet eine Subsumtion unter den Söldnerbegriff bereits wegen Art. 47 II lit. a aus. Es fehlt an der notwendigen Finalität hinsichtlich der Anwerbung zum Zweck der Teilnahme an einem bewaffneten Konflikt. Ob die angeworbenen PMSCs im späteren Verlauf unter Umständen doch in einem bewaffneten Konflikt eingesetzt werden, ist für diese Voraussetzung irrelevant. Alleine die Intention zum Zeitpunkt der Anwerbung ist entscheidend.[8] Auch Art. 47 II lit. b ZP I GK III kann zum Ausschluss der Söldnereigenschaft führen. Kern dieses Problems ist die fehlende Kontur des Begriffs *unmittelbare Teilnahme an Feindseligkeiten*. Auf einem Expertentreffen anlässlich des völkerrechtlichen Status von PMSC-Angestellten wurden mehrere Problemfälle identifiziert.[9] Insbesondere der bereits zuvor erwähnte Personen- und Gebäudeschutz sowie defensiv ausgelegte Sicherheitseinsätze wurden hinterfragt, wobei zwischen den einzelnen Spezialisten des Öfteren kein Konsens erzielt werden konnte.[10] Auch Art. 47 II lit. c ZP GK bereitet in Zusammenhang mit der Anwendbarkeit auf PMSCs Probleme. Demnach muss es sich um eine wesentlich höhere materielle Vergütung handeln, als die, die den Kombattanten der Streitkräfte zugesprochen wird. Insbesondere bei der Beschäftigung von Personal aus Entwicklungsländern ist dieses Erfordernis nicht gegeben.[11] Zudem stellen die Kriterien mitunter auf die subjektive Motivation ab (Art. 47 II lit. c. ZP GK). Diese ist aber für Außenstehende nur bedingt bestimmbar und damit für eine zielgerichtete Beweisführung ungeeignet.[12] Des Weiteren werden Kriterien verwendet, die leicht umgangen werden können (z.B. Staatsangehörigkeit, Art. 47 II lit. d ZP GK).

---

8 *Giesen*, Private Military Companies im Völkerrecht, S. 163.

9 *Doswald-Beck*, in: Chesterman/Lehnhard (Hrsg.), From Mercenaries to Market, S. 115 (129 f.).

10 *Mancini/Ntoubandi/Marauhn*, in: Francioni/Ronzitti (Hrsg.), War by contract, S. 321 (332 f.); Expert Meeting on Private Military Contractors: Status and State Responsibility for Their Actions, The University Centre for International Humanitarian Law, S. 26 f., Geneva; http://www.geneva-academy.ch/docs/expert-meetings/2005/2rapport_compagnies_privees.pdf; zuletzt abgerufen am 10.02.2016.

11 *Armendáriz/Palou-Loverdos*, The Privatization of Warfare, Violence and Private Military & Security Companies, S. 60.

12 *Burmester*, AJIL 1978, 37 (37).

Im Ergebnis kann zwar nicht gänzlich ausgeschlossen werden, dass vereinzelt Angestellte die vorgestellten Kriterien vollständig erfüllen; bei der ganz überwiegenden Mehrheit wird dies aber nicht der Fall sein.[13]

B. Kombattanten vs. Zivilisten

Nur Kombattanten ist es gestattet sich unmittelbar an Kampfhandlungen zu beteiligen ohne für die bloße Teilnahme strafrechtlich verfolgt werden zu können. Kombattanten wird der Kriegsgefangenenstatus gewährt und nur Kombattanten dürfen von der Gegenseite gezielt und jederzeit bekämpft werden.[14] Zur Bestimmung der Kombattanteneigenschaft soll im Wesentlichen auf zwei Normen zurückgegriffen werden: Art. 4 A Zif. 1 und 2 GK III. Zudem wurde in Art. 43 ZP I GK[15] eine Definition des Kombattantenbegriffs aufgenommen. Die Unterteilung in reguläre und nicht-reguläre Streitkräfte aus Art. 4 A Zif. 1 und 2 GK III geht dabei im weiten Wortlaut des Art. 43 I und II ZP I GK auf.

Allerdings haben nicht alle Mitgliedstaaten der Dritten Genfer Konvention auch das Zusatzprotokoll ratifiziert (unter anderem die USA als einer der größten PMSC-Auftraggeber), sodass ein Rückgriff auf Art. 43 ZP GK nicht immer möglich ist.[16] Völkergewohnheitsrechtlich werden zwar das Unterscheidungsprinzip und die Zuordnung der Mitglieder der Streitkräfte zu den Kombattanten anerkannt, nicht aber die einzelnen Definitionsmerkmale.[17] Folglich wird Art. 43 ZP I GK in der vorliegenden Arbeit auch nur in komprimierter Form dargestellt.[18]

In der Dritten Genfer Konvention sucht man eine Definition des Kombattantenbegriffes noch vergeblich. Stattdessen wird Art. 4 A GK III zur Bestimmung des Kombattantenbegriffes herangezogen. Dieser regelt an sich die Kriegsgefangeneneigenschaft und sieht dafür sechs verschiedene Personengruppen vor. Von diesen sechs Gruppen nehmen vier unmittelbar an Feindseligkeiten teil. Für die

---

13 *Fallah*, International Review of the Red Cross 2006, 599 (605); *Best*, Humanity in Warfare, S. 375.

14 *Dörmann*, International Review of the Red Cross 2003, 45 (45).

15 Art. 43 II ZP I GK: „*Die Angehörigen der Streitkräfte einer am Konflikt beteiligten Partei (mit Ausnahme des in Artikel 33 des III. Abkommens bezeichneten Sanitäts- und Seelsorgepersonals) sind Kombattanten, das heisst, sie sind berechtigt, unmittelbar an Feindseligkeiten teilzunehmen.*"

16 *Giesen*, Private Military Companies im Völkerrecht, S. 143.

17 ICRC: Customary International Law, Rule 1, S. 3 und Rule 3, S. 11.

18 Daneben beschäftigt sich auch Art. 1 und 2 der Haager Landkriegsordnung mit der Zuordnung zu den Kriegsführenden.

Berechtigung zur unmittelbaren Teilnahme an Feindseligkeiten ist aber zwingend eine Qualifikation als Kombattant notwendig, sodass für Art. 4 A Zif. 1-3, 6 GK III ein Rückschluss vom Kriegsgefangenenstatus auf den Kombattantenstatus möglich ist.[19] Im Kontext der PMSCs sind Art. 4 A Zif. 1 und Zif. 2 GK III relevant. Die genannten Ziffern unterscheiden zwischen regulären (Art. 4 A Zif. 1) und nicht-regulären Streitkräften (Art. 4 A Zif. 2).

I) Kombattanten i.S.v. Art. 4 A Zif. 1 GK III

Die regulären Streitkräfte nach Art. 4 A Zif. 1 GK III umfassen die staatlichen Streitkräfte sowie Milizen und Freiwilligenkorps, vorausgesetzt, dass diese ebenfalls in die Streitkräfte eingegliedert sind. Gemäß Art. 4 A Zif. 1 GK III ist die Eingliederung in den staatlichen Streitkräfteapparat und in die Befehlsstruktur einer der am Konflikt beteiligten Parteien der entscheidende Aspekt zur Begründung des Kombattantenstatus.[20]

Darüber, ob und inwieweit eine Eingliederung erfolgt, entscheidet jeder Staat souverän.[21] Die Eingliederung von PMSC-Personal in das reguläre Heer ist daher möglich, stellt in der Praxis aber die ganz deutliche Ausnahme dar, da dies mit dem Ziel, über eine vertragliche Beziehung mehr Flexibilität und Effizienz zu erreichen, im Widerspruch steht.[22]

Entgegen der herrschenden Auffassung, PMSCs mangels einer flächendeckenden Eingliederung in die vorhandenen staatlichen Streitkräfte nicht als reguläre Streitkräfte qualifizieren zu können, werden vereinzelt auch davon abweichende Ansätze vertreten.[23] Demzufolge könne die rein vertragliche Bindung den hoheitlichen Eingliederungsakt substituieren. PMSCs würden damit in den Anwendungsbereich der Kombattantenregelung des Art. 4 A Zif. 1 GK III aufgenommen, vorausgesetzt es werden kombattante Aufgaben durchgeführt.[24] Nach

---

19 *Drews*, Die völkerrechtliche Dimension des staatlichen Einsatzes privater Militärfirmen, S. 105; *Fischer*, Militär und Sicherheitsunternehmen in bewaffneten Konflikten und Friedenssicherungsoperationen, S. 72; *de Preux*, in: Sandoz/Swinarski/Zimmermann (Hrsg.), Protocol I, Art. 43, Rnd. 1677; *Seiberth*, Private Military and Security Companies in International Law; S.106.

20 *Menz*, Die Verantwortlichkeit der Mitarbeiter privater Militär- und Sicherheitsunternehmen nach Art. 8 ICC-Statut, 35.

21 *Buß*, Der Kombattantenstatus, S. 200.

22 *Schaller*, Jahrbuch der Clausewitz Gesellschaft e.V. 2006, 120 (123).

23 Dafür: *Saage-Maaß/Weber*, JILPAC 2007, 170 (174).

24 *Saage-Maaß/Weber*, JILPAC 2007, 170 (170); ablehnend: *Schaller*, Jahrbuch der Clausewitz Gesellschaft e.V. 2006, 120 (123).

dieser Auffassung überwiegt die Schutzbedürftigkeit der einzelnen Angestellten, die in klassischen militärischen Aufgabenfeldern eingesetzt werden und ein bevorzugtes Angriffsziel darstellen.[25] Verweigert man diesen den Kombattantenstatus, könnten sie sich nur in Notwehr- oder Notstandssituationen schützen bzw. zur Wehr setzen. Das Notwehrrecht dürfe jedoch nur in Folge eines rechtswidrigen Angriffes ausgeübt werden.[26] Angriffe auf militärische Ziele sind gem. Art. 48 ZP I GK mit den Regularien des humanitären Völkerrechts aber vereinbar und berechtigen damit also nicht zur Notwehr.[27] Die Angestellten hätten daher kaum Verteidigungsmöglichkeiten.

Nach der vorzugswürdigen Gegenauffassung vermag die rein vertragliche Beziehung die staatliche Eingliederung jedoch nicht zu substituieren. Eine Einflussnahme auf die Ausgestaltung des Auftrags ist nur durch die vertraglich vorgesehenen Mechanismen möglich. Es liegt kein hierarchisch geprägtes Verhältnis vor, sodass eine nicht überwindbare Wesensverschiedenheit zu den Voraussetzungen der Genfer Konvention bzw. dem Zusatzprotokoll vorliegt.[28] Die Steuerung der internen Abläufe und Entscheidungen wie z.B. Personalauswahl ist gerade nicht möglich.[29]

Der Substitution des hoheitlichen Eingliederungsaktes durch den privatrechtlichen Vertrag mit den PMSCs muss somit widersprochen werden. Gleichwohl ist aber festzuhalten, dass die vorgebrachte Kritik hinsichtlich der eingeschränkten Verteidigungsmöglichkeiten zutreffend ist. Die Forderung nach einem erweiterten Kombattantenbegriff ist somit berechtigt, die vertragliche Substitution jedoch nicht das passende Instrument dieses Ziel zu erreichen.

II) Kombattanten i.S.v. Art. 4 A Zif. 2 GK III

Für die nicht-regulären Streitkräfte nach Art. 4 A Zif. 2 GK III bedarf es neben einer Zugehörigkeit zu einer am Konflikt beteiligten Partei noch vier weiterer Voraussetzungen.

---

25 *Schaller*, Jahrbuch der Clausewitz Gesellschaft e.V. 2006, 121 (128).
26 *Schaller*, Jahrbuch der Clausewitz Gesellschaft e.V. 2006, 121 (126).
27 Artikel 48 ZP I GK: „*Um Schonung und Schutz der Zivilbevölkerung und ziviler Objekte zu gewährleisten, unterscheiden die am Konflikt beteiligten Parteien jederzeit zwischen der Zivilbevölkerung und Kombattanten sowie zwischen zivilen Objekten und militärischen Zielen; sie dürfen daher ihre Kriegshandlungen nur gegen militärische Ziele richten.*"
28 *Schaller*, Jahrbuch der Clausewitz Gesellschaft e.V. 2006, 121 (123).
29 *Fischer*, Militär- und Sicherheitsunternehmen in bewaffneten Konflikten und Friedenssicherungsoperationen, S. 82.

1) Zugehörigkeit

Zwar bedarf es auch für Art. 4 A Zif. 2 GK III der Zugehörigkeit zu einer am Konflikt beteiligten Partei. Der verlangte Eingliederungsgrad ist jedoch wesentlich niedriger. Anstatt einer de jure Eingliederung soll eine de facto Eingliederung genügen, die zwar ein Mindestmaß an Eigenständigkeit bei der inneren Organisation ermöglicht, jedoch keine militärische Unabhängigkeit bedeutet.[30] Wurde früher die Zugehörigkeit nur im Fall einer offiziellen Anerkennung angenommen, so lässt inzwischen eine sehr weitgehende Ansicht bereits die stillschweigende Billigung der Handlungen für die Begründung der Zugehörigkeit zu den Streitkräften genügen und verzichtet komplett auf jegliche staatliche Kontrolle über die Handlungen.[31] Die Gegenansicht lässt dies zur Begründung der Zugehörigkeit nicht genügen und stellt auf die Erwägungsgründe zur Staatenverantwortlichkeit (*Draft Articles on Responsibility of States for Internationally Wrongful Acts*) ab. Es bedarf demnach der staatlichen Kontrolle über das Verhalten der Truppen. Allerdings sind die Anforderungen, die an die staatliche Kontrolle gestellt werden, selbst Gegenstand von tiefgreifenden Meinungsstreitigkeiten.[32] Intensiv hatte sich der IGH damit im Fall *Military and Paramilitary Activities in and against Nicaragua*[33] (effective control) sowie der Internationale Strafgerichtshof für das ehemalige Jugoslawien im *Tadić*-Fall (overall control) beschäftigt.[34] Allerdings erscheint die Übertragung dieser Erwägungen auf die Zugehörigkeitsfrage im Hinblick auf die Wesensunterschiede bzgl. Zugehörigkeit und Zurechenbarkeit durchaus fraglich, da über die Grundsätze der Staatenverantwortlichkeit auch Handlungen Privater, die gerade nicht den nationalen Truppen zugehörig sind, einem Staat zugerechnet werden können. Aus diesen Gründen ist von der Orientierung an den Regelungen zur Staatenverantwortlichkeit abzusehen. Zudem würde ansonsten die Regelung des Art. 91 ZP I GK, der die Verantwortlichkeit der Konfliktpartei für alle von den Streitkräften der Partei begangenen Handlungen begründet, obsolet werden.[35] Eine stillschweigende Billigung soll

---

30 *de Preux*, Commentary III Geneva Convention: Art. 4, S. 57.

31 *de Preux*, Commentary III Geneva Convention: Art. 4, S. 57.

32 *Cameron/Chetail*, Privatizing War, S. 393 f.

33 IGH, Urteil vom 27.06.1986, Case Concerning Military and Paramilitary Activities in and against Nicaragua (Nicaragua v. United States of America), ICJ Reports 1996, S. 14 (65 ff.).

34 Internationalen Strafgerichtshof für das ehemalige Jugoslawien: IT-94-1-A, Urteil vom 15.07.1999, Rnd. 131.

35 *Drews*, Die völkerrechtlichen Dimensionen des staatlichen Einsatzes privater Militärfirmen, S. 116.

entgegen der früher vertretenen Meinung aber nicht mehr genügen.[36] Es müsse vielmehr eine offensichtliche Verbindung zu der Konfliktpartei bestehen. Als solche Verbindung kommt für PMSCs die vertragliche Bindung an die Auftraggeber in Betracht. Darin liegt eine explizite Zustimmung zu den Tätigkeiten der PMSCs. Ein Vertrag und die daraus erwachsenden gegenseitigen Verpflichtungen schaffen, eine derart enge und intensive Beziehung, die deutlich über die bloße stillschweigende Zustimmung hinausgeht.[37] Allerdings wird die Aussagekraft und der Stellenwert der vertraglichen Beziehung durch den zunehmenden Trend zur Vergabe von Unteraufträgen – oft ebenfalls an PMSCs – spürbar aufgelöst. Die Einflussnahme ist in diesen Fällen oft nicht mehr in der ursprünglichen Intensität möglich und Kompetenz- und Beweisprobleme werden verstärkt.

2) Eine für ihre Untergebenen verantwortliche Person an ihrer Spitze, ein bleibendes und von weitem erkennbares Unterscheidungszeichen, offenes Tragen von Waffen und die Beachtung des humanitären Völkerrechts

Indem eine verantwortliche Führung für das Personal als Tatbestandsvoraussetzung aufgenommen wurde, soll die Gewährleistung, der vorgegebenen völkerrechtlichen Regularien, erreicht werden. Einigkeit besteht dahingehend, dass eine militärische Führungsperson nicht notwendig ist, auch Zivilpersonen können dieser Anforderung Genüge leisten.[38] Vielmehr ist entscheidend, dass die Führung mit dem notwendigen Autorisationsgrad auftritt.[39] Eine militärisch, hierarchische Struktur würde die Lenkung des Verhaltens zwar durchaus erleichtern, zur Erfüllung des Normzwecks genügt aber bereits die Möglichkeit, auf vertraglicher Ebene gestalterisch tätig zu werden, sowie die aus dem Arbeitsverhältnis ableitbare Weisungsbefugnis.[40] Auf vertraglicher Ebene kann bei PMSCs insbesondere durch Kündigung bestehender Verträge Einfluss genommen werden.

Durch das Tragen von Unterscheidungszeichen soll die Klassifizierung als Zivilist oder Kombattant so einfach wie möglich durchführbar sein und damit der Schutz der Zivilbevölkerung gewährleistet werden können. Welche Eigenschaften

---

36 *Arnold*, ZaöRV 2003, 631 (638).

37 *Drews*, Die völkerrechtlichen Dimensionen des staatlichen Einsatzes privater Militärfirmen, S. 118.

38 *Pictet*, Commentary III Geneva Convention, Art. 4 A Zif. 2, S. 59; *Fischer*, Militär- und Sicherheitsunternehmen in bewaffneten Konflikten und Friedenssicherungsoperationen, S. 132.

39 *Schlosser*, Das völkerrechtliche Problem des Partisanenkrieges, S. 238.

40 *Drews*, Die völkerrechtliche Dimension des staatlichen Einsatzes privater Militärfirmen, S. 120.

das Unterscheidungszeichen erfüllen muss, wird, abgesehen von der Uniformpflicht der regulären Streitkräfte, nicht näher definiert. Es genügt, wenn die Unterscheidung von der Zivilbevölkerung durch anderweitige Kennzeichnung ermöglicht wird.[41] Die Erfahrungen, z.B. während des Einsatzes von PMSCs in Afghanistan, zeigten ein sehr heterogenes Bild der Angestellten von PMSCs. Während manche uniformähnliche Kleidung trugen, ist bei einer Vielzahl von PMSC-Angestellten eine Unterscheidung von Zivilisten nicht oder nur sehr schwer möglich gewesen. In der Vergangenheit wurden bereits zahlreiche Fälle ohne oder mit einem ungenügenden Unterscheidungskennzeichen dokumentiert.[42] Auch die von PMSCs verwendeten Fahrzeuge wiesen nur in seltenen Fällen die vorgeschriebenen Unterscheidungszeichen auf.[43] Eine Aussage, inwieweit die Anforderungen an ein bleibendes und von weitem erkennbares Unterscheidungskennzeichen erfüllt werden, kann somit nur auf Grundlage von Einzelfallbetrachtungen erfolgen.

Ebenfalls zum Zwecke der Unterscheidung dient das Erfordernis, die Waffen offen zu tragen. Regelmäßig besteht ein Gleichlauf von Art. 4 A Zif. 2 lit b und c. Kann das Erfordernis des Unterscheidungszeichens bejaht werden, so werden meist auch die Waffen offen getragen.[44]

Aufgrund der Fülle der vorhandenen Regelungen des humanitären Völkerrechts, ist die Beachtung des humanitären Völkerrechts als letzte Voraussetzung des Kombattantenbegriffs nach Art. 4 A Zif. 2 GK III restriktiv zu behandeln.[45] Ein Verstoß gegen das humanitäre Völkerrecht soll nur dann angenommen werden, wenn es sich um systematische Verstöße handelt und selbst der Minimalstandard verletzt wird.[46] Die in den Medien oft zitierten Zwischen- bzw. Überfälle durch PMSC-Personal bedeuten daher nicht automatisch die Missachtung dieser Voraussetzung, da es in diesen Beispielsfällen gerade an einer systematischen Verletzung des Völkerrechts fehlt.

3) Grundsätzliche Anwendbarkeit auf PMSCs

Die in der Literatur geführte Diskussion konzentriert sich weitestgehend auf die Auseinandersetzung mit den einzelnen Tatbestandsmerkmalen. Nur unzulänglich

---

41 *Köhler*, Private Sicherheits- und Militärunternehmen im bewaffneten Konflikt, S. 84.
42 *Schmitt*, FS für Dieter Fleck, S. 505 (516).
43 *Schmeidl*, in: Joras/Schuster (Hrsg.), Private Security Companies and Local Population, S. 9 (13 f.).
44 *Cameron/Chetail*, Privatizing War, S. 404 f.
45 *Boldt*, GYIL 2004, 502 (529).
46 *Drews*, Die völkerrechtliche Dimension des staatlichen Einsatzes privater Militärfirmen, S. 125.

wird hingegen der Frage nachgegangen, ob die Norm überhaupt dem Grunde nach auch auf PMSC-Angestellte Anwendung finden darf.

Die Anwendbarkeit des Art. 4 A Zif. 2 III GK auf PMSCs ist aufgrund der historischen Entstehungsgeschichte der Norm umstritten. Während der Wortlaut die Einbeziehung von PMSCs in den Anwendungsbereich der Norm gestatten würde, steht die historische und teleologische Auslegung der Norm dieser Auffassung entgegen: Hintergrund waren die Entwicklungen während des 2. Weltkrieges. Durch die in Art. 4 A Zif. 2 III GK gewählte Formulierung, sollte auch Widerstandskämpfern in besetzten Gebieten der Kriegsgefangenstatus gewährt werden dürfen.[47] Die Anerkennung des Kriegsgefangenstatus war von jeher zwischen militärisch gut aufgestellten und schwächeren, oft weniger entwickelten Ländern, umstritten. So forderte letztere Gruppe, dass auch Zivilisten, die gegen eindringende, feindliche Armeen und für ihre jeweilige Nationen kämpfen, nicht wie gewöhnliche Kriminelle behandelt werden dürfen, sondern ebenfalls vom Kriegsgefangenstatus profitieren müssten.[48] Die Intention bei der Schaffung dieser Norm lag somit darin, Widerstandsbewegungen eine Plattform zu geben und sie zur Beachtung der Regularien des humanitären Völkerrechts zu bewegen.[49] Während der Phase der Entkolonialisierung verlangten zahlreiche afrikanische Staaten, dass diese Überlegungen auch für Söldner entsprechend gelten müssen.[50] Nach langwierigen Diskussionen endete der Streit mit der Einführung von Art. 47 ZP I GK, der für Söldner einen Anspruch auf den Kombattanten- und Kriegsgefangenstatus verneint.[51] Söldner weisen gerade nicht die für Widerstandskämpfer charakteristische Nähe zu einer Konfliktpartei auf. Gleiches gilt für PMSCs. Ebenso muss für Fälle wie z.B. im Irak bedacht werden, dass die Verleihung des Kombattantenstatus auf Grundlage von Art. 4 A Zif. 2 III GK an PMSC-Personal, das von der Besatzungsmacht engagiert wurde, die ursprünglich anvisierte Situation ins Gegenteil verkehren würde.[52] Eine andere

---

47 *de Preux,* Commentary III Geneva Convention: Art. 4, S. 52 f.; *Seiberth,* Private Military and Security Companies in International Law, S.107.

48 *Doswald-Beck,* in: Chesterman/Lehnardt (Hrsg), From Mercenaries to Market, S. 115 (116).

49 *Cameron,* in: Peters/Koechlin/Förster/Zinkernagel (Hrsg.), Non-State Actors as Standard Setters, S. 113 (121).

50 *Doswald-Beck,* in: Chesterman/Lehnardt (Hrsg.), From Mercenaries to Market, S. 115 (117).

51 *Doswald-Beck,* in: Chesterman/Lehnardt (Hrsg.), From Mercenaries to Market, S. 115 (116 f.).

52 *Cameron/Chetail,* Privatizing War, S. 407.

Interpretation kann nach der hier vertretenen Auffassung, der historischen Entstehungsgeschichte und ihren Erwägungsgründen, nicht Stand halten.

III) Kombattanten i.S.v. Art. 43 II ZP I GK

Auch Art. 43 II ZP I GK fordert die Zugehörigkeit zu einer Konfliktpartei, wozu auf die Ausführungen im Rahmen von Art. 4 A Zif. 1 und 2 GK III verwiesen werden kann.[53] Anschließend sollen nun die Besonderheiten der Regelungen des Art. 43 II ZP I GK dargestellt werden. Insbesondere soll auf die Eigenschaft als „bewaffnet" sowie auf die interne Disziplinarstruktur eingegangen werden.

1) Das Tatbestandsmerkmal „bewaffnet"

Inwieweit das bloße Beisichführen von Waffen für eine Charakterisierung als *bewaffnet* im Sinne dieser Norm ausreicht, ist umstritten. Vermehrt wird Bewaffnung funktional verstanden und an die unmittelbare Teilnahme an Feindseligkeiten geknüpft. Damit genügt alleine das Tragen von Waffen nicht, um Verbände, Gruppen und Einheiten als *bewaffnet* einzustufen. Dies erscheint vor dem Hintergrund, dass das Recht zur unmittelbaren Teilnahme an Feindseligkeiten ein Alleinstellungsmerkmal der Kombattanten ist, nachvollziehbar.[54] Es muss daher ein zumindest abstrakter Kampfauftrag vorhanden sein.[55] Bereits diese Anforderung lässt die meisten, der heutzutage eingesetzten PMSCs für die Zuordnung zu den Kombattanten ausscheiden. Nur die allerwenigsten PMSCs werden für die unmittelbare Teilnahme an Feindseligkeiten angeworben. Bezieht man aber die aktuelle Tendenz mit ein, dass PMSCs immer mehr danach streben, noch weitere und immer stärker offensiv ausgerichtete Aufgaben zu übernehmen und insbesondere am unmittelbaren Kampfgeschehen mitzuwirken, muss und darf das Erfordernis der Bewaffnung nicht per se als Ausschlussgrund gewertet werden.

2) Das Tatbestandsmerkmal „interne Disziplinarstruktur"

In Art. 43 I ZP I GK wird zudem zum ersten Mal ein internes Disziplinarsystem als Voraussetzung der Kombattanteneigenschaft erwähnt. Dies löste Diskussionen aus, ob es sich dabei um ein konstitutives Merkmal handelt oder ob ihm

---

53 Siehe auch 2. Kapitel C. § 1 B I und III.
54 *Fischer*, Militär-und Sicherheitsunternehmen in bewaffneten Konflikten und Friedenssicherungsoperationen, S. 127; *Giesen*, Private Military Companies im Völkerrecht, S. 132 f.; *Köhler*, Private Sicherheits- und Militärunternehmen in bewaffneten Konflikt, S. 81.
55 *Giesen*, Private Military Companies im Völkerrecht, S. 133.

eine rein deklaratorische Wirkung zukommt.[56] Auch hier ist auf den Sinn und Zweck der Norm abzustellen: Die Sicherung und Einhaltung der Regelungen des humanitären Völkerrechts. Dieser Zweck würde durch eine eigene Disziplinarstruktur zwar erleichtert werden, ist aber auch ohne eine solche, wiederum durch vertragliche Regelungen, möglich.[57] Würde man ein Disziplinarsystem als konstitutives Merkmal qualifizieren, würde der Anwendungsbereich erheblich eingeschränkt werden, was aber nicht der Intention der Verfasser entnommen werden kann.[58]

Zudem spricht auch die Systematik des Art. 43 I ZP I GK für ein solches Verständnis. Während die Streitkräftedefinition in Satz 1 enthalten ist, findet sich das Merkmal der internen Disziplinarstruktur in Satz 2 wieder.[59]

C. Gefolge i.S.v. Art. 4 A Zif. 4 GK III

Da weder eine Zuordnung zu Art. 4 A Zif. 1 noch zu Zif. 2 GK III noch zu Art. 43 II ZP I GK bedenkenlos möglich ist, wird sich in der Praxis auf andere Weise geholfen. In den USA und auch im Vereinigten Königreich wurde PMSC-Personal vermehrt vertraglich die unmittelbare Teilnahme an Kampfhandlungen untersagt und ihnen der Status des Gefolges nach Art. 4 A Zif. 4 GK III und damit zugleich auch der Kriegsgefangenenstatus zuerkannt.[60]

I) Grundsätzliche Anwendbarkeit von Art. 4 A Zif. 4 GK III

Der Anwendungsbereich von Art. 4 A Zif. 4 GK III umfasst jene Personen, die den Streitkräften folgen, ohne in sie eingegliedert zu sein. Das Gefolge muss von den jeweiligen Streitkräften ermächtigt worden sein, ihnen zu folgen und soll von diesen mit Identitätskarten ausgestattet werden.[61] Prima facie lassen der

---

56 *Buß*, Der Kombattantenstatus, S. 232.
57 *Fischer*, Militär- und Sicherheitsunternehmen in bewaffneten Konflikten und Friedensoperationen, S. 140.
58 *Ipsen*, in: Schöttler/Hoffmann (Hrsg.), Genfer Zusatzprotokolle, S. 136 (152 f.); *Drews*, Die völkerrechtliche Dimension des staatlichen Einsatzes privater Militärfirmen, S. 121.
59 *Fischer*, Militär- und Sicherheitsunternehmen in bewaffneten Konflikten und Friedenssicherungsoperationen, S. 134.
60 *Marauhn*, in: Weingärtner/Krieger (Hrsg.), Streitkräfte und nicht-staatliche Akteure, S. 161 (167).
61 Art. 4 A Zif. 4 GK III: „(...) *Personen, die den bewaffneten Kräften folgen, ohne ihnen direkt anzugehören, wie zivile Besatzungsmitglieder von Militärflugzeugen, Kriegsberichterstatter, Heereslieferanten, Angehörige von Arbeitseinheiten oder von Diensten,*

nicht abschließende Wortlaut der Norm und die Entbehrlichkeit der Zugehörigkeit zu den Streitkräften eine bloße vertragliche Verbindung genügen. Für die spezielle Kategorie der bewaffneten Sicherheitsdienstleister muss die ursprüngliche Intention beim Verfassen der Norm ins Gedächtnis gerufen werden. Die ursprüngliche Zielrichtung war nicht auf bewaffnetes Personal oder kombattante Tätigkeiten ausgerichtet. Vielmehr ging es um Geistliche, medizinisches Personal und Journalisten.[62] Dieses Verständnis deckt sich auch mit den in der Norm beispielhaft aufgezählten Gruppen. Dem liegt die Vorstellung zu Grunde, dass bestimmte Personengruppen aufgrund ihrer mutmaßlichen Unschuldigkeit nicht als legitimes Angriffsziel eingestuft werden dürfen. Sowohl *Franciso de Vitoria* als auch später *Grotius* und *Rousseau* identifizierten dafür als dominierendes Merkmal das Führen von Waffen.[63] Nur den „ungefährlichen" Personen soll der Schutz des Nicht-Kombattantenstatus zu Gute kommen. PMSC-Personal, das Waffen bei sich führt, Uniform trägt und mit Soldaten zusammenarbeitet, ist danach näher an der Kategorie der Kombattanten.

Zudem hat die Qualifikation als Gefolge und das Verbot der unmittelbaren Teilnahme an Feindseligkeiten als Vorrecht der Kombattanten weitere Schwachstellen.

II) *Verbot der unmittelbaren Teilnahme an Feindseligkeiten*

Der vertragliche Ausschluss der unmittelbaren Teilnahme an Feindseligkeiten ist im Hinblick auf das von den PMSCs bediente Aufgabenspektrum nicht unproblematisch. Mit der „unmittelbaren Teilnahme an Feindseligkeiten" wird ein massiv umstrittener Rechtsbegriff bemüht. Wird den PMSCs also die unmittelbare Teilnahme an Feindseligkeiten untersagt, ist dadurch nicht hinreichend geklärt, was ihnen damit tatsächlich verboten wurde. Die Genfer Konventionen enthalten für diesen Begriff keine Definition oder weiterführende Hinweise. Der einschlägige Kommentar beschreibt die unmittelbare Teilnahme an Feindseligkeiten

---

die mit der Fürsorge für die bewaffneten Kräfte betraut sind, sofern dieselben von den bewaffneten Kräften, die sie begleiten, zu ihrer Tätigkeit ermächtigt wurden. Diese sind gehalten, ihnen zu diesem Zweck eine dem beigefügten Muster entsprechende Identitätskarte auszuhändigen;".

62 *Richemond-Barak*, Private Military Contractors and Combatancy Status under International Humanitarian Law, S. 8, http://law.huji.ac.il/upload/Richmond_Barak_Private_Military_Contractors.pdf, zuletzt abgerufen 01.05.2016.

63 *Richemond-Barak*, Private Military Contractors and Combatancy Status under International Humanitarian Law, S. 10, http://law.huji.ac.il/upload/Richmond_Barak_Private_Military_Contractors.pdf, zuletzt abgerufen 01.05.2016.

als „*acts of war which by their nature or purpose are likely to cause actual harm to the personnel and equipment of the enemy armed forces.*"[64] Das Internationale Komitee des Roten Kreuzes (IKRK) verfasste darüber hinaus Leitlinien und Empfehlungen zur Auslegung dieses Rechtsbegriffs (*Interpretive Guidance on the Notion of Direct Participation in Hostilities under International Humanitarian Law*[65]). Diesen fehlt es aber an Rechtsverbindlichkeit und sind auch inhaltlich innerhalb der Staatengemeinschaft nicht unumstritten.[66] Gemäß dem *Interpretive Guidance* sind für eine unmittelbare Teilnahme an Feindseligkeiten kumulativ folgende Voraussetzungen notwendig:

– *The act must be likely to adversely affect the military operations or military capacity of a party to an armed conflict or, alternatively, to inflict death, injury, or destruction on persons or objects protected against direct attack* (threshold of harm), *and*
– *there must be a direct causal link between the act and the harm likely to result either from that act, or from a coordinated military operation of which that act constitutes an integral part (direct causation), and*
– *the act must be specifically designed to directly cause the required threshold of harm in support of a party to the conflict and to the detriment of another (belligerent nexus).*[67]

Für die Kategorie des *threshold of harm* werden verschiedene Beispiele genannt. Neben der Tötung und Verletzung von Militärpersonal, kommt auch die Sabotage und Behinderung der Logistik und/oder der Kommunikation, genauso wie eine Blockade des Zugangs zu Ausrüstung, Objekten und Gebieten in Betracht. Die bloße Weigerung zur Kooperation hingegen, erfüllt die geforderten Anforderungen nicht. Richten sich die Maßnahmen nicht gegen militärische Ziele, sondern zivile Objekte bzw. Zivilisten, so bedarf es einer besonderen Intensität und einer Verbindung zum Kriegsgeschehen.[68] Dabei muss der Schaden nicht tatsächlich eingetreten sein, es genügt die objektive Wahrscheinlichkeit eines solchen.

Die zweite Voraussetzung – *direct causation* – schließt all jene Handlungen aus, die zwar als Teil der generellen Kriegsanstrengungen betrachtet werden können, aber nicht über eine indirekte Wirkung hinaus kommen und durch

---

64 *Pilloud/de Preux*, in: Sandoz/Swinarski/Zimmermann (Hrsg.), Protocol I, Art. 51, Rnd. 1944.
65 *Melzer*, Interpretive Guidance on the Notion of Direct Participation in Hostilities under International Humanitarian Law.
66 *Elsea*, Private Security Contractors in Iraq and Afghanistan, S. 5, Fn. 22.
67 *Melzer*, Interpretive Guidance on the Notion of Direct Participation in Hostilities under International Humanitarian Law, S. 46.
68 *Melzer*, Interpretive Guidance on the Notion of Direct Participation in Hostilities under International Humanitarian Law, S. 48 f.

die Stärkung der Truppe lediglich mittelbar wirken.[69] Darunter fallen z.B. die Versorgung mit Nahrungsmitteln und Strom. Auch die Ausbildung und Rekrutierung von Personal erreicht in aller Regel nicht die Stufe einer unmittelbaren Kausalität für die Schädigung.[70]

Der *belligerent nexus* als letztes Kriterium verbindet die beiderseitigen Auswirkungen einer Maßnahme. Der Vorteil einer Konfliktpartei muss zugleich einen Nachteil für die andere Konfliktpartei begründen. Die bloße persönliche Intention oder der individuelle Vorsatz sind davon nicht umfasst, da diese als subjektives Merkmal nicht zuverlässig zu bestimmen sind. Damit bleiben für die Entscheidung über das Vorliegen des *belligerent nexus* alleine die objektiv bestimmbaren Kriterien.[71]

Insbesondere der große Bereich der Logistik- und Supportdienstleistungen unterfällt in aller Regel nicht der unmittelbaren Teilnahme an Feindseligkeiten. Jedoch sind auch dort Ausnahmen denkbar. So wurde z.B. bereits von Fällen berichtet, in denen aus Personalnot das Catering-Team zur Bewachung des Postens abgestellt wurde.[72] Auch für den Fall, dass Logistikleistungen im unmittelbaren Zusammenhang mit dem Kampfgeschehen stehen, soll eine unmittelbare Teilnahme an Feindseligkeiten vorliegen. Der *Interpretative Guidance* nennt dafür als Beispiel einen Munitionswagen, der den Nachschub direkt zu einer gerade aktiven Truppenbase bringt.[73] Ebenso ist der Bereich der Bedienung, Schulung und Wartung von hochspezialisieren Waffensystemen sowie der Personen-, Gebäude- und Konvoischutz problematisch.

Zu den Waffensystemen: Die Bedienung der Waffensysteme als die unmittelbarste Einwirkungsmethode der drei Kategorien macht eine Subsumtion unter den Begriff der unmittelbaren Teilnahme nahezu unumgänglich. Für die Schulung und Wartung ist die Frage schwieriger zu beantworten. Entscheidend für die richtige Einordnung ist, inwieweit Wartung und Schulung unter Berücksichtigung der spezifischen technischen Anforderungen für die Bedienung der Waffensysteme unverzichtbar sind und unmittelbare Auswirkungen auf den

---

69 *Schaller*, Rechtssicherheit im Auslandseinsatz, SWP-Aktuell 67 (2009), S. 6.
70 *Melzer*, Interpretive Guidance on the Notion of Direct Participation in Hostilities under International Humanitarian Law, S. 53.
71 *Kapaun*, Völkerrechtliche Bewertung gezielter Tötungen nicht-staatlicher Akteure, S. 237.
72 *Cameron*, International Review of the Red Cross 2006, 573 (589).
73 *Melzer*, Interpretive Guidance on the Notion of Direct Participation in Hostilities under International Humanitarian Law, S. 56; so auch *Fischer*, Militär- und Sicherheitsunternehmen in bewaffneten Konflikten und Friedenssicherungsoptionen, S. 165.

Kampfverlauf haben.[74] Der Einsatz von Drohnen ist ein weiteres aktuelles Beispiel, an dem sich diese Problematik zeigt. Solange es um die bloße Sammlung strategischer Informationen geht, soll dies nicht als unmittelbare Teilnahme qualifiziert werden. Werden die Informationen aber gesammelt, um direkt in einer militärischen Aktion verwendet zu werden, kann dies die Grenze zur direkten Teilnahme an Feindseligkeiten überschreiten.[75]

Zu den Schutzaufträgen: Werden PMSCs zum Schutz von <u>zivilen</u> Objekten/ Personen eingesetzt, so sind deren Aktivitäten nicht als unmittelbare Teilnahme an Feindseligkeiten zu werten. Vielmehr handelt es sich aufgrund der Völkerrechtswidrigkeit des Angriffs um vom Notwehrrecht umfasste Handlungen.[76] Bei militärischen Zielen gilt dies gerade nicht. Dabei muss zudem beachtet werden, dass die Klassifizierung als militärisches Ziel oft ad hoc geschieht bzw. sich während eines Einsatzes verändert.

Die Qualifizierung als Gefolge setzt also voraus, dass dem Personal die unmittelbare Teilnahme an Feindseligkeiten untersagt wird, für einen Großteil der typischen PMSC-Tätigkeiten bereitet dies aber nicht handhabbare Schwierigkeiten. Dem Personal kann die unmittelbare Teilnahme an Feindseligkeiten nicht effektiv untersagt werden, da nicht klar bestimmbar ist, welche Handlungen darunter zu subsumieren sind. Eine Entscheidung ist oft nur auf Einzelfallbasis möglich.

Zudem stellt sich auch in dieser Konstellation das Problem, dass für die Gegenseite nicht erkennbar ist, ob die PMSCs im konkreten Fall ein legitimes Angriffsziel darstellen oder nicht. Daher kann auch die Zuordnung von PMSCs zu der Gruppe des Gefolges im Ergebnis keine durchweg befriedigende Antwort liefern.

D. Zwischenergebnis

Wie in den vorherigen Ausführungen dargelegt, ist eine Einzelfallbetrachtung bei der Bestimmung des völkerrechtlichen Status der PMSC-Angestellten meist unerlässlich. Aus der Eigenschaft als PMSC-Personal kann also keine automatische Qualifikation als Kombattant oder Zivilist geschlussfolgert werden. Auch die in Literatur und Praxis oft plakative Behauptung, es handle sich bei

---

74 *Schaller*, Jahrbuch der Clausewitz Gesellschaft e.V. 2006, 121 (125 f.).
75 *Sossai*, International Community Law Review 2014, 405 (412 f.).
76 *Schaller*, Jahrbuch der Clausewitz Gesellschaft e.V. 2006, 121(126 f.).

PMSCs um eine neue Generation von Söldnern,[77] kann keine nennenswerte Erhellung bringen.

Weder Art. 4 Zif 1 noch Art. 4 Zif. 2 GK III können eine zufriedenstellende Lösung für den Umgang mit PMSC-Personal bieten. Art. 4 Zif. 1 GK III fordert eine de jure Eingliederung in die nationalen Truppen. Dies kann allenfalls in Einzelfällen bejaht werden. Bei der breiten Masse wird auf eine Eingliederung in die nationalen Streitkräfte bewusst verzichtet. Die vertragliche Beziehung zwischen PMSCs und Auftraggebern kann den formalen Eingliederungsakt nicht substituieren. Eine Subsumtion unter Art. 4 Zif. 1 GK III scheidet somit aus. Ebenso verhält es sich bei Art. 4 Zif. 2 GK III. Bereits die Anwendbarkeit auf PMSC-Personal bereitet eine erste Hürde. Ausgehend von einer historischen Interpretation der Norm können PMSCs nicht als vom Anwendungsbereich umfasst betrachtet werden. Selbst wenn man dies entgegen der eigentlichen Intention annehmen möchte, bereiten die einzelnen Tatbestandsmerkmale weitere Schwierigkeiten. Im Unterschied zu Art. 4 Zif. 1 GK III genügt nun eine de facto Eingliederung. Diese Anforderung kann mittels der vertragliche Beziehung zwischen PMSC und Auftraggeber zwar dem Grunde nach erfüllt werden, gestaltet sich aber bei mehrebenigen Unteraufträgen problematisch. Ebenso ist das Merkmal eines bleibenden und von weitem erkennbaren Unterscheidungszeichens ein Schwachpunkt bei der Subsumtion von PMSC-Personal unter den Tatbestand der Norm. Es kann nur für den Einzelfall bestimmt werden und schafft damit für die Gegenseite schwerwiegende Unterscheidungsprobleme.[78] Die Frage, ob es sich um Kombattanten und damit legitime Angriffsziele handelt, kann im entscheidenden Moment nicht mit der notwendigen Sicherheit beantwortet werden. Gleichwohl hat sich in der Praxis gezeigt, dass es sich bei dem überwiegenden Anteil des PMSC-Personals um Zivilisten handelt, die jedoch mitunter in kombattantentypischen Aufgabenfeldern eingesetzt werden und bisweilen unmittelbar an Feindseligkeiten teilnehmen. Damit wird dem Unterscheidungsgrundsatz, als einem zentralen Hauptprinzip des humanitären Völkerrechts, nur unzureichend Rechnung getragen und die Regelungskraft des humanitären Völkerrechts konterkariert. Zum einen dadurch, dass eine Zuordnung als Kombattant oder Zivilist ex-ante nicht oder nur unter erschwerten Bedingungen möglich ist, zum anderen dadurch, dass PMSCs trotz der Zuordnung in die Gruppe der Zivilisten regelmäßig für kombattante oder kombattantenähnliche Aufgaben

---

77 *Mancini/Ntoubandi/Marauhn*, in: Francioni/Ronzitti (Hrsg.), War by contract, S. 321 (321 ff.).

78 *Evertz*, in: Bäumler/Daase/Schliemann/Steiger (Hrsg.), Akteure in Krieg und Frieden, S. 25 (29).

herangezogen werden. Die aus dem Status ableitbare Verwendung wird somit systematisch missachtet. Gerade im Rahmen des Personen- Gebäude- und Konvoischutzes, bei dem die unmittelbare Teilnahme an Feindseligkeiten zu diskutieren ist, besteht die Gefahr, dass durch den Einsatz von PMSCs vermehrt Zivilisten zum Opfer von Angriffen werden. Damit wird die mit dem Grundsatz der Unterscheidbarkeit einhergehende Grundintention, nämlich der Schutz der Zivilbevölkerung, gerade ins Gegenteil verkehrt.[79] Schließt man in diese Erwägungen den Umstand mit ein, dass PMSCs selbst immer mehr danach streben, zentrale Rollen im Kampfgeschehen einzunehmen,[80] so zeigt sich die Tragweite dieses Umstandes umso deutlicher.

Auch die Regelung des Art. 43 II ZP I GK vermag keine Lösung für den Umgang mit PMSCs zu liefern. Das Problem der Zugehörigkeit bei Unteraufträgen setzt sich hier fort. Zusätzlich bereitet das funktionelle Verständnis von *bewaffneten* Verbänden, Gruppierungen oder Einheiten Probleme. Diese sind zum einen in der Unbestimmtheit des Begriffes der unmittelbaren Teilnahme, zum anderen aber auch in dem quantitativ hohen Beschäftigungsanteil in der Logistikbranche begründet.

Auch die Kategorie des Gefolges nach Art. 4 A Zif. 4 GK III kann die Situation der PMSCs nicht klären. Voraussetzung dafür wäre, dass die unmittelbare Teilnahme an Feindseligkeiten effektiv ausgeschlossen werden könnte. Gerade dies ist aber für die relevanten Einsatzgebiete der PMSCs nicht möglich.

E. Besonderheiten für den Einsatz in UN-Friedensmissionen

Abschließend bleibt die Frage, ob der Diskurs zum Kombattantenstatus und die Qualifikation als Gefolge, auch auf PMSC-Einsätze im Rahmen von Friedensmissionen übertragbar ist. Hierzu ist zunächst über die Frage der Anwendbarkeit des humanitären Völkerrechts auf UN-Friedensmissionen zu entscheiden. Dabei wirken sich insbesondere das veränderte Aufgabenprofil und die veränderten Einsatzbedingungen der UN-Friedensmissionen aus.[81]

---

79 *Schüller*, Sicherheit und Frieden 2008, 191 (195).
80 Siehe dazu 1. Kapitel § 2.
81 Siehe dazu 1. Kapitel § 2 A. II.

I) Anwendbarkeit der Regelungen des humanitären Völkerrechts auf UN-Friedensmissionen

Die Frage der Bindung von UN-Friedensmissionen an das humanitäre Völkerrecht existiert bereits seit deren Geburtsstunde.[82] Insbesondere das IKRK forcierte die Beachtung der Genfer Konventionen. Ebenso bestanden aber auch von Beginn an Ressentiments gegenüber der Unterwerfung unter diese. So betonte der leitende Kommandeur des UN-Kontingents in Korea (UNCOK), dass die Truppen die Grundprinzipen und insbesondere den gemeinsamen Art. 3 der Genfer Konventionen wahren sollten, verweigerte sich aber zugleich einer weitergehenden Bindung an die vielschichtigen Regelungen der vier Genfer Konventionen.[83] Im *Model Agreement between the United Nations and Member States contributing Personal and Equipment to United Nations Peacekeeping Operations* wird zwar auf die für das militärische Personal geltenden völkerrechtlichen Verträge verwiesen;[84] der genaue Umfang wird damit jedoch nicht bestimmt. Je intensiver Peacekeeper in Konflikte involviert wurden, desto ungenügender erschien der ausschließliche Bezug auf das nationale Recht. Die aus verschiedenen Nationen zusammengestellten UN-Missionen, ließen einen einheitlichen Rechtsrahmen vermissen und eine umfassende Bindung an das humanitäre Völkerrecht immer dringlicher erscheinen. Im Ergebnis besteht heutzutage Konsens über die Anwendbarkeit des humanitären Völkerrechts auf UN-Friedensmissionen.[85]

Der Ansatz des IKRK stellte verstärkt auf den gewohnheitsrechtlichen Status des humanitären Völkerrechts ab, an das die Gesamtheit der Staaten und damit auch die Vereinten Nationen gebunden sind. Zur Bestimmung des Status als Völkergewohnheitsrecht wurde eine vom IKRK verfasste Studie über die völkergewohnheitsrechtlich anerkannten Regelungen des humanitären Völkerrechts herangezogen.[86] Damit sollte zum einen die Diskrepanz bzgl. der von den einzelnen Staaten abgeschlossenen völkerrechtlichen Verträge überwunden werden, zum

---

82 *Sams*, in: Odello/Piotrowicz (Hrsg.), International Military Mission and International Law, S. 45 (53).

83 *Porretto/Vité*, The application of international humanitarian law and human rights law to international organisations, S. 21.

84 Art. 28: „(…) The international conventions referred to above include the four Geneva Conventions of 12 August 1949 and their Additional Protocols of 8 June 1977 (…).“

85 *Bolaños Enriquez*, Anwendung des humanitären Völkerrechts auf militärische Interventionen der Vereinten Nationen in internen bewaffneten Konflikten unter besonderer Beachtung der bewaffneten Konflikte in Afrika, S. 37 ff.; *Shraga*, International Peacekeeping 1998, 64 (64 ff.); *Zwanenburg*, LJIL 1998, 229 (229 ff.).

86 *Henckaerts/Doswald-Beck*, Customary International Humanitarian Law.

anderen die steigende Anzahl an nicht-internationalen Konflikten, für die deutlich weniger völkervertragliche Regelungen vorhanden sind, geregelt werden.[87] Bei den Friedensmissionen der ersten Generation gab es keinen direkten Kampfeinsatz, da diese ausschließlich zur Sicherung bereits geschlossener Waffenstillstände eingesetzt wurden. Folglich stellte sich die Frage der Anwendbarkeit der Genfer Konventionen nicht. Mit der Ausdehnung der Aufgaben und dem zunehmenden Einsatz in noch andauernden Konflikten sowie der Intensivierung der Gewaltanwendung wurde die Frage nach der Bindung an das humanitäre Völkerrecht immer drängender. Die ursprüngliche Position der UN, die eine neutrale Beobachterposition postulierte und die Rolle als Konfliktpartei stringent verneinte, war unter diesen veränderten Umständen nicht mehr weiter haltbar. In der UN Praxis verfestigte sich mit der Zeit die Bindung der Truppen an das humanitäre Völkerrecht. So wurden bei der Aufarbeitung des ONUC-Einsatzes, in dem zum ersten Mal Gewaltanwendung außerhalb der reinen Selbstverteidigungshandlungen erlaubt wurde, die Regelungen des humanitären Völkerrechts für anwendbar erklärt.[88] 1993 wurde zum ersten Mal – und von da an fortlaufend – eine entsprechende Passage in ein *Status of Forces Agreement* aufgenommen.[89] Schon bald bildete jedoch die Aussage, dass Friedensmissionen den Prinzipien und Zielen der Genfer Konventionen verbunden seien, keine belastbare Einsatzgrundlage mehr. Der bis dato verwendete Terminus „*Principles and Spirit*" bedurfte einer Konkretisierung. Die UN stellten dies durch den expliziten Bezug auf die Genfer Konventionen und ihre Zusatzprotokolle sicher.[90] Ebenso lässt sich eine Selbstbindung der Vereinten Nationen an das humanitäre Völkerrecht feststellen. Insbesondere das *Bulletin des Generalsekretärs zur Einhaltung des humanitären Völkerrechts durch Truppen der Vereinten Nationen* ist in diesem Kontext hervorzuheben. Bei einseitigen Selbstbindungserklärungen internationaler Organisationen sind zwei

---

87 *Henckaerts*, International Review of the Red Cross 2005, 175 (177f.).

88 *Shraga*, International Peacekeeping 1998, 64 (71).

89 Art. 7 of the Agreement between the United Nations and the Government of the Republic of Rwanda on the Status of the United Nations Assistance Mission for Rwanda: *Without prejudice to the mandate of UNAMIR and its international status: (a) The United Nations shall ensure that UNAMIR shall conduct its operations in Rwanda with full respect for the principles and spirit of the general conventions applicable to the conduct of military personnel. These international conventions include the four Geneva Conventions of 12 August 1949² and their Additional Protocols of 8 June 1977*(…).*

90 UN Doc., A/46/185, 23.05.1991, Model Agreement between the United Nations and Member States contributing personnel and equipment to the United Nations peacekeeping operations, Annex Para. 28.

Ebenen zu unterscheiden: Zum einen kann das Bulletin als rein organisations-interner Akt verstanden werden, der für die Organisation Verbindlichkeit be-ansprucht, zum anderen kann es als Selbstbindung mit Außenwirkung gewertet werden.[91] Neben dem Rechtsbindungswillen, der durch die explizite Bezugnahme zum humanitären Völkerrecht im *Model Agreement between the United Nations and Member States contributing personnel and equipment to the United Nations peacekeeping operations* nachgewiesen werden kann,[92] ist für letztere Variante die Kompetenz des Generalsekretärs, UN-Missionen an das humanitäre Völkerrecht binden zu können notwendig. Als Organ der UN (Art. 7 UN-Charta) ist es dem Generalsekretär grundsätzlich möglich, rechtsverbindlich für die UN zu handeln. Eine genauere Darstellung lässt die Charta zwar vermissen, über den Grundsatz der *Implied-Powers*-Lehre, ist eine solche Kompetenz jedoch begründbar.[93] Die UN verpflichten sich somit zur Achtung des humanitären Völkerrechts.[94] Ein be-sonderer Fokus wurde im Bulletin auf den Schutz der Zivilbevölkerung, Verwun-deter, auf die Behandlung von Inhaftierten und auf den Einsatz von zulässigen Kampfmitteln gelegt. Art. 1.1 legt fest:

> *The fundamental principles and rules of international humanitarian law set out in the present bulletin are applicable to United Nations forces when in situations of armed conflict they are actively engaged therein as combatants, to the extent and for the duration of their engagement. They are accordingly applicable in enforcement actions, or in peacekeeping operations when the use of force is permitted in self-defence.*[95]

II) Kombattantenstatus und Qualifikation als Gefolge im Rahmen von UN-Friedensmissionen

Nachdem die Anwendbarkeit des humanitären Völkerrechts für Friedensmissi-onen festgestellt wurde, ist anschließend der völkerrechtliche Status des einge-setzten PMSC-Personals zu eruieren. Dabei ist besonders zu berücksichtigen, dass die UN nicht über eigene Truppen verfügen. Ebenso bedeutsam ist auch die Entscheidung wer – UN oder truppenstellende Staaten – als Konfliktpartei zu qualifizieren ist.

---

91 *Henninger*, Menschenrechte und Frieden als Rechtsprinzip des Völkerrechts, S. 206.
92 UN Doc., A/46/185, 23.05.1991, Model Agreement between the United Nations and Member States contributing personnel and equipment to the United Nations peace-keeping operations, Annex Para. 28.
93 *Henninger*, Menschenrechte und Frieden als Rechtsprinzip des Völkerrechts, S. 208.
94 *Montag*, HuV 2011, 21 (24).
95 UN Doc., ST/SGB/1999/13, 06.08.1999, Secretary-General's Bulletin Observance by United Nations forces of international humanitarian law.

1) Kombattantenstatus

Solange keine vollständige Auslagerung aus dem System der nationalen Kommando- und Disziplinarstruktur gegeben ist, stellt die herrschende Meinung bei der Frage nach der Konfliktpartei auf den truppenstellenden Staat ab.[96] Die fehlende Nachdrücklichkeit mit der die Diskussion betrieben wird, sieht das IKRK in der Zurückhaltung der Mitgliedsstaaten und der UN, sich selbst als Konfliktpartei wahrnehmen zu wollen.[97] Kein Staat will es hinnehmen, dass die von ihm zur Verfügung gestellten Soldaten rechtmäßig angegriffen werden dürfen.[98] Überzeugend erscheint es dennoch, auf die truppenstellenden Staaten und nicht die UN als Konfliktpartei abzustellen. Dem liegt folgende Überlegung zu Grunde: Bei den UN-Friedensmissionen handelt es sich gerade um keine Organleihe, wie es z.B. Art. 43 UN-Charta vorsieht. Es kommt in dieser Konstellation gerade nicht zur vollständigen Übertragung der Führung und Kontrolle. Vielmehr handelt es sich lediglich um die Übertragung der *Operational Control,* worunter die Führung für bestimmte, nach Art, Zeit und Raum begrenzte Aufträge und Aufgaben zu verstehen ist.[99] Verbleiben die Truppen Organe ihrer Entsendestaaten und agieren im Rahmen eines bewaffneten Konflikts, so handelt es sich um einen internationalen Konflikt, in dem die truppenstellenden Staaten als Konfliktparteien auftreten.

Ist bei der Konfliktpartei also auf die truppenstellenden Staaten abzustellen, könnte eine de jure oder de facto Eingliederung in die staatlichen Truppen erfolgen. Wie zuvor erörtert, ist davon regelmäßig aber nicht auszugehen.[100] Im Übrigen gelten hier die gleichen Erwägungen, wie sie auch losgelöst von einem Einsatz in Friedensmissionen zur Anwendung kommen.

Selbst bei der hypothetischen Annahme von eigenen UN-Truppen nach Art. 43 UN-Charta und gleichzeitiger Qualifikation der UN als Konfliktpartei, bleiben die bei der Rekrutierung durch Staaten identifizierten Schwächen und

---

96 *Fischer,* Militär- und Sicherheitsunternehmen in bewaffneten Konflikten und Friedenssicherungsoperationen, S. 326.

97 31IC/11/5.1.2, 31ˢᵗ International Conference of the Red Cross and Red Crescent, International Humanitarian Law and the challenges of contemporary armed conflicts, S. 32.

98 *Sassoli,* in: Beruto (Hrsg.), International Humanitarian Law Human Rights Law and Peace Operations, S. 100 (104).

99 *Fischer,* Militär- und Sicherheitsunternehmen in bewaffneten Konflikten und Friedenssicherungsoperationen, S. 327.

100 Siehe dazu zuvor bei Abschnitt C § 2.

Ausschlussfaktoren bestehen. Im Ergebnis ist daher die Qualifikation des PMSC-Personals als Kombattanten regelmäßig abzulehnen.

2) Gefolge

Der schwerpunktmäßige Einsatz von PMSCs zum Objekt- und Personenschutz legt wiederum die Eingruppierung als Gefolge nahe. Allerdings kann diese Praxis nur bedingt auf die Situation in Friedensmissionen übertragen werden. Art. 4 A Zif. 4 GK III setzt zwingend voraus, dass das Gefolge von den zu begleitenden Streitkräften ermächtigt wird. Entscheidend ist, von wem die Ermächtigung ausgesprochen werden muss. Da die UN, wie angeführt, über keine eigenen Streitkräfte verfügen, sondern auf die Truppen der Mitgliedstaaten zurückgreifen, müsste die Ermächtigung durch den betroffenen Mitgliedstaat erfolgen und bliebe damit eine jeweils souveräne Entscheidung dieses Staates und einer Einzelfallbewertung vorbehalten.[101] Eine entsprechende Regelung hinsichtlich der auszusprechenden Ermächtigung sucht man in den einschlägigen Verträgen und anwendbaren Regelungen vergeblich. Der in den *Guidelines on the Use of Armed Security Services from Private Security Companies* als Annex B enthaltene *Model Contract* nimmt in Annex A Nr. 1 zwar auf den Rechtsstatus der engagierten Unternehmen Bezug,[102] auf den völkerrechtlichen Status des PMSC-Personals wird hingegen nicht eingegangen.

Der nicht abschließende Wortlaut von Art. 4 A Zif. 4 GK III bezieht sich unter anderem auch auf *Supply Contractors,* was die Verwendung von PMSCs als Gefolge zumindest für möglich erscheinen lässt. Allerdings wirken sich auch in dieser Konstellation die kaum greifbaren Konturen des Begriffs der unmittelbaren Teilnahme an Feindseligkeiten aus.[103] Die Einstufung des PMSC-Personals als Gefolge kann somit keine flächendeckende Lösung bieten. Zum einen ist sie von der souveränen Entscheidung der truppenstellenden Staaten abhängig, zum

---

101 *Fischer*, Militär und Sicherheitsunternehmen in bewaffneten Konflikten und Friedenssicherungsoperationen, S. 331.

102 APSC Guidelines: Annex B – Model Contract, Annex 1 Para 1: „*The Contractor shall have the legal status of an independent Contractor vis-à-vis the United Nations, and nothing contained in or relating to the Contract shall be construed as establishing or creating between the Parties the relationship of employer and employee or of principal and agent. The officials, representatives, employees, or subContractors of each of the Parties shall not considered in any respect as being the employees or agents of the other Party, and each Party shall be solely responsible for all claims arising out of or relating to its engagement of such persons or entities.*“

103 Siehe dazu zuvor Abschnitt C § 3 II.

anderen entspricht die Einbeziehung von bewaffnetem Personal nicht dem ursprünglichen Telos der Norm, die die mutmaßlich unschuldigen Personen privilegieren wollte.[104]

F. Zwischenergebnis

Die bei Beauftragung durch Staaten aufgezeigten Kritikpunkte gelten ebenso für einen Einsatz von PMSCs in UN-Friedensmissionen. Wichtigste Entscheidungsdeterminanten sind dabei die Qualifizierung als Konfliktpartei sowie der Mangel an eigenen UN-Truppen. Aufgrund der unvollständigen Ausgliederung aus den nationalen Truppen und Befehlssystemen, sind nicht die UN sondern die truppenstellenden Staaten als Konfliktpartei zu betrachten. Dadurch bezieht sich das Merkmal der Eingliederung auch auf die nationalen Truppen, womit die gleichen Problem- und Kritikpunkte wie bei der Beauftragung durch Staaten relevant werden. Des Weiteren kann die für die Eingruppierung als Gefolge notwendige Ermächtigung nicht durch die UN, sondern nur durch die Mitgliedstaaten ausgesprochen werden. Das Erfordernis der Ermächtigung ist weder in den einschlägigen Verträgen zwischen den UN und den PMSCs noch in den Verträgen zwischen den UN und den Mitgliedstaaten geregelt; es bleibt somit einer Einzelfallbetrachtung vorbehalten.[105]

Werden PMSC-Angehörige in UN-Friedensmissionen eingesetzt, so sind sie – Ausnahmen eingeschlossen – weder Kombattanten noch Gefolge, sie sind Zivilisten. Für eine verlässliche Bestimmung des völkerrechtlichen Status des PMSC-Personals ist eine Einzelfallbetrachtung somit oft unerlässlich.[106] Dies kann aber nur bedingt zufriedenstellen. Insbesondere die Tatsache, dass es sich dabei um eine Ex-post-Betrachtung handelt, steht im Spannungsverhältnis zu dem das humanitäre Völkerrecht prägenden Unterscheidungsgrundsatz,[107] der gerade eine Ausrichtung des eigenen Handelns an der Qualifikation als Zivilist oder Kombattant erfordert. Dafür ist aber gerade die Möglichkeit einer

---

104 *Richemond-Barak*, Private Military Contractors and Combatancy Status under International Humanitarian Law, S. 8, http://law.huji.ac.il/upload/Richmond_Barak_Private_Military_Contractors.pdf, zuletzt abgerufen 01.05.2016.

105 *Fischer*, Militär- und Sicherheitsunternehmen in bewaffneten Konflikten und Friedenssicherungsoperationen, S. 331.

106 *Gillard*, International Review of the Red Cross 2006, 525 (530).

107 Die entsprechende Regelung findet sich in Art. 48 ZP I, zudem hat eine Erstarkung zu Völkergewohnheitsrecht stattgefunden *Henckaerts/Doswald-Beck*, Customary International Humanitarian Law, Rule 1; *Voyame*, in: Jäger,/Kümmel (Hrsg.), Private Military and Security Companies, S. 361 (363).

Ex-ante-Feststellung zwingend notwendig. Zudem werden mit PMSCs in aller Regel Zivilisten für kombattante bzw. kombattantenähnliche Aufgaben eingesetzt. Dies widerspricht den statustypischen Verhaltensvorgaben. Der hohe Stellenwert des Unterscheidungsgebotes zeigt sich auch an den Konsequenzen eines Verstoßes. Kommen Kombattanten nicht ihrer Pflicht nach sich von der Zivilbevölkerung zu unterscheiden, verlieren sie ihren Kriegsgefangenstatus. Nehmen Zivilisten unmittelbar an Feindseligkeiten teil, so handelt es sich dabei zwar um kein Kriegsverbrechen, jedoch verlieren sie ihren statusbedingten Schutz.[108] In den meisten Rechtsordnungen stellt der Angriff auf Zivilisten zudem ein Kriegsverbrechen dar.[109]

Durch die Schwierigkeiten bei der Bestimmung des völkerrechtlichen Status und der Verwendung entgegen der durch den Status implizierten Rolle, wird sowohl die Ausrichtung des Handelns an völkerrechtlichen Direktiven als auch die Bedeutung des Unterscheidungsprinzips konterkariert. Der eigentliche Telos der Unterscheidung zwischen Kombattanten und Zivilisten, nämlich der Schutz Letzterer, wird durch den Einsatz von PMSCs damit deutlich beeinträchtigt und die Regelungskraft des humanitären Völkerrechts massiv herabgesetzt. Dieses Verständnis wird zudem durch die Ausführungen zur Schutzbedürftigkeit des PMSC-Personals unterstrichen.[110] Werden PMSC-Angestellte weiterhin als Zivilisten qualifiziert, gleichzeitig aber vermehrt für die unmittelbare Teilnahme an Feindseligkeiten bzw. den Schutz militärischer Objekte herangezogen, so verlieren sie ihren statusbedingten Schutz bzw. ist ihnen mangels eines rechtswidrigen Angriffs das Notwehrrecht entzogen.

Diesem Umstand kann nur dadurch begegnet werden, dass PMSC-Angestellten der Kombattantenstatus verliehen wird. Dies soll nicht durch die Substitution des hoheitlichen Eingliederungsaktes durch die vertragliche Verbindung geschehen. Vielmehr ist eine eigenständige Kategorie im Rahmen der Genfer Konventionen zu schaffen, die eine Zugehörigkeit zu den staatlichen Truppen obsolet macht.

108 Art. 44 Nr. 4 GK ZP I, Art. 51 Nr. 3 GK ZP I.
109 Beispielshaft sei auf § 8 I Nr. 1 VStGB verwiesen.
110 Siehe dazu 2. Kapitel C. § 1 B I.

§ 2 Rechtsgrundlage für den Einsatz von PMSCs in UN-Friedensmissionen

Die als Rechtsgrundlage für Friedensmissionen in Anspruch genommene *Implied-Powers*-Lehre[111] erscheint auch für den Einsatz von PMSCs in Friedensmissionen als naheliegende Lösung. In der UN-Charta finden sich keinerlei Regelungen zu den UN-Friedensmissionen. Weder wird eine Rechtsgrundlage für die Einberufung der Friedensmissionen genannt noch werden etwaige Voraussetzungen und Anforderungen beschrieben. Dennoch wurden Friedensmissionen von Beginn an und ohne substantiierten Widerspruch als legitimes Mittel zur Wahrung des Weltfriedens und der internationalen Sicherheit akzeptiert.[112]

Ansatzpunkt für die Bestimmung der Befugnisse internationaler Organisationen sind deren Gründungsdokumente. In diesen werden ihnen bestimmte Befugnisse explizit zuerkannt. Dies stellt aber bei Weitem kein abschließendes Bild der vorhandenen Befugnisse dar. Vielmehr werden die geschriebenen Befugnisse durch zahlreiche ungeschriebene Befugnisse ergänzt. Dazu wird insbesondere die *Implied-Powers*-Lehre und bisweilen auch die *Inherent-Powers*-Lehre bemüht. Letztere – soweit sie überhaupt als eigenständige Lehre anerkannt wird – steht jedoch aufgrund ihrer fehlenden normativen Verankerung in der Kritik und konnte sich nach herrschender Meinung daher auch nicht durchsetzen.[113]

A. Delegated-Powers-Lehre und Implied-Powers-Lehre

Im Gegensatz zu Staaten können internationale Organisationen nur solche Befugnisse ausüben, die ihnen laut ihren Gründungsdokumenten auch übertragen wurden. Dieses Verständnis entspricht der, insbesondere von *Kelsen* postulierten, *Delegated-Powers*-Lehre.[114] Durch die *Implied-Powers*-Lehre lässt das Völkerrecht internationalen Organisationen hingegen all jene Befugnisse zukommen, die sie zur effektiven Erfüllung ihrer vertraglich festgesetzten Aufgaben benötigen, aber nicht explizit in den Gründungsdokumenten verankert sind.[115] Da selbst die weitsichtigsten Urheber nicht alle künftigen Entwicklungen bedenken können, wären

---

111 *Blokker*, in: MPEPIL, International Organizations or Institutions, Implied Powers, Rnd. 3; *Ruffert/Walter*, Institutionalisiertes Völkerrecht, Rnd. 201.

112 *Oswald/Durham/Bates*, Documents on the Law of UN Peace Operations, S. 3.

113 *Ruffert/Walter*, Institutionalisiertes Völkerrecht, Rnd. 205.

114 *Kelsen*, The Law of the United Nations, S. 330.

115 *Janik*, Die Bindung internationaler Organisationen an international Menschenrechtsstandards, S. 312; *von Arnauld*, Völkerrecht, Rnd.: 120; IGH, Reparation for Injuries Suffered in the Service of the United Nations, Advisory Opinion, 11.04.1949, ICJ

internationale Organisationen bisweilen, insbesondere im Hinblick auf Entwicklungen, die erst nach ihrer Gründung eintreten, auf einen reinen Beobachterstatus beschränkt.[116] Auch die Vertreter der *Delegated-Powers*-Lehre sehen deshalb in dem Vorhandensein expliziter Kompetenzen nicht zugleich auch den Ausschluss aller nicht in den Gründungsdokumenten genannten Befugnisse.[117]

Gründungsverträge internationaler Organisationen und damit völkerrechtliche Verträge unterliegen den Auslegungsregelungen der Wiener Vertragsrechtkonvention (WVRK), hier Art. 5 WVRK. Allerdings finden die Regelungen der Art. 31 ff. WVRK nur auf Verträge Anwendung, die nach Inkrafttreten der WVRK (1980) geschlossen wurden. Die UN-Charta von 1945 wäre davon somit nicht erfasst. Jedoch können auf sie die relevanten Regelungen der WVRK über die Grundsätze des Völkergewohnheitsrechts angewandt werden.[118] Für Art. 31 und 32 wurde dies vom IGH explizit bestätigt.[119] Damit gelten auch hier die klassischen Auslegungsmethoden (grammatikalisch, systematisch, historisch und teleologisch).[120] Es ist dabei diejenige Auslegungsmöglichkeit zu wählen, durch die die Aufgaben und Ziele der Organisation am besten erfüllt werden können.[121] Für internationale Organisationen dominiert die teleologische

---

Reports 1949, S. 174 (182); *Ruffert/Walter,* Institutionalisiertes Völkerrecht, Rnd. 202 f.

116 *Ruffert/Walter,* Institutionalisiertes Völkerrecht, Rnd. 201; *Klabbers,* International Institutional Law, S. 58; *White,* in: Pugh (Hrsg.), The UN, Peace and Force, S. 43 (44).

117 *Rama-Montaldo,* BYIL 1970, 111 (114).

118 *Sands/Klein,* Bowett's Law of International Institutions, Rn. 14-003; *Villiger,* Art. 31, Rnd. 38, Art. 32, Rnd. 13 und Art. 33, Rnd. 16.

119 IGH, Case Concerning the Arbitral Award of 31 July 1989 (Guinea-Bissau v. Senegal), Urteil vom 12.11.1991, ICJ Reports. 1991, S. 53 (70); IGH, Territorial Dispute (Libyan Arab Jamahiriya/Chad), Urteil vom 03.02.1994, ICJ Reports 1994, S. 6 (21).

120 Janik: Die Bindung internationaler Organisationen an internationale Menschenrechtsstandards, S. 314.

121 *Ruffert/Walter,* Institutionalisiertes Völkerrecht, Rnd. 201; Ebenso: EuGH, Rs. 8/55, Fédération Charbonnière de Belgique/Hohen Behörde der Europäischen Gemeinschaft für Kohle und Stahl, Urteil vom 29.11.1956, Slg. 1956, 302 (312): *„Der Gerichtshof hält, ohne sich dabei in eine extensive Auslegung zu begeben, die Anwendung einer sowohl im Völkerrecht als auch im innerstaatlichen Recht allgemein anerkannten Auslegungsregel für zulässig, wonach die Vorschriften eines völkerrechtlichen Vertrages oder eines Gesetzes zugleich diejenigen Vorschriften beinhalten, bei deren Fehlen sie sinnlos wären oder nicht in vernünftiger und zweckmäßiger Weise zur Anwendung gelangen könnten."*

Auslegungsvariante.[122] Bei der Auslegung von Gründungsverträgen muss weiter auch deren Eigenart als „Verfassung" der internationalen Organisation berücksichtigt werden. Im Gegensatz zu sonstigen völkerrechtlichen Verträgen, nach deren Abschluss die Vertragsparteien weiterhin die Herren der Verträge bleiben, soll dies bei Gründungsverträgen nicht im gleichen Umfang gelten. Vielmehr kommt diesen das besondere Merkmal des *„organic growth"* und der *„living constitution"* zu.[123] Diese Besonderheit der Gründungsdokumente wurde auch vom IGH anerkannt.[124] Auf diesem Verständnis aufbauend verbietet sich eine zu restriktive Auslegung, die ausschließlich die Interessen der Mitgliedstaaten im Fokus hat. Darüber hinaus muss nach Art. 31 III b WVRK die dem Vertrag nachfolgende Übung beachtet werden. Dies gilt insbesondere dann, wenn die Anzahl der Mitgliedstaaten nach Abschluss der Gründungsverträge deutlich wächst. Um einen solchen Fall handelt es sich gerade bei den UN. Dabei darf es sich nach herrschender Meinung auch um die Übung der Organisationsorgane handeln; diese muss dann aber im Nachgang durch die Mitgliedstaaten gebilligt werden.[125]

---

122 *Ruffert/Walter*, Institutionalisiertes Völkerrecht, Rnd. 136; *Shaw*, International Law, S. 679.

123 *Janik*, Die Bindung internationaler Organisationen an internationale Menschenrechtsstandards, S. 316.

124 IGH, Legality of the Use by a State of Nuclear Weapons in Armed Conflicts, Advisory Opinion 08.07.1996, ICJ Reports 1996, S. 66 (75): *„But the constituent instruments of international organizations are also treaties of a particular type; their object is to create new subjects of law endowed with a certain autonomy, to which the parties entrust the task of realizing common goals. Such treaties can raise specific problems of interpretation owing, inter alia, to their character which is conventional and at the same time institutional; the very nature of the organization created, the objectives which have been assigned to it by its founders, the imperatives associated with the effective performance of its functions, as well as its own practice, are all elements which may deserve special attention when the time comes to interpret these constituent treaties".*

125 IGH, Legal Consequences for States of the Continued Presence of South Africa in Namibia (South West Africa) notwithstanding Security Council Resolution 276 (1970), Advisory Opinion 21.06.1971, ICJ Reports 1971, S. 16 (22); *Ruffert/Walter*, Institutionalisiertes Völkerrecht, Rnd. 141.; *Janik*, Die Bindung internationaler Organisationen an internationale Menschenrechtsstandards, S. 323.

B. Rechtsprechungsübersicht zur Implied-Powers-Lehre im Kontext der UN und der UN-Friedensmissionen

Während zu Beginn der Rechtsprechungshistorie ein Schwerpunkt auf der generellen Anwendbarkeit der *Implied-Powers*-Lehre lag, wurde daran anschließend der Fokus auf deren Umfang und Grenzen gelegt.[126] Bereits anlässlich der ersten Friedensmission UNEF wurde die rechtliche Grundlage von Friedensmissionen diskutiert und die Frage vor den IGH gebracht (*Reparation for Injuries Suffered in the Service of the United Nations*). Diesem folgten zwischen 1949 und 1971 drei weitere Entscheidungen:

– *Effect of Awards of Compensation Made by the United Nations Administrative Tribunal*
– *Certain Expenses of the United Nations*
– *Legal Consequences for States of the Continued Presence of South Africa in Namibia (South West Africa) notwithstanding Security Council Resolution 276 (1970).*

Mit seinem Gutachten zum *Reparation for Injuries Suffered in the Service of the United Nations*-Fall (*Reparation*-Fall) entwickelte der IGH einen nachfolgend immer wieder zitierten Grundsatz für die *Implied-Powers*-Lehre:

> *Under international law, the Organization must be deemed to have those powers which, though not expressly provided in the Charter, are conferred upon it by necessary implication, as being essential to the performance of its duties. This principle of law was applied by the Permanent Court of International Justice to the International Labour Organization (...) and must be applied to the United Nations.*[127]

Mit der Formulierung „*being essential to the performance of its duties*" und den damit enthaltenen Verweis auf die in der UN-Charta sehr allgemein formulierten Aufgaben und Ziele, hängt die Entscheidung über die Anwendbarkeit der *Implied-Powers*-Lehre stark von der subjektiven Einschätzung des jeweiligen Betrachters ab.[128] Dies war Ansatzpunkt für die Kritik von Richter *Hackworth* in seiner Dissenting Opinion: „*Powers not expressed cannot freely be implied. Implied powers flow from a grant of express power, and are limited to those that are "necessary" to the exercise of powers expressly granted.*"[129] Dem Ansatz von *Hackworth*, der auf explizite Kompetenzen, anstatt auf allgemeine Zwecke

---

126 *Blokker*, in: MPEPIL, International Organizations or Institutions, Implied Powers, Rnd. 12.

127 IGH, Reparation for Injuries Suffered in the Service of the United Nations, Advisory Opinion 11.04.1949, ICJ Reports 1949, S. 174 (182).

128 *Klabbers*, International Institutional Law, S. 61.

129 IGH, Reparation for Injuries Suffered in the Service of the United Nations, Dissenting Opinion Hackworth 11.04.1949, ICJ Reports 1949, S. 196 (198).

und Zielsetzungen als Bezugspunkt abstellt, liegt ein wesentlich restriktive-res Verständnis der *Implied-Powers*-Lehre zu Grunde. Während der IGH auf die Zielsetzung der UN abstellt, beschränkt sich *Hackworth* darauf, niederge-schriebenen Kompetenzen zu mehr Effektivität zu verhelfen.[130] Trotz dieser Kritik hat sich in der Rechtsprechung aber das weite Verständnis der *Implied-Powers*-Lehre durchsetzen können. In seiner nachfolgenden Entscheidung *Effect of Awards of Compensation Made by the United Nations Administrative Tribunal (Effect of Awards-Fall)* bestätigte der IGH dies durch Bezugnahme auf seine Ausführungen im *Reparation*-Fall. In seinem Gutachten *Legal Conse-quences for States of the Continued Presence of South Africa in Namibia (South West Africa) notwithstanding Security Council Resolution 276 (1970) (Nami-bia*-Fall) hielt der IGH ein weiteres Mal fest, dass sich die Kompetenzen zur Wahrung und Sicherung des Weltfriedens nicht mit den niedergeschriebenen Maßnahmen nach Kapiteln VI, VII, VIII und XII erschöpfen.[131] Richter *Fitz-maurice* verwies in seiner Dissenting Opinion zwar auf das Gutachten zum *Reparation*-Fall, übernahm dieses aber nur insoweit, als es sich auf bereits exis-tierende, explizite Befugnisse bezog. Davon unabhängige und neue Befugnisse sollten dadurch aber gerade nicht begründet werden können.[132]

C. Implied-Powers-Lehre – Delegation von vom UN-Sicherheitsrat autorisierter Gewalt an PMSCs

Der UN-Sicherheitsrat macht in vielfacher Weise von der Möglichkeit, die Durch-führung von Friedensmissionen an regionale Abmachungen oder Einrichtungen (Art. 53 UN-Charta) zu übertragen, Gebrauch. Insbesondere erfolgt die Übertra-gung an NATO und EU.[133] Diese Praxis soll mittels der *Implied-Powers*-Lehre auch auf die Delegation von Aufgaben und/oder kompletten Missionen an private Un-ternehmen übertragen werden können.[134]

---

130 *Engström*, Constructing the Powers of International Institutions, S. 45.

131 IGH, Legal Consequences for States of the Continued Presence of South Africa in Na-mibia (South West Africa) notwithstanding Security Council Resolution 276 (1970), Advisory Opinion 21.06.1971, ICJ Reports 1971, S. 16 (52).

132 IGH, Legal Consequences for States of the Continued Presence of South Africa in Na-mibia (South West Africa) notwithstanding Security Council Resolution 276 (1970), Dissenting Opinion Fritzmaurice 21.06.1971, ICJ Reports 1971, S. 208 (270).

133 z.B. Teile des UNPROFOR-Mandat, IFOR/SFOR, KFOR (NATO); MINURCAT sowie Unterstützung für MONUC (EU).

134 *Cameron/Chetail*, Privatizing War, S. 31 ff.

Aus dem Bestreben, der *Implied-Powers*-Lehre Grenzen setzen zu können, haben sich vier Schranken ergeben.[135]

I) Notwendig/essentiell/unabdingbar

Wie in den zitierten IGH Urteilen zum Ausdruck kommt, müssen die in Frage stehenden Befugnisse für die effektive Wahrnehmung der Aufgaben der internationalen Organisation – und hier zeigt sich der IGH bei der genauen Wortwahl durchaus variabel – notwendig, essentiell oder unabdingbar sein.[136] Stellt der UN-Sicherheitsrat eine Situation gem. Art. 39 UN-Charta fest und verabschiedet er daraufhin eine dementsprechende Resolution zum Tätigwerden, kann der Fall eintreten, dass kein Mitgliedstaat oder nur eine unzureichende Anzahl an Mitgliedsstaaten zur Unterstützung bereit sind. Dies kann die Notwendigkeit eines unterstützenden Einsatzes von PMSCs oder eine vollumfängliche Übertragung des Einsatzes an PMSCs begründen. Die Bewertung der konkreten Situation obliegt dabei dem Sicherheitsrat selbst.[137] Das Problem der ungenügenden Ressourcen wurde bereits im *Brahimi*-Report identifiziert und später auch in der *New Partnership Agenda* des *DPKO* erneut aufgegriffen. Danach muss die Bereitschaft der Mitgliedstaaten bereits während der Planungsphase des Mandats berücksichtigt werden, um so einer allzu großen Diskrepanz zwischen Bedarf und vorhandenen Einsatzmitteln vorzubeugen.[138] Damit verringert sich zwar die Wahrscheinlichkeit, dass das Erfordernis der Notwendigkeit entsteht deutlich, kann aber auch nicht per se ausgeschlossen werden.[139] Vielmehr verlagert sich das Problem auf eine frühere Stufe: Die UN werden aufgrund der fehlenden Unterstützung der Mitgliedstaaten bereits daran gehindert, notwendige und den Konfliktsituationen angemessene Mandate zu erlassen. Ferner muss zudem die oft unzureichende Ausrüstung der Truppen berücksichtigt werden. Das bedeutet, dass selbst angemessen große Kontingente nicht über die notwendigen Handlungs- und Reaktionsmöglichkeiten verfügen. Ein weiteres Argument wird in Situationen deutlich, in denen sofortiger Handlungsbedarf besteht, die Mitgliedstaaten aber nicht in der

---

135 *Blokker*, in MPEPIL, International Organizations or Institutions, Implied Powers, Rnd. 17 ff.

136 *Blokker*, in MPEPIL, International Organizations or Institutions, Implied Powers, Rnd. 17.

137 *Cameron/Chetail*, Privatizing War, S. 31 f.

138 UN Doc., A/55/305–S/2000/809, 21.08.2000, Report of the Panel on United Nations Peace Operations, Para. 102 ff; DPKO, A New Partnership Agenda, S. 11.

139 *Cameron/Chetail*, Privatizing War, S. 32.

gebotenen Schnelligkeit handeln.[140] Somit kann auch in diesen Fällen das Merkmal der Notwendigkeit erfüllt werden.

II) Achtung expliziter Befugnisse

Implizite Befugnisse dürfen nicht so weit reichen, dass dadurch explizite Befugnisse konterkariert würden. Explizite Befugnisse gehen den impliziten Befugnissen also vor.[141] So auch der IGH im *Effect of Awards-Fall*.[142] Zudem befasste sich der IGH mit der Frage, inwieweit explizite Befugnisse auf das gleiche Ziel ausgerichtete, aber eine abweichende Umsetzungsart vorsehende implizite Befugnisse ausschließen. Richter *Moreno Quintana* sah eine solche Wirkung als nicht gegeben an.[143] Richter *Bustamente* stimmte dem im Ergebnis zu, nachdem er im Vorfeld geprüft hatte, ob Art. 43 UN-Charta bzw. die darin vorgesehenen Sondervereinbarungen so grundlegender und spezieller Natur seien, dass keinerlei andere Maßnahmen zur Erreichung des angestrebten Ziels vollzogen werden dürfen.[144] Art. 43 UN-Charta steht daher weder der Einberufung und Durchführung von Friedensmissionen noch dem Einsatz von PMSCs in diesen entgegen.

III) Achtung der grundlegenden Prinzipien des Völkerrechts

An dieser Stelle ist zu eruieren, ob bzw. inwieweit im Völkerrecht ein grundlegendes, im Rang Art. 2 UN-Charta entsprechendes Prinzip, dass vom UN-Sicherheitsrat autorisierte Gewalt exklusiv den Staaten obliegt, besteht. Insbesondere ist zu klären, ob vom UN-Sicherheitsrat autorisierte Gewalt durch Private, insbesondere PMSCs, ausgeübt werden darf, oder ob dem Selbstverständnis der UN als Zusammenschluss von Staaten, eine exklusiv den Staaten vorbehaltene Ausübung von Gewalt immanent ist. Die Anwendung von Gewalt durch Private wurde bisher

---

140 Diese Schwäche der regulären Friedensmissionen wurde ebenfalls bereits im Brahimi-Report festgestellt: A/55/305-S/2000/809, 21.08.2000, Comprehensive review of the whole question of Peacekeeping operations in all their aspects, Para. 117 a; *Cameron/Chetail*, Privatizing War, S. 32.

141 *Blokker*, in: MPEPIL, International Organizations or Institutions, Implied Powers, Rnd. 18.

142 IGH, Effect of Awards of Compensation Made by the United Nations Administrative Tribunal, Advisory Opinion 13.07.1954, ICJ Reports 1954, S. 47 (56).

143 IGH, Certain Expenses of the United Nations, Dissenting Opinion Moreno Quintana, ICJ Reports 1962, S. 239 (245).

144 IGH, Certain Expenses of the United Nations, Dissenting Opinion Bustamente, ICJ Reports 1962, S. 288 (298).

hauptsächlich im Kontext zum Selbstbestimmungsrecht und zum Terrorismus behandelt.[145] Die UN-Charta selbst regelt explizit nur die Anwendung von Gewalt durch Staaten und Regionalorganisationen, verbietet aber andererseits auch nicht den Einsatz Privater.[146] Auch die Regelungen des Ersten Zusatzprotokolls der Genfer Konventionen zum Söldnerwesen (Art. 47) enthalten kein grundsätzliches Verbot des Einsatzes Privater. Folglich kann kein Verstoß gegen ein grundsätzliches Prinzip des Völkerrechts festgestellt werden.[147] Auch führt die Prüfung der geltenden Regelungen zur Delegierbarkeit zu keiner anderen Bewertung: Das delegierende Organ muss selbst Inhaber der delegierten Befugnisse sein. Dies ist für den UN-Sicherheitsrat unstrittig.[148] Zudem muss sichergestellt sein, dass der Empfänger die Befugnisse den Vorgaben des delegierenden Organs entsprechend einsetzt.[149] Auch dies widerspricht nicht per se dem Einsatz von PMSCs, sondern ist Frage der praktischen Umsetzung.[150] Sarooshi – Verfasser der umfangreichsten Studie zur Frage der Delegierbarkeit von vom UN-Sicherheitsrat autorisierter Gewalt – erwähnt die Frage der Delegierbarkeit an private Akteure an keiner Stelle.[151] Dies lässt jedoch nicht den Rückschluss zu, dass eine Delegierbarkeit an Private ausgeschlossen sein soll. Näher liegend erscheint es, dass diese Konstellation schlichtweg nicht bedacht wurde.[152]

IV) Organzuständigkeit

Schließlich darf es durch die Anwendung der *Implied-Powers*-Lehre nicht zu einer Verschiebung der Organzuständigkeit kommen.[153] Im Kontext der Friedensmissionen stellt sich diese Frage insbesondere im Verhältnis zwischen Sicherheitsrat und Generalversammlung. Für die internen Kompetenzen finden sich die maßgeblichen Regelungen in Art. 10 und 12 UN-Charta. Die

---

145 UN Doc., A/59/565, 02.12.2004, Follow-up to the outcome of the Millennium Summit, Para. 160.
146 *Cameron/Chetail*, Privatizing War, S. 33.
147 UN Doc., A/HRC/WG.10/2/CRP.1, 06.08.2012, Submission by the UN Working Group on the use of mercenaries as a means of impeding the exercise of the right of peoples to self-determination. Para. 11.
148 Art. 24 UN Charta.
149 *Sarooshi*, The United Nations and the Development of Collective Security, S. 23.
150 *Cameron/Chetail*, Privatizing War, S. 36.
151 *Sarooshi*, The United Nations and the Development of Collective Security, S. 20 ff.
152 *Cameron/Chetail*, Privatizing War, S. 36.
153 *Campbell*, ICLQ 1983, 523 (529); *Blokker*, in: MPEPIL, International Organizations or Institutions, Implied Powers, Rnd. 20.

Kompetenz für alle Aufgaben, die in den Rahmen der Charta fallen, liegt danach grundsätzlich bei der Generalversammlung. Art. 24 UN-Charta konkretisiert diese Regelung aber noch weiter: Für die Wahrung des Weltfriedens obliegt dem Sicherheitsrat die Hauptverantwortung.[154] Die *Uniting for Peace* Resolution[155] hinterfragte dieses Verständnis. Der Auslöser dazu war die Blockadehaltung der Sowjetunion während des Koreakriegs.[156] Um die Handlungsfähigkeit der UN dennoch gewährleisten zu können, wurde die *Uniting for Peace* Resolution verabschiedet. Deren Kernaussage: Die Verantwortung in Fragen der Weltsicherheit liegt beim Sicherheitsrat. Den Mitgliedstaaten obliegen jedoch Pflichten dahingehend, den Sicherheitsrat handlungsfähig zu halten. Dies wirkt sich in dem Bemühen um einstimmige Entscheidungen und um einen restriktiven Gebrauch des Vetorechts aus.[157] In Fällen mangelnden Konsens und der damit verbundenen Handlungsunfähigkeit des Sicherheitsrats, soll die Generalversammlung zur Abgabe von Empfehlungen zur Wahrung des Weltfriedens, inklusive Zwangsmaßnahmen gemäß Kapitel VII der UN-Charta, befugt sein.[158] An der Rechtmäßigkeit dieser Resolution wurde vermehrt Kritik geübt. Es wurde dabei vor allem hervorgehoben, dass die UN-Charta keine Rechtsgrundlage für eine etwaige Kompetenz der Generalversammlung enthalte und es sich somit um *Ultra Vires*-Maßnahmen handele.[159] Diese Meinung übersieht aber, dass nach der *Uniting for Peace* Resolution die Generalversammlung lediglich dazu ermächtigt ist, Empfehlungen auszusprechen.[160] Vom IGH wurde die Kompetenz der Generalversammlung zur Einberufung von Friedensmissionen hingegen bestätigt.[161] Diese Auffassung wird durch Art. 10 UN-Charta getragen, der der Generalversammlung die Befugnis zur Erörterung und Verabschiedung von Empfehlungen zu allen von der UN-Charta umfassten Bereiche einräumt. Insgesamt blieben jedoch Friedensmissionen, die auf einer Entscheidung der Generalversammlung

---

154 *Schaller*, Notstandsresolutionen gegen Blockaden im Sicherheitsrat, S. 2; *White*, in: Pugh (Hrsg.), The UN, Peace and Force, S. 43 (51).

155 UN Doc., 377 (V), 03.11.1950, Uniting for Peace.

156 *Schaller*, Notstandsresolutionen gegen Blockaden im Sicherheitsrat, S. 2.

157 *Schaller*, Notstandsresolutionen gegen Blockaden im Sicherheitsrat, S. 2.

158 *Schaller*, Notstandsresolutionen gegen Blockaden im Sicherheitsrat, S. 2; *Eisele,* in: Volger (Hrsg.), Grundlagen und Strukturen der Vereinten Nationen, S. 131 (136).

159 *Landshuter*, Die Friedensmissionen der Vereinten Nationen, S. 56.

160 *White*, in: Pugh (Hrsg.), The UN, Peace and Force, S. 43 (50).

161 IGH, Certain Expenses of the United Nations, Advisory Opinion 20.07.1962, ICJ Reports 1962, S. 151 (163).

beruhten, Einzelfälle.[162] Die Zuständigkeit des Sicherheitsrates für die Einberufung der UN-Friedensmissionen blieb bis heute weitestgehend unangetastet und eine Verschiebung der Zuständigkeit contra legem kann verneint werden. Ein etwaiger Einsatz von PMSCs hat auf die geltende Organzuständigkeit keine Auswirkungen.

D. Holy Trinity als Schranke der Delegation von vom UN-Sicherheitsrat autorisierter Gewalt an PMSCs

Ebenso wenig verstößt die Delegation von vom UN-Sicherheitsrat autorisierter Gewalt an PMSCs gegen die Grundprinzipien der Friedensmissionen.

I) Zustimmung

Die explizite Verankerung der UN-Friedensmissionen in Kapitel VII der UN-Charta und damit die Entbehrlichkeit der Zustimmung des Gaststaates begann erst mit der dritten Generation der Friedensmissionen.[163] Aber auch bei Friedensmissionen nach Kapitel VII der UN-Charta verzichten die UN in aller Regel nicht darauf, das Einverständnis des betroffenen Staates einzuholen, da dies den Erfolgsaussichten der Mission deutlich zu Gute kommt.[164] Dabei wird der Umfang des Einverständnisses durchaus unterschiedlich weit verstanden. Teilweise wird es als Zustimmung zum Einsatz als solchen gesehen, teilweise aber auch als Zustimmung zu den konkreten Einsatzmodalitäten.[165] Dies kann z.B. dazu führen, dass sich ein Gaststaat gegen die Teilnahme eines bestimmten Staates an der Mission ausspricht oder territoriale oder funktionale Einschränkungen verlangt. Damit bestünde auch die Möglichkeit, dass sich ein Gaststaat gegen die Teilnahme von PMSCs ausspricht. Die Entscheidung des Generalsekretärs über die Zusammenstellung der Mission wäre zwar nicht rechtlich an die Position des Gaststaates gebunden, dennoch würde wohl in den allermeisten Fällen versucht werden, dem Ersuchen des Gaststaates nachzukommen.[166] Die Bedeutung der Zustimmung des Gaststaates zeigt sich auch daran, dass sich die UN in der Vergangenheit auf Wunsch der Einsatzstaaten ganz bewusst für PMSCs

---

162 *Landshuter*, Die Friedensmissionen der Vereinten Nationen, S. 55 f.
163 Siehe 1. Kapitel § 2 A. II 3.
164 Capstone Doctrine, S. 31 f.
165 *Di Blasé*, in: Cassese (Hrsg.), United Nations Peace-Keeping, S. 55 (58 ff.).
166 *Cameron/Chetail*, Privatizing War, S. 22 f.

entschieden haben, deren unterdurchschnittliche Qualität bekannt war.[167] Auch wenn PMSCs mit einer besseren Reputation vorhanden gewesen wären, wurde auf deren Engagement verzichtet, wenn vom Gaststaat eine andere PMSC präferiert wurde.

II) Unparteilichkeit

Bei PMSCs liegt die Gefahr der Parteilichkeit weniger auf politischer Ebene. Vielmehr ließe sich argumentieren, dass ihr – im Vergleich zu Staaten – politisches Desinteresse gleichzeitig ihre Unparteilichkeit begründet.[168] Dies greift jedoch zu kurz. Die Unparteilichkeit der Einsatztruppen umfasst neben politischen Interessen auch solche wirtschaftlicher Art. Insbesondere beim Abbau von Bodenschätzen – einem der größten Einsatzfelder für PMSCs – wurden Interessenkonflikte sichtbar.[169] Durch die weit verzweigten und bisweilen miteinander verzahnten Unternehmensnetzwerke wirkt sich dieser Umstand auch auf die Qualifizierung der PMSCs als unparteilich aus.[170] Die Auftraggeber der PMSCs, hier also die Förderindustrie, verfolgen bei zwischenstaatlichen und/oder innerstaatlichen Konflikten darüber hinaus auch politische Interessen.[171]

Ein weiteres aktuelles Beispiel ist der Einsatz von Drohnen zur Informationsgewinnung. Das Eigentum und die Nutzungsrechte an den gewonnenen Daten stehen dabei im Fokus des Diskurses.[172] Ebenso stehen die Verbindungen zwischen PMSCs und Verteidigungsbranche sowie zu den Geheimdiensten einer bedenkenlosen Qualifizierung als unparteilich entgegen.[173]

PMSCs eigenen sich dadurch aber nicht zwingend weniger für Einsätze als nationale Streitkräfte, bei denen die Gefahr der Parteilichkeit an den politischen Interessen anknüpft. Gemäß dem neueren, weiten Verständnis wird Unparteilichkeit als Befolgung der Prinzipien der UN-Charta verstanden und lässt derartige Fragestellungen außen vor.[174]

---

167 *Krahmann/Schneiker*, Diskussionspapier Mehr Kapazität – Weniger Verantwortung?, S. 7; diese Fälle beziehen sich zwar auf den Einsatz als Contractor, demonstriert jedoch anschaulich die Rücksichtnahme der UN auf die Interessen des Einsatzstaates.
168 *Cameron/Chetail*, Privatizing War, S. 23.
169 *Cameron/Chetail*, Privatizing War, S. 23.
170 *Singer*, Corporate Warriors, S. 104 ff.
171 *Cameron/Chetail*, Privatizing War, S. 23.
172 *Karlsrud/Rosén*, Stability 2013, 1 (6).
173 *Karlsrud/Rosén*, Stability 2013, 1 (6).
174 *Kreß*, „Friedensmissionen unter einem Mandat der Vereinten Nationen und Menschenrechte", S. 14.

III) Gewaltanwendung ausschließlich zur Selbstverteidigung

Das Ausmaß der legitimen Gewaltanwendung war und ist das mit Abstand am kontroversesten diskutierte Prinzip der Friedensmissionen. 2008 lieferte das *Department of Peacekeeping Operations* erneut einen Analysebericht zu den Friedensmissionen: *United Nations Peacekeeping Operations – Principles and Guidelines* – besser bekannt als *Capstone Doctrine*. Die *Capstone Doctrine* erklärt die Beschränkung auf Selbstverteidigungsmaßnahmen – wenn auch mit einer deutlich erweiterten Definition – weiterhin für gültig. Selbstverteidigung umfasst nun auch die Verteidigung des Mandats und dessen Ziele.[175] Gerade dieses extensive und proaktive, bisweilen an eine konturenlose Interpretation heranreichendes Verständnis von Selbstverteidigung, lässt einen Einsatz von PMSCs kritisch erscheinen. Selbstverteidigung und die unmittelbare Teilnahme an Feindseligkeiten nähern sich damit deutlich an. Wo endet Selbstverteidigung und wo beginnt die unmittelbare Teilnahme an Feindseligkeiten? Auch letzterer Begriff ist nicht eindeutig definiert. Es reihen sich damit zwei nicht klar definierte und bestimmbare Begriffe – Selbstverteidigung im UN-Sprachgebrauch und unmittelbare Teilnahme an Feindseligkeiten – aneinander. Die Grauzonen, die bei beiden Begriffen bereits für sich betrachtet vorhanden sind, werden dadurch kumuliert. Dabei handelt es sich aber um kein PMSC-spezifisches Problem; auch beim Einsatz von konventionellen Truppen gibt es die gleiche Situation. Beim Einsatz Privater wiegen diese Punkte aber ungleich schwerer als bei staatlichen Truppen. Privaten stehen bei der unmittelbaren Teilnahme an Feindseligkeiten weder das Kombattantenprivileg noch die Privilegien des Gefolges zu.[176] Dies erlaubt jedoch nicht den Rückschluss, dass bereits die Delegation an Private als solche gegen die *Holy Trinity* verstößt. Der Beschränkung der Gewaltanwendung auf Selbstverteidigungshandlungen liegt die Achtung des Gewaltverbotes nach Art. 2 IV UN-Charta zu Grunde. Der Einsatz von PMSCs lässt diese Zielrichtung unverändert. Es wird dadurch insbesondere keine darüber hinausgehende Möglichkeit zur Gewaltanwendung geschaffen. Vielmehr folgt die Problematik aus der Verkettung unbestimmter Rechtsbegriffe und der damit verbundenen Rechtsfolgen. Der Einsatz von PMSCs scheitert daher nicht per se an der Beschränkung auf das Selbstverteidigungsrecht.

---

175   Capstone Doctrine, S. 34 f.
176   Siehe dazu 2. Kapitel § 1 B und C.

E. Zwischenergebnis

Die *Implied-Powers*-Lehre kann für die Delegierbarkeit der vom Sicherheitsrat autorisierten Gewalt an Private herangezogen werden. Weder kann der Vorwurf der Missachtung der Grenzen der *Implied-Powers*-Lehre substantiiert noch ein Verstoß gegen die *Holy Trinity* belegt werden.

Es tritt dabei aber zugleich die Notwendigkeit einer mehrstufigen Prüfung hervor. An dieser Stelle sollte lediglich die grundsätzliche Möglichkeit, also das „Ob" der Delegation von vom UN-Sicherheitsrat autorisierter Gewalt, analysiert werden. Darüber hinaus bedarf der Einsatz von PMSCs aber ebenso einer Vereinbarkeitsprüfung mit den Regelungen des humanitären Völkerrechts sowie dem Menschenrechtsregime.[177]

§ 3 Einsatzfähigkeit von PMSCs in UN-Friedensmission unter besonderer Berücksichtigung des humanitären Völkerrechts und der Menschenrechte

Nachdem eine Rechtsgrundlage für den Einsatz von PMSCs in UN-Friedensmissionen für gegeben befunden wurde, ist in einem zweiten Schritt ein etwaiger Ausschluss von PMSC-Aktivitäten aufgrund des humanitären Völkerrechts und/oder der Menschenrechte zu hinterfragen. Auch an dieser Stelle ist die bereits bekannte Differenzierung – Einsatz als Peacekeeper/Einsatz als *Contractor* – anzuwenden. Neben einer direkten Bindung der PMSCs ist dabei ebenso eine mittelbare Bindung aufgrund von staatlichen Due-Diligence-Verpflichtungen zu eruieren. Anschließend ist die Frage der effektiven Sanktionierung von Rechtsverstößen aufzuwerfen.

Dabei ist vorgelagert die Frage der Zurechenbarkeit etwaiger Rechtsverstöße zu analysieren. Die prominente Stellung der Zurechnungsfrage ergibt sich aus den ungleichen Zurechnungsobjekten bzw. deren Pflichtenträgerschaft. Den UN und ihren Mitgliedstaaten als anerkannte Völkerrechtssubjekte und Pflichtenträger humanitärer und menschenrechtlicher Verpflichtungen,[178] stehen hier private Unternehmen gegenüber. Bei Letzteren ist die Bindung an das humanitäre Völkerrecht und die Menschenrechte aber Gegenstand eines weitreichenden Diskurses.[179] Die Entscheidung in der Zurechnungsfrage entscheidet somit darüber, welcher Rechtsrahmen einschlägig ist. Kann keine Zurechnung an die UN

---

177 Siehe dazu 2. Kapitel § 3.
178 Siehe hierzu 2. Kapitel § 3 B I und II.
179 Siehe hierzu 2. Kapitel § 3 B III.

oder einen Mitgliedsstaat vorgenommen werden, so kann eine Verletzung des humanitären Völkerrechts und/oder der Menschenrechte mangels Pflichtenträgerschaft nicht dargelegt werden.

A. Die völkerrechtliche Zurechenbarkeit

Zwar haben sich die Vereinten Nationen unter anderem dem Schutz der Menschenrechte verschrieben (Art. 1 Nr. 3, Art. 13 I b, Art. 55c, Art. 62 II UN-Charta), dies garantiert jedoch nicht das rechtskonforme Verhalten der Peacekeeper. Mit dem wachsenden Aufgabenspektrum und dem Einsatz in Konfliktgebieten verdichtete sich diese Problematik.[180] Insbesondere sexuelle Übergriffe in den Missionen in Burundi, im Kongo[181] und jüngst in der Zentralafrikanischen Republik[182] (insgesamt wurde für das Jahr 2015 von 69 sexuellen Übergriffen berichtet[183]) sowie Foltervorwürfe während des Einsatzes in Somalia[184] haben die wiederholte und massive Missachtung der Menschenrechte durch Peacekeeper zum Vorschein gebracht. Ban Ki-moon betitelte diese Vorkommnisse als *„a cancer in our system"*.[185] Daran schließt sich die Frage an, wem dieses Fehlverhalten zugerechnet werden kann – den UN oder den Entsendestaaten. Die Zurechnungsfrage ist umso dringlicher aufzuwerfen, wenn neben oder anstatt nationaler Truppen PMSCs eingesetzt werden. Dabei ist zum einen erneut die Differenzierung nach der konkreten Einsatzart – Peacekeeper oder *Contractor* – aufzugreifen, zum anderen gewinnt die Qualifizierung als Bediensteter *(Agent)* der UN an Bedeutung.

---

180 *Hirschmann/Heupel*, Vereinte Nationen 2014, 9 (9).

181 UN News Center, UN conducts inquiry into alleged sexual abuse by peacekeepers in Burundi, http://www.un.org/apps/news/story.asp?NewsID=13623&Cr=burundi &Cr1=#.Vpj5vNJ5P_E, zuletzt abgerufen am 15.01.2016.

182 Die Welt, 30.01.2016, Sexueller Missbrauch durch UN-Soldaten in 69 Fällen, https:// www.welt.de/politik/ausland/article151673018/Sexueller-Missbrauch-durch-UN-Soldaten-in-69-Faellen.html, zuletzt abgerufen am 13.12.2016.

183 Die Welt, 30.01.2016, Sexueller Missbrauch durch UN-Soldaten in 69 Fällen, https:// www.welt.de/politik/ausland/article151673018/Sexueller-Missbrauch-durch-UN-Soldaten-in-69-Faellen.html, zuletzt abgerufen am 13.12.2016.

184 *Wills*, Journal of Conflict & Security Law 2004, 387 (388).

185 The Guardian, 14.08.2015, Ban Ki-moon says sexual abuse in UN peacekeeping is 'a cancer in our system', http://www.theguardian.com/world/2015/aug/14/ban-ki-moon-says-sexual-abuse-in-un-peacekeeping-is-a-cancer-in-our-system, zuletzt abgerufen am 15.01.2016.

Bei UN-geführten Missionen ist die Zurechenbarkeit zu den UN grundsätzlich zu bejahen. Dies ergibt sich aus der formalen Stellung der Mission als Unterorgan der UN und in der Mehrheit der Fälle mit dem Innehaben der effektiven Kontrolle.[186]

Friedensmissionen werden durch den Sicherheitsrat bzw. dessen Resolutionen initiiert. Durch ihn werden Dauer und Auftrag bestimmt und ihm obliegt die politische Leitung der Mission.[187] Auf zweiter Ebene folgt der Generalsekretär, der die politische Verantwortung für die Mission trägt und den Oberbefehlshaber der Streitkräfte bestimmt.[188] Der Generalsekretär muss gegenüber dem Sicherheitsrat Rechenschaft ablegen.[189] Zur Unterstützung des Generalsekretärs und zur zielgerichteten Umsetzung seiner Aufgaben wurde das *Department of Peacekeeping Operations (DPKO)* gegründet. Der dem Generalsekretär nachgeordnete und von diesem mit Zustimmung des Sicherheitsrates ernannte Oberbefehlshaber (*UN Force Commander*) ist für alle militärischen Aktionen verantwortlich.[190] Ihm obliegt die operative Kontrolle und er bestimmt die Befehlskette.[191] Für die Aufstellung des Operationsplans, die Formulierung der Einsatzregeln, die Zusammensetzung des Truppenkontingents sowie die Klärung aller relevanten politischen und rechtlichen Fragen verbleibt es bei der Verantwortlichkeit des UN-Sekretariats, dem zugleich auch ein Ermessensspielraum hinsichtlich dieser Belange zur Verfügung steht.[192] In den meisten Fällen handelt es sich bei dem Oberbefehlshaber um ein hochrangiges Mitglied der nationalen Streitkräfte.[193] Vervollständigt wird das Konstrukt durch den nationalen Befehlshaber auf der

---

186 *Seiberth*, Private Military and Security Companies in International Law, S. 100. UN-Missionen der 4. Generation nehmen dabei eine Sonderposition ein. Die administrative Leitung wird nicht durch Truppen der Mitgliedstaaten sondern durch UN eigenes Personal umgesetzt. Somit genügt es in diesem Fall bereits auf die Stellung als Unterorgan zu verweisen um eine Zurechnung nach Art. 6 DARIO zu begründen.

187 *Rassel*, Strafgerichtsbarkeit über Angehörige der Friedenstruppen in UN-geführten Missionen, S. 40.

188 *Gareis/Varwick*, Internationale Politik 2007, 68 (71).

189 *Rassel*, Strafgerichtsbarkeit über Angehörige der Friedenstruppen in UN-geführten Missionen, S. 40 f.

190 *Rassel*, Strafgerichtsbarkeit über Angehörige der Friedenstruppen in UN-geführten Missionen, S. 41.

191 *Kondoch*, in: Gill/Fleck (Hrsg.), Handbook of International Law of Military Operations, S. 515 (520).

192 *Gareis/Varwick*, Internationale Politik 2007, 68 (71).

193 *Cameron/Chetail*, Privatizing War, S. 39.

untersten hierarchischen Stufe.[194] Während ihrer Entsendung sind die Truppen als internationales Personal eingestuft und der Amtsgewalt der UN unterstellt.[195] Die Truppen verbleiben aber Organe der Mitgliedstaaten und diese haben weiterhin die strategische Kommandoebene sowie die Kontrolle i.S.d Disziplinarrechts inne.[196] Die nationalen Kontingente sind formal mittels *Transfer of Authority Agreement* dem Oberbefehlshaber unterstellt.[197] Die nationalen Truppen führen also originäre Aufgaben der UN, die über den *Force Commander* an die nationalen Kommandeure weitergegeben werden, aus. Die nationalen Befehle sind daher nicht als Ausdruck national-initiierten Handelns sondern als Umsetzung des UN-Befehls zu verstehen.[198]

Das Vorhandensein einer effektiven Kommandostruktur, bei der ein Durchgriff von Anordnungs- auf Ausführungsebene gegeben ist, hat sich als wesentliches Indiz der effektiven Kontrolle herausgestellt.[199] Die effektive Kontrolle der UN wird also zwar vermutet, kann aber im Einzelfall auch wiederlegt werden. Wird z.B. die Kommandokette durch gegenläufige nationale Anweisungen unterbrochen und kann kein Durchgriff von der Anordnungs- zur Ausführungsebene nachvollzogen werden, so ist die Vermutung der effektiven Kontrolle widerlegt und es erfolgt die Zurechnung der Handlung zum truppenstellenden Staat.[200] Dass es wichtig und richtig ist, die Zurechnung gem. Art. 7 *Draft Articles on the Responsibility of International Organizations* (DARIO)[201] an das Merkmal der effektiven Kontrolle zu knüpfen, wurde von Giorgio *Gaja*, der 2002 als ILC-Sonderberichterstatter

---

194   *Rassel,* Strafgerichtsbarkeit über Angehörige der Friedenstruppen in UN-geführten Missionen, S. 41.

195   UN Doc. A/46/185, 23.05.1991, Model Agreement between the United Nations and Member States Contributing Personnel and Equipment to United Nations Peacekeeping Operations, Art. 9; *Kondoch,* in: Gill/Fleck (Hrsg.), Handbook of International Law of Military Operations, S. 515 (520).

196   *Kondoch,* in: Gill/Fleck (Hrsg.), Handbook of International Law of Military Operations, S. 515 (520).

197   *Cameron/Chetail,* Privatizing War, S. 39.

198   *Schütze,* Die Zurechenbarkeit von Völkerrechtsverstößen im Rahmen mandatierter Friedensmissionen der Vereinten Nationen, S. 195.

199   *Lehnardt,* Private Militärfirmen und völkerrechtliche Verantwortlichkeit, S. 235; *Schütze,* Die Zurechenbarkeit von Völkerrechtsverstößen im Rahmen mandatierter Friedensmissionen der Vereinten Nationen, S. 142.

200   *Schütze,* Die Zurechenbarkeit von Völkerrechtsverstößen im Rahmen mandatierter Friedensmissionen der Vereinten Nationen, S. 148.

201   ILC, Draft articles on the responsibility of international organizations, with commentaries 2011.

zur Verantwortlichkeit internationaler Organisationen ernannt wurde, bestätigt.[202] Seit dem existiert in den Kreisen der Völkerrechtskommission ein reger Diskurs zur Frage der Verantwortlichkeit internationaler Organisationen, zu dem *Gaja* jährlich einen entsprechenden Bericht beisteuert.[203] Die *International Law Commission* (ILC) hat die *DARIO* 2009 in ihrer 61. Sitzung angenommen.[204] Die darauf folgenden Stellungnahmen der Regierungen und internationalen Organisationen wurden eingearbeitet. 2011 wurde die *DARIO* in zweiter Lesung der ILC in ihrer 63. Sitzung angenommen sowie der UN-Generalversammlung empfohlen, von ihnen Notiz zu nehmen, sie als Anhang zu einer Resolution zu verabschieden und diese anzunehmen.[205] Die *DARIO*, die hinsichtlich Aufbau und Struktur stark dem Entwurf zur Staatenverantwortlichkeit ähneln, wurden bislang von der UN-Generalversammlung noch nicht angenommen. Die Erstarkung zu Völkergewohnheitsrecht kann aufgrund mangelnder bzw. uneinheitlicher Praxis nicht dargelegt werden.[206]

Gaja verdeutlichte seinen Standpunkt mit Verweis auf das Beispiel der UNOSOM II Mission.[207] Aus dem Untersuchungsbericht ergibt sich ein Bild, das eine Zurechnung zu den UN als verfehlt erscheinen lässt: Die Truppen nahmen Befehle des *Force Commander* nicht ohne vorheriger Rücksprache mit den nationalen Befehlshabern an, ihre Handlungen überstiegen den Umfang der gegebenen Befehle, waren der Kontrolle der UN völlig entzogen und firmierten dennoch unter der UN Flagge und unter dem UNOSOM Mandat.[208]

---

202 UN Doc., A/CN.4/SR.2717, 08.05.2002, Summary record of the 2717th meeting, Para. 41.

203 *Schütze*, Die Zurechenbarkeit von Völkerrechtsverstößen im Rahmen mandatierter Friedensmissionen der Vereinten Nationen, S. 83.

204 UN Doc, A/CN.4/620/Add.1, 26.02.2010, Report of the International Law Commission on the work of its sixty-first session (2009).

205 UN Doc., A/66/10, 26 April–3 June and 4 July–12 August 2011, Report of the International Law Commission – Sixty-third session, Para. 85.

206 *Schütze*, Die Zurechenbarkeit von Völkerrechtsverstößen im Rahmen mandatierter Friedensmissionen der Vereinten Nationen, S. 84.

207 UN Doc., A/CN.4/541, 02.04.2004, Second report on responsibility of international organizations, Para. 40.

208 UN Doc., S/1994/653, 01.06.1994, Report of the Commission of Inquiry established pursuant to Security Council Resolution 885 (1993) to investigate armed attacks on UNOSOM II personnel which led to causalities among them, Para. 243 f.

Aus ähnlichen Gründen wurde auch in der UNAMIR Mission in Ruanda für bestimmte Aktionen die Zurechnung zu den UN verneint.[209]

Bei den zuvor angesprochenen sexuellen Übergriffen handelt es sich hingegen um sog. *off-duty* Handlungen. Darunter versteht man Handlungen ohne Dienstbezug, die einen rein privaten Charakter aufweisen.[210] *Off-duty* Handlungen sind somit nicht *Ultra Vires* Handlungen gleichzusetzen. Im Unterschied zu *off-duty* Handlungen geschehen *Ultra Vires* Handlungen zwar unbefugt, aber im Dienst, also *on-duty*.[211] Die UN lehnen eine Zurechenbarkeit von *off-duty* Handlungen grundsätzlich mangels Bezugs zu offiziellen Funktionen der Organisation ab und halten dies auch in den mit den Einsatzstaaten abgeschlossenen *Status of Forces Agreements* (SoFAs) fest.[212] Dies entspricht dem im Völkerrecht anerkannten Grundsatz, dass ein Staat nicht per se für private Handlungen der Organe herangezogen werden kann, der auch auf internationale Organisationen übertragen werden kann.[213]

I) *Völkerrechtsverletzungen durch PMSC-Personal und deren Zurechnung an die UN*

Soll das Handeln von PMSC-Angestellten den UN zugerechnet werden, ist deren Eigenschaft als Bedienstete der UN das entscheidende Kriterium. Die UN selbst sehen sich für das Verhalten von Truppen, die unter ihrer Befehlsgewalt agieren, verantwortlich. Dieser Gedanke muss auch für PMSCs anwendbar sein, wenn diese direkt von der UN engagiert werden.[214] Umfasst sind also grundsätzlich alle *on-duty* Handlungen bei UN-geführten Friedensmissionen. Verlangt man dafür die effektive Kontrolle im Sinne einer effektiven Kommandostruktur, kann die Verantwortlichkeit im Einzelfall widerlegt werden. Eine vergleichbare Situation wie bei truppenstellenden Staaten, bei denen UN-Befehlen nur und

---

209 ILC, Draft articles on the responsibility of international organizations, with commentaries 2011, Art. 7, Para. 8.

210 *Schütze*, Die Zurechenbarkeit von Völkerrechtsverstößen im Rahmen mandatierter Friedensmissionen der Vereinten Nationen, S. 203.

211 *Schütze*, Die Zurechenbarkeit von Völkerrechtsverstößen im Rahmen mandatierter Friedensmissionen der Vereinten Nationen, S. 203.

212 Model SoFA Art. 46; *Zwanenburg*, Accountability of Peace Support Operations, S. 106; *Schütze*, Die Zurechenbarkeit von Völkerrechtsverstößen im Rahmen mandatierter Friedensmissionen der Vereinten Nationen, S. 204.

213 UN Doc.; A/59/10, 3 May-4 June and 5 July-6 August 2004, Report of the International Law Commission, S. 107, Para. 7.

214 *White*, in: Francioni/Ronzitti (Hrsg.), War by contract, S. 381 (387).

erst nach Rücksprache mit den nationalen Entscheidern Folge geleistet wurde,[215] kann es bei PMSCs allerdings nicht geben, da bei den direkt durch die UN rekrutierten PMSCs der truppenstellende Staat als „Konkurrent" fehlt.

Orientiert man sich an den Ausführungen in den *DARIO*, verdienen Art. 6 und Art. 7 näherer Betrachtung. Art. 7 DARIO scheidet aus, da dieser speziell auf die Zurechnung eines militärischen Kontingents der Mitgliedstaaten zugeschnitten ist. Vielmehr ist für PMSCs Art. 6 DARIO relevant.[216] Danach ist eine Zurechnung, zumindest nach dem ersten Anschein, wesentlich einfacher möglich, da die effektive Kontrolle als Kriterium entfällt.[217] Art. 6 DARIO beschreibt eine automatische Zurechnung der Organe von internationalen Organisationen an eben jene. Art. 6 ist jedoch nicht auf Organe beschränkt, sondern bezieht sich auch auf sonstige Vertreter (*Agent of an International Organization*).

Für Art. 2 d) DARIO sind dies alle Beamte, sonstige Personen und Einheiten, durch die die internationale Organisation handelt.[218] Zwar wird in den *UN General Conditions of Contracts for Services*[219] auf die auch im *Model Contract* der *Guidelines on the Use of Armed Security Services from Private Security Companies* verwiesen wird, eine Stellung der *Contractors* als *Agents* verneint. Dies kann aber nur inter partes Wirkung entfalten.[220] Die *ILC* orientierte sich bei ihren Ausführungen an den Gutachten des IGH, der diesen Begriff mit dem weitest möglichen Verständnis auslegte. Es genügt danach, dass die handelnde Person in irgendeiner Weise von einem Organ der Organisation mit dem Tätigwerden für diese betraut wurde.[221]

---

215 *Lehnardt*, in: Chesterman/Fisher (Hrsg.), Private Security, Public Order, S. 212 (214).

216 Art. 6 DARIO: „*The conduct of an organ or agent of an international organization in the performance of functions of that organ or agent shall be considered an act of that organization under international law, whatever position the organ or agent holds in respect of the organization.*"

217 Ejiltalk, 10. März 2003, *Tzanakopoulus*, Attribution of Conduct to International Organizations in Peacekeeping Operations, http://www.ejiltalk.org/attribution-of-conduct-to-international-organizations-in-peacekeeping-operations/, zuletzt abgerufen am 16. Januar 2016.

218 Art. 2 d DARIO „"*agent of an international organization*" *means an official or other person or entity, other than an organ, who is charged by the organization with carrying out, or helping to carry out, one of its functions, and thus through whom the organization acts*".

219 UN, General Conditions of Contract, Art. 1.2.

220 *Lehnardt*, Private Militärfirmen und völkerrechtliche Verantwortlichkeit, S. 230.

221 IGH, Reparation for Injuries suffered in the Service of the United Nations, Advisory Opinion 11.04.1949, ICJ Reports 1949, S. 174 (177).

Explizit bejaht wurde die *Agent*–Eigenschaft für Sachverständige im Auftrag der UN.[222] Bei der Ernennung zum Sachverständigen kommt den UN ein großer Ermessensspielraum zu. Im Rahmen von Friedensmissionen wurde unter anderem Militärbeobachtern und Mitgliedern von Militäreinheiten der Sachverständigenstatus zuerkannt.[223] In aller Regel verfügen PMSCs hingegen nicht über diesen Status.[224]

Trotz der fehlenden Sachverständigeneigenschaft können PMSC-Angestellte dennoch als *Agents* qualifiziert werden, vorausgesetzt sie üben Funktionen der UN aus.[225] Was dabei als Funktion der UN gilt, richtet sich nach deren Bestimmungen. Wendet man Art. 2 b) DARIO auf die UN an, sind darunter die UN-Charta, Entscheidungen von UN-Organen, Resolutionen und sonstige Handlungen, die von den UN in Übereinstimmung mit der Charta vorgenommen wurden, zu verstehen. PMSC-Angestellte sind also zumindest dann als *Agents* zu werten, wenn sie Aufgaben wahrnehmen, die explizit im Mandat des Sicherheitsrats vorgesehen waren.[226]

Naheliegende Beispiele sind hierfür Minenräumungen und die Ausbildung von Kombattanten.[227] Alleine die Beauftragung – ohne direkte Anbindung ans Mandat – soll nach dieser Ansicht nicht für die Qualifizierung als *Agent* genügen können.[228] Wenn PMSCs nicht als Peacekeeper sondern als *Contractor* eingesetzt werden, sie also lediglich zur Unterstützung des Mandats herangezogen werden, unterfallen sie damit nach der Auffassung, die eine explizite Verankerung der Aufgaben im Mandat für notwendig erachtet, nicht der Kategorie der *Agents* aus Art. 6 DARIO.[229]

Die typischen PMSC-Tätigkeiten wie z.B. Logistik und Personen- und Objektschutz wären danach von Art. 6 DARIO nicht umfasst. Es könnte bei dieser

---

222 IGH, Difference Relating to Immunity from Legal Process of a Special Rapporteur of the Commission on Human Rights, Advisory Opinion 29.04.1999, ICJ Reports 1999, S. 62 (87 f.).

223 IGH, Applicability of Article VI, Section 22, of the Convention on the Privileges and Immunities of the United Nations, Advisory Opinion 15.12.1989, ICJ Reports 1989, 177 (194).

224 *Lehnardt*, Private Militärfirmen und völkerrechtliche Verantwortlichkeit, S. 232.

225 UN Doc., A/CN.4/541, 02.04.2004, Second report on responsibility of international organizations, Para. 17.

226 *Lehnardt*, Private Militärfirmen und völkerrechtliche Verantwortlichkeit, S. 232.

227 Beauftragung von MPRI für die Ausbildung in afrikanischen Friedensmissionen 2007, Mienenräumung für UNMISS (UN Doc., S/RES/1996, 08.07.2011, Para. 3 c vi).

228 *Lehnardt*, Private Militärfirmen und völkerrechtliche Verantwortlichkeit, S. 233.

229 *Lehnardt*, Private Militärfirmen und völkerrechtliche Verantwortlichkeit, S. 233.

Auffassung somit weder eine Zurechnung zu den UN noch zu einem Mitgliedstaat begründet werden. Die Zurechnung läuft somit an dieser Stelle ins Leere und es muss an die Rechtsbindung der PMSC selbst angeknüpft werden, womit nur ein Verweis auf das bisweilen unzulängliche Regime der *Corporate Social Responsibility*[230] verbleibt.[231] Von einem PMSC-Expertengremium wurde die gleiche Frage jedoch anders bewertet und die bloße vertragliche Bindung unabhängig davon, ob die von den PMSCs zu erfüllende Aufgabe explizit im Mandat niedergelegt ist, für ausreichend befunden.[232] Da jede Person oder Einrichtung, durch die die UN handelt, als deren *„Agent"* verstanden werden kann, soll dies folglich auch für PMSCs, die durch vertragliche Regelungen mit der Ausführung der Aufgaben der UN betraut werden, gelten.[233] Eine herrschende Meinung hat sich zu dieser Fragestellung bisher nicht etablieren können. Es drohen damit Zurechnungslücken und damit das Outsourcing der Verantwortlichkeit der UN. Die *Corporate Social Responsibility* bietet dafür keine zufriedenstellende Alternative.

II) Zwischenergebnis

Welche Voraussetzungen für die Zurechnung des PMSC-Verhaltens an die UN im Einzelnen erfüllt sein müssen, wird unterschiedlich beantwortet. Nach einer engeren Ansicht können nur solche Handlungen von PMSCs zugerechnet werden, die auch explizit im Mandat des Sicherheitsrates aufgeführt werden. Folgt man dieser Meinung wäre ein Großteil der Aufgaben der PMSCs (Logistik und insbesondere Personen- und Objektsschutz) von der Zurechnung ausgeschlossen. Eine weitere Auffassung lässt hingegen jegliche vertragliche Verbindung zwischen UN und PMSCs genügen. Diese Position wird vom weiten Wortlaut des Art. 6 DARIO, dem Gutachten des IGH sowie den Einschätzungen des PMSC-Expertengremiums gestützt. *On-duty* Handlungen können im Ergebnis entweder den UN oder den truppenstellenden Staaten oder beiden zugerechnet werden, sodass kein unzurechenbares Verhalten zurück bleibt. Auf den Fall der PMSCs übertragen kann ein ebenso lückenloses Ergebnis nur dann erreicht

---

230 Siehe dazu 2. Kapitel § 3 B III.

231 *White/MacLeod*, EJIL 2008, 965 (971).

232 The University Centre for International Humanitarian Law, Expert Meeting on the private military Contractors: status and state responsibility for their actions, S. 32.

233 Ejiltalk, 10.03.2003, *Tzanakopoulus*, Attribution of Conduct to International Organizations in Peacekeeping Operations, http://www.ejiltalk.org/attribution-of-conduct-to-international-organizations-in-peacekeeping-operations/, zuletzt abgerufen am 16.01.2016.

werden, wenn man die bloße vertragliche Verbindung für die Qualifikation als *Agent* genügen lässt.

Für den besonders relevanten Bereich der *off-duty* Handlungen helfen diese Überlegungen jedoch nicht weiter: Eine Zurechnung zu den UN und/oder dem Sitzstaat respektive Entsendestaat scheidet bei Rechtsverstößen von Mitgliedern nationaler Truppen ebenso wie bei Fehlverhalten von PMSC-Angestellten aus. Die Schlussfolgerung, dass sich der Einsatz von PMSCs daher auf diesen Einzelaspekt nicht auswirkt, liegt nahe, greift aber zu kurz. Dies wird deutlich, wenn man den einschlägigen Rechtsrahmen und die Ahndung der begangenen Rechtsverstöße betrachtet.[234]

B. Der einschlägige Rechtsrahmen – Bindung an das humanitäre Völkerrecht und die Menschenrechte

Je nachdem ob eine Zurechnung an die UN bejaht werden kann, kommen die UN oder die PMSCs selbst als Anknüpfungspunkt für den einschlägigen Rechtsrahmen in Betracht.[235] Dies hat weitreichende Konsequenzen, da der Pflichtenkatalog von internationalen Organisationen und privaten Unternehmen deutliche Differenzen aufweist. Friedensmissionen sind Unterorgane des UN-Sicherheitsrates oder, wenn auch in seltenen Fällen, der UN-Generalversammlung. Die Friedensmissionen sind damit an die Aufgaben und Pflichten der UN gebunden.[236]

I) *Bindung der UN-Friedensmissionen an das humanitäre Völkerrecht*

Bereits unter § 1 E. I. wurde die Bindung der UN an das humanitäre Völkerrecht hergeleitet, sodass im Wesentlichen auf diese Ausführungen verwiesen werden kann.[237]

Zwar kann keine vertragsrechtliche Bindung an die Genfer Konvention oder sonstige Übereinkommen begründet werden, dafür aber eine völkergewohnheitsrechtliche Bindung. Zusätzlich kann auf den Bulletin des Generalsekretärs,[238] die

---

234 Siehe dazu 2. Kapitel § 3 B. ff.

235 *Seiberth;* Private Military and Security Companies in International Law, S. 99.

236 *Bothe,* in: Simma/Khan/Nolte/Paulus (Hrsg.), The Charter of the United Nations – A Commentary, S. 1187; *Pressler,* MPYUNL 2014, 152 (157).

237 Siehe dazu 2. Kapitel § 1 E. I.

238 UN Doc., ST/SGB/1999, 06.08.1999, Secretary General's Bulletin, Observance by United Nations forces of international humanitarian law.

Ausführungen im *Model Agreement* mit den truppenstellenden Staaten[239] sowie auf die *Rules of Engagement,* verwiesen werden.[240]

II) Bindung der UN-Friedensmissionen an die Menschenrechte

Auch wenn die UN bei den Vertragsverhandlungen sowie bei der Förderung und Achtung der einschlägigen Regelungswerke eine bedeutende Rolle spielen, ist es ihnen als internationaler Organisation nicht möglich, Vertragspartei dergleichen zu werden.[241] Völkervertragsrechtlich sind die UN daher weder an die beiden Menschenrechtspakte (der Internationale Pakt über bürgerliche und politische Rechte und der Internationale Pakt über wirtschaftliche, soziale und kulturelle Rechte) noch an die regionalen Menschenrechtskonventionen gebunden. Die Bindung der UN an die Menschenrechte kann aber auf anderen Wegen begründet werden. Dabei kommen drei unterschiedliche Argumentationsstränge zum Tragen. Neben der externen und internen Bindung der UN, wird als dritte Variante eine hybride Bindung diskutiert.

1) Externe Bindung

Die internen Regelungen der UN belegen die völkergewohnheitsrechtliche Bindung an die Menschenrechte und liefern damit die für das Erstarken zu Völkergewohnheitsrecht notwendige *opinio juris.*[242] Zwar ist die Bindung als solche unstrittig, das konkrete Ausmaß und die Entscheidung, welche Normen zu Völkergewohnheitsrecht erstarkt sind, bleibt aber weiterhin umstritten.[243] Die völkergewohnheitsrechtliche Geltung bedarf für jede Vorschrift gesonderter Betrachtung. Bezüglich der völkergewohnheitsrechtlichen Geltung des Rechts auf Leben, des Verbots von Folter, entwürdigender Behandlung, willkürlicher Freiheitsentziehung und systematischer Diskriminierung besteht jedoch allgemeiner Konsens.[244] Allen für das menschliche Sein existenziellen Normen wurde zudem der Status des *jus cogens* zuerkannt.[245] Die *International Law Commission*

---

239 UN Doc., A/46/185, 23.05.1991, Model Agreement between the united nations and member states contributing personnel and equipment to United Nations peace-keeping operations, Para. 28.

240 *Oswald/Durham/Bates*, Documents on the Law of UN Peace Operations, S. 562.

241 *Porretto/Vité*, The application of international humanitarian law and human rights law to international organisations, S. 41.

242 *Clapham*, Human Rights Obligations of Non-State Actors, S. 68.

243 *Werzer*, Nordic Journal of International Law 2008, 105 (109).

244 *Van Zantvoort*, The United Nations and International Human Rights Law, S. 17 f.

245 *Tomuschat*, Human Rights, S. 44.

(ILC) stellte fest, dass auch internationale Organisationen und somit auch die
UN durch *jus cogens* gebunden werden.[246]

2) Interne Bindung

Ebenso lässt sich aus den internen Regelungen der UN die Bindung an die Menschenrechte ableiten. Dabei kann insbesondere auf die UN-Charta, verschiedene
UN-Resolutionen sowie die *Capstone Doctrine* Bezug genommen werden. *Stavrinides* hält es für selbstverständlich, dass eine Organisation auch an die durch sie
selbst aufgestellten Prinzipien und Zielsetzungen gebunden ist.[247] Bereits die prominente Stellung der Menschenrechte in der UN-Charta zeigt deren besondere
Bedeutung.[248] Zudem wird mit Art. 55 UN-Charta die Bedeutung der Menschenrechte zusätzlich unterstrichen.[249] Auch an dieser Stelle fehlt jedoch eine Präzisierung des genauen Inhalts der schlagwortartig genannten Menschenrechte.
Dem wird teilweise entgegnet, dass der Rechtsgedanke des Art. 55 UN-Charta
durch die Zivilpakte und die Allgemeine Erklärung der Menschenrechte fortentwickelt wurde und die UN nun an diese gebunden seien.[250] Art. 24 II UN-Charta
legt zudem explizit fest, dass auch der Sicherheitsrat im Einklang mit den Zielen
und Grundsätzen der Vereinten Nationen zu handeln hat. Auch die *Capstone
Doctrine*, die Leitlinien für alle UN Aktivitäten vorgibt und somit auch für Friedensmissionen einschlägig ist, bekennt sich zu den Menschenrechten.[251] Ebenso
sind die Annahme des IPbpR, der AEMR und der Anti-Folterkonvention durch
die UN-Generalversammlung hier von Belang.[252] Der den Friedensmissionen

---

246 International Law Commission, Yearbook of the International Law Commission
     1982, II Part 2, S. 56.
247 *Stavrinides*, IJHR 1999, 38 (40).
248 *Jennings/Watts*, Oppenheims' International Law Vol. 1, S. 988.
249 Art. 55 UN Charta: *„Um jenen Zustand der Stabilität und Wohlfahrt herbeizuführen,
     der erforderlich ist, damit zwischen den Nationen friedliche und freundschaftliche,
     auf der Achtung vor dem Grundsatz der Gleichberechtigung und Selbstbestimmung
     der Völker beruhende Beziehungen herrschen, fördern die Vereinten Nationen (…) die
     allgemeine Achtung und Verwirklichung der Menschenrechte und Grundfreiheiten für
     alle ohne Unterschied der Rasse, des Geschlechts, der Sprache oder der Religion".*
250 *Werzer*, Nordic Journal of International Law 2008, 105 (110).
251 Capstone Doctrine, S. 6 und 27.
252 International Covenant on Civil and Political Rights. Adopted by the General Assembly of the United Nations on 19 December 1966; A/RES/217 A (III), Allgemeine
     Erklärung der Menschenrechte, angenommen am 10. Dezember 1948; Convention
     against Torture and Other Cruel, Inhuman or Degrading Treatment or Punishment,

vorstehende UN-Generalsekretär wird dadurch an diese gebunden.[253] Auch die von der UN-Generalversammlung angenommene *Convention on the Safety of United Nations and Associated Personal*[254] weist in ihrem Art. 20 a ausdrücklich auf die Geltung der Menschenrechte hin.[255] Des Weiteren unterstreichen die maßgeblichen UN-Berichte zum Stand und zur Entwicklung der Friedensmissionen, wie z.B. die *Agenda for Peace*, der *Brahimi*-Report und der Bericht des Generalsekretärs *„In Larger Freedom"*, die Bedeutung der Menschenrechte.[256] Abschließend sei noch *Claphams* axiomatischer Ansatz zu erwähnen, der die Bindung der UN an die Menschenrechte bereits durch deren klar kommunizierte Erwartungshaltung an ihr eigenes Personal für gegeben befindet.[257] Dies wird durch die von der UN verwendeten Dokumenten hinsichtlich des Verhaltens des eigenen Personals gestützt (*Ten Rules – Code of Personal Conduct for Blue Helmets,*[258] *We Are United Nations Peacekeepers,*[259] *United Nations Civilian*

Adopted and opened for signature, ratification and accession by General Assembly resolution 39/46 of 10 December 1984.

253   *Murphy*, in: Schachter/Joyner (Hrsg.), United Nations Legal Order, S. 247 (250).

254   Convention on the Safety of United Nations and Associated Personnel, 09.12.1994, United Nations Treaty Series Vol. 2051, S. 363 ff.

255   *„Nothing in this Convention shall affect: (a) The applicability of international humanitarian law and universally recognized standards of human rights as contained in international instruments in relation to the protection of United Nations operations and United Nations and associated personnel or the responsibility of such personnel to respect such law and standards; (…)"*

256   UN Doc., A/47/277, 17.06.1992, An Agenda for Peace, Para. 5, 18 und 55; UN Doc., A/55/305–S/2000/809, 21.08.2000, Gleichlautende Schreiben des Generalsekretärs vom 21. August 2000 an den Präsidenten der Generalversammlung und den Präsidenten des Sicherheitsrats, Para. 245; UN Doc., A/59/2005/Add.3, 26.05.2005, In larger freedom: towards development, security and human rights for all, Para. 35.

257   *Clapham*, Human Rights Obligations of Non-State Actors, S. 127.

258   United Nations, Conduct and Discipline Unit, UN Standards of Conduct, Ten Rules: Code of Personal Conduct For Blue Helmets, https://cdu.unlb.org/UNStandardsofConduct/TenRulesCodeofPersonalConductForBlueHelmets.aspx, zuletzt abgerufen am 18.12.2016.

259   United Nations, Department of Peacekeeping Operations, Training Unit, We Are United Nations Peacekeepers, http://www.un.org/en/peacekeeping/documents/un_in.pdf, zuletzt abgerufen am 18.12.2016.

Police Handbook[260] und *Military Observers Handbook*[261]). *White* und *Klaasen* betonen zudem, dass es den Mitgliedstaaten nicht möglich sein dürfe, sich durch die Gründung internationaler Organisationen ihrer menschenrechtlichen Verpflichtungen zu entledigen.[262] Dies wurde vom EGMR in seiner *Bosphorus*–Entscheidung bestätigt.[263] Die Menschenrechte seien Teil einer „UN-Verfassung", die nicht nur für die einzelnen Mitglieder sondern auch für die UN als solche zugelten habe. Mit der Begründung einer internen Bindung der UN kann man zudem die Diskussion über den völkergewohnheitsrechtlichen Status der einzelnen Rechte vermeiden.[264]

3) Hybride Bindung

Neben der originären Bindung der UN an die Menschenrechte ist auch eine von den Mitgliedstaaten abgeleitete Bindungswirkung zu berücksichtigen.[265] Der Begriff *hybrid* trägt dem Umstand Rechnung, dass Elemente der internen und externen Bindung kombiniert werden. Intern, weil die Bindung von der Mitgliedschaft in den UN abhängig ist, und extern, weil die einzelnen Staaten die für sie geltenden (externen) Menschenrechtsverpflichtungen einbringen.[266] Friedensmissionen werden per se außerhalb des eigenen Staatsgebietes durchgeführt. Knüpft man also an die Menschenrechtsverpflichtungen der Staaten an, ist damit folglich auch die Frage nach der extraterritorialen Anwendbarkeit der Menschenrechte omnipräsent. Anstoß dazu ist der vermeintlich klare Wortlaut des Art. 2 IPbpR, der sich auf die im Staatsgebiet befindlichen und seiner Herrschaftsgewalt unterstehenden Personen bezieht.[267] Dieser wird teilweise als

---

260   United Nations, Department of Peacekeeping Operations, United Nations Civilian Police Handbook.

261   United Nations, Department of Peacekeeping Operations, Military Observers Handbook.

262   *White/Klaasen*, in: White/Klaasen (Hrsg.), The UN, human rights and post-conflict situations, S. 1 (7).

263   EGMR, Rs. 45036/98, Bosphorus v. Ireland, Urteil vom 30.06.2005, Para. 133.

264   *White/Klaasen*, in: White/Klaasen (Hrsg.), The UN, human rights and post-conflict situations, S. 1 (7).

265   *Mégret/Hoffmann*, Human Rights Quarterly 2003, 314 (317).

266   *Mégret/Hoffmann*, Human Rights Quarterly 2003, 314 (318).

267   Art. 2 IPbpR: „*(1) Jeder Vertragsstaat verpflichtet sich, die in diesem Pakt anerkannten Rechte zu achten und sie allen in seinem Gebiet befindlichen und seiner Herrschaftsgewalt unterstehenden Personen (…) zu gewährleisten*".

kumulative, teilweise als alternative Aufzählung verstanden.[268] Die extraterritoriale Anwendbarkeit von Vertragsrecht ist kein allgemein anerkanntes Prinzip des Völkerrechts.[269] Während der Menschenrechtsausschuss der Vereinten Nationen die extraterritoriale Anwendbarkeit bejaht,[270] lehnen es zahlreiche Staaten (z.B. die USA, Frankreich, das Vereinigte Königreich, Belgien und die Niederlande) aufgrund der kumulativen Ausgestaltung des Wortlauts ab.[271] Gemäß dem Europäischen Gerichtshof für Menschenrechte (EGMR) und dem UN-Menschenrechtsausschuss ist die extraterritoriale Anwendbarkeit dann zu bejahen, wenn ein Staat die effektive Kontrolle und Gebietshoheit über ein anderes staatliches Gebiet innehat.[272] Ein solcher Fall liegt bei einer Besatzungsmacht nach Art. 43 ff. HLKO vor; es ist aber auch dann gegeben, wenn ein Staat die staatlichen Funktionen eines anderen Staates mit dessen Zustimmung übernimmt. Für Peacekeeper ergibt sich eine solche Situation insbesondere dann, wenn sie eine Übergangsverwaltung im Einsatzgebiet einrichten.[273] Untersucht man in diesem Fall den Einsatz von PMSCs als Peacekeeper, so kann gerade nicht auf die Bindung der Mitgliedstaaten abgestellt werden, sodass dieser Ansatz im konkret zu untersuchenden Fall unzulänglich ist.

III) Bindung der PMSCs

Kann das Verhalten des PMSC-Personals nicht den UN zugerechnet werden, verbleiben die PMSCs als etwaiges Völkerrechtssubjekt. Es genügt in diesem Fall also nicht, auf die Bindung der UN abzustellen. Vielmehr sind in dieser Konstellation

---

268 Deutscher Bundestag, Wissenschaftliche Dienst, Zur Anwendbarkeit völkerrechtlicher Menschenrechtsverträge und humanitären Völkerrechts bei Auslandseinsätzen der Bundeswehr, S. 26.

269 *O'Brien*, Overcoming boys-will-be-boys syndrome, S. 31.

270 UN Doc., CCPR/C/79/Add.50, 07.04.1995, Concluding Observations of the Human Rights Committee: United States of America, Para. 19; UN Doc., CCPR/C/21/Rev.1/Add.13, 26.05.2004, General comment no. 31 [80], The nature of the general legal obligation imposed on States Parties to the Covenant, Para. 10.

271 *Fischer*, Militär- und Sicherheitsunternehmen in bewaffneten Konflikten und Friedenssicherungsoperationen, S. 304; *Quénivet*, in: Odello/Piotrowicz (Hrsg.), International Military Mission and International Law, S. 99 (105).

272 UN Doc., CCPR/C/21/Rev.1/Add.13, 26.05.2004, General comment no. 31 [80], The nature of the general legal obligation imposed on States Parties to the Covenant, Para. 10; *Zimmermann/Jötten*, MenschenRechtsMagazin 2010, 5 (6 ff.).

273 *Fischer*, Militär- und Sicherheitsunternehmen in bewaffneten Konflikten und Friedenssicherungsoperationen, S. 306; *O'Brien*, Overcoming boys-will-be-boys syndrome, S. 31.

die Unternehmen selbst als tauglicher Adressat zu eruieren. Staaten sind zwar die originären, jedoch nicht die einzigen Völkerrechtssubjekte. Der IGH führte dazu im *Reparations*-Fall folgende Eigenschaften an:

> (...) On this point, the Court's opinion is that fifty States, representing the vast majority of the members of the international community, had the power, in conformity with international law, to bring into being an entity possessing objective international personality, and not merely personality recognized by them alone, together with capacity to bring international claim.[274]

Bislang wurden diese Erwägungen vorwiegend für die Begründung der Völkerrechtssubjektivität von internationalen Organisationen bemüht. Der drohende Verlust der Vormachtstellung der Staaten und die fehlende Mitwirkungsmöglichkeit bei der normativen Gestaltung auf internationaler Ebene werden der Völkerrechtssubjektivität von privaten Unternehmen entgegen gehalten.[275] Der IGH hat in seinen bisherigen Urteilen an dem ursprünglichen Verständnis, Private von der Anwendbarkeit völkerrechtlicher Normen auszuschließen, festgehalten. Diesen Standpunkt bestätigte er sowohl im *Barcelona Traction*-Fall als auch im Fall *Ahmadou Sadio Diallo*.[276] Der rasante Aufstieg und das kontinuierliche Wachstum von transnationalen Unternehmen im Allgemeinen und von PMSCs im Speziellen werfen die Frage der Bindung an das humanitäre Völkerrecht und die Menschenrechte erneut auf. Gerade der offene Charakter des Völkerrechts verlangt eine stetige Überprüfung und Anpassung an die sich wandelnden Realitäten.[277]

1) Bindung der PMSCs an das humanitäre Völkerrecht

Der Europarat vertritt die Meinung, dass PMSC-Personal zwar an die Grundprinzipien des humanitären Völkerrechts gebunden sei, jedoch bei der Anwendung massive Schwierigkeiten aufträten.[278] Wie in Kapitel 2 § 1 dargelegt,

---

274 IGH, Reparations for Injuries Suffered in the Service of the United Nations, Advisory Opinion 11.04.1949, ICJ Reports 1949, S. 174 (185).

275 *Cameron/Chetail*, Privatizing War, S. 294.

276 IGH, The Barcelona Traction, Light and Power Company, Limited, Urteil vom 05.02.1970, ICJ Reports 1970, S. 3 (44); IGH, Ahmadou Sadio Diallo, Urteil vom 24.05.2007, ICJ Reports 2007, S. 582 (602).

277 *Nowrot*, Friedenswarte 2004, 119 (123).

278 Council of Europe, Parliamentary Assembly Recommendation 1858 (2009), Private Military and Security firms and erosion of the state monopoly on the use of force Nr. 8.

vermag das humanitäre Völkerrecht auch Private zu verpflichten.[279] Je nachdem, ob die Betroffenen Kombattanten- oder Zivilistenstatus haben, sind diese Verpflichtungen unterschiedlich ausgeprägt.[280] Für die kleine Gruppe, die über den Kombattantenstatus verfügt, ergeben sich im Vergleich zu nationalen Streitkräften keine Abweichungen. Die meisten PMSC-Angestellten sind völkerrechtlich betrachtet jedoch Zivilisten.[281] Abhängig davon, ob sie die Voraussetzungen als Gefolge nach Art. 4 Zif. 4 GK III erfüllen oder nicht, werden sie bei Gefangennahme als Kriegsgefangene behandelt oder unterfallen dem Anwendungsbereich der Vierten Genfer Konvention.[282] Nimmt PMSC-Personal trotz Zivilistenstatus unmittelbar an Feindseligkeiten teil, so ist sein Verhalten nach dem jeweils anwendbaren Strafrecht – sofern keine Immunitätsregelungen vereinbart wurden – zu ahnden; sein statusbedingter Schutz und sein Kriegsgefangenenstatus gehen verloren.[283]

Von der Frage des Status des PMSC-Personals ist die Frage des Status der Unternehmen selbst zu trennen. Hierbei ist die rechtliche Lage eindeutig. Sie sind juristische Personen des Privatrechts und somit nicht an die Regelungen des humanitären Völkerrechts gebunden.[284] Als letzte Möglichkeit zur Begründung der Bindung an das humanitäre Völkerrecht verbleibt die Qualifikation der PMSCs als *organisierte bewaffnete Gruppen*. Voraussetzung dafür wäre aber, dass die Unternehmen aus eigenem Antrieb in das Geschehen eingreifen und als eigenständige Konfliktpartei gewertet werden können.[285] Dies ist bei engagierten PMSCs aber gerade nicht der Fall. Eine Bindung der PMSCs an das humanitäre Völkerrecht ist somit nicht begründet.

2) Bindung der PMSCs an Menschenrechte

Grundsätzlich gelten für PMSCs im Vergleich zu anderen Wirtschaftsunternehmen keine Besonderheiten. Gleichwohl lässt es aber der Aufgabenbereich der

---

279 Siehe dazu Kapitel 2 § 3 B III.

280 *Fischer*, Militär- und Sicherheitsunternehmen in bewaffneten Konflikten und Friedenssicherungsoperationen, S. 240 ff.

281 Siehe dazu 2. Kapitel § 1.

282 *Fischer*, Militär- und Sicherheitsunternehmen in bewaffneten Konflikten und Friedenssicherungsoperationen, S. 243 f.

283 *Cameron/Chetail*, Privatizing War, S. 81.

284 *Gillard*, in: Alexandra/Baker/Caparini (Hrsg.), Private Military and Security Companies, S. 159 (160).

285 *Odendahl*, AdV 2010, 226 (230).

PMSCs als wahrscheinlicher erscheinen, dass sie in menschenrechtssensiblen Bereichen eingesetzt werden.[286]

Primär sind Staaten als Vertragsparteien der Menschenrechtspakte und -konventionen an die Menschenrechte gebunden. Dabei kann von der Pflichtentrias ausgegangen werden, die der UN-Sonderberichterstatter für das Recht auf Nahrung als Menschenrecht (Asbjörn Eide) entwickelt hat. Nach ihr bestehen Achtungs-, Schutz- und Erfüllungspflichten.[287] Aufgrund der zunehmenden Machtstellung von privaten Akteuren sollen neben den Staaten auch Private verpflichtet werden können.[288] Die Umsätze transnationaler Unternehmen (TNU) übersteigen zwar in der Größenordnung die Bruttoinlandsprodukte zahlreicher Staaten;[289] die wirtschaftliche und auch politische Bedeutung solcher Unternehmen soll und kann aber nicht genügen, um sie als Völkerrechtssubjekte anzuerkennen.[290] Während sich transnationale Unternehmen als juristische Personen des Privatrechts einerseits auf die Menschenrechte berufen können, werden ihnen andererseits keine völkerrechtlichen Verhaltenspflichten auferlegt. Transnationale Unternehmen verfügen daher über eine asymmetrische Völkerrechtssubjektivität.[291]

Vor diesem Hintergrund wurden von der UN-Unterkommission zur Förderung und dem Schutz der Menschenrechte die *Draft Norms on the Responsibilities of Transnational Corporations and Other Business Enterprises with Regard to Human Rights (Draft Norms on the Responsibilities of Transnational Corporations)* verfasst.[292] Diese wollen in Zif. 1 zwar den Staaten die Hauptverantwortung zuweisen, daneben sollen aber auch TNUs und andere Wirtschaftsunternehmen dazu verpflichtet werden, die Menschenrechte zu fördern, ihre Einhaltung zu sichern, sie zu achten, ihre Achtung zu gewährleisten und sie zu schützen.[293] Dabei

---

286 UN Doc., E/CN.4/2006/97, 22.02.2006, Interim report of the Special Representative of the Secretary-General on the issue of human rights and transnational corporations and other business enterprises, Para. 25 ff.

287 *Krennerich/Stamminger*, Die wirtschaftlichen, sozialen und kulturellen Menschenrechte: Die Interpretation ist nicht beliebig!, S. 12; http://www.nmrz.de/wp-content/uploads/2009/10/wsk0031.pdf, zuletzt abgerufen am 02.06.2016.

288 *Hennings*, Über das Verhältnis von multinationalen Unternehmen zu Menschenrechten, S. 48.

289 *Dahm/Delbrück/Wolfrum*, Völkerrecht Bd. I/2, S. 249.

290 *Nowrot*, Friedenswarte 2004, 119 (119).

291 *Nowrot*, Friedenswarte 2004, 119 (123 ff.).

292 UN Doc., E/CN.4/Sub.2/2003/12/Rev.2, 26.08.2003, Responsibilities of transnational corpora-tions and related business enterprises with regard to human rights.

293 UN Doc., E/CN.4/Sub.2/2003/12/Rev.2, 26.08.2003, Responsibilities of transnational corporations and related business enterprises with regard to human rights, Zif. 1.

soll den Unternehmen eine regelmäßige Berichtserstattung an die UN und eine Selbstevaluierung im Hinblick auf die Auswirkungen der eigenen Tätigkeit auf die Menschenrechte auferlegt werden. Auch die *UN Working Group* forderte in ihrem 2006 veröffentlichten Bericht die Anwendbarkeit der *Draft Norms on the Responsibilities of Transnational Corporations*.[294] Ebenso schätzt die UN Menschenrechtskommission den Wert der *Draft Norms on the Responsibilities of Transnational Corporations* hoch ein. Dennoch wurden diese bislang nicht verabschiedet und somit auch nicht rechtsverbindlich.[295]

Das größte Potential zur Entwicklung des Menschenrechtsschutzes wird im Bereich der sog. *Corporate Social Responsibility* (CSR) gesehen.[296] Bereits seit den 1950er Jahren ist der Begriff bekannt, erfährt seit den 1990er Jahren einen spürbaren Aufschwung und entwickelt sich stetig weiter.[297] Im deutschsprachigen Diskurs wird meist der Begriff der sozialen oder gesellschaftlichen Verantwortung eines Unternehmens verwendet.[298] Er bezeichnet damit die Verantwortung von Unternehmen für ihre Auswirkungen auf die Gesellschaft[299] und versucht,

---

294 UN Doc., E/CN.4/2006/11/Add.1, Commission on Human Rights, 03.03.2006, Report of the UN Working Group on the use of mercenaries as a means of violating human rights and impeding the exercise of the right of people to self-determination on the resumed first session (10 to 14 October 2005 and 13 to 17 February 2006), Para. 28: *„In this respect, the members agreed that the normative provisions of the draft Norms on the Responsibilities of Transnational Corporations and Other Business Enterprises with Regard to Human Rights (E/CN.4/Sub.2/2003/12/Rev.2) of 2003 approved by the Sub-Commission on the Promotion and Protection of Human Rights should apply to private companies in those cases where such companies were operating and providing military and security services in more than one country. The Norms should also apply when private companies operate as a cluster of economic entities operating in two or more countries – whatever their legal form, whether in their home country or country of activity, and whether taken individually or collectively"*.

295 *Emmerich-Fritsche*, AdV 2007, 541 (547).

296 *Emmerich-Fritsche*, AdV 2007, 541 (549).

297 *Hirschland*, Corporate Social Responsibility and the Shaping of Global Public Policy, S. 5 f.; *Addo*, in: Addo (Hrsg.), Human Rights Standards and the Responsibility of Transnational Corporations, S. 3 (13); Bundesministerium für Arbeit und Soziales, Zur Geschichte von Corporate Social Responsibility (CSR), http://www.csr-in-deutschland.de/DE/Was-ist-CSR/Grundlagen/Historie/historie-von-csr.html, zuletzt abgerufen am 18.12.2016.

298 *Dubielzig/Schaltegger,* in: Althaus/Geffken/Rawe (Hrg.), Handlexikon Public Affairs, S. 240 (240).

299 Bundesministerium für Arbeit und Soziales, Nachhaltigkeit und CSR, http://www.csr-in-deutschland.de/DE/Was-ist-CSR/Grundlagen/Nachhaltigkeit-und-CSR/

Unternehmen losgelöst von rechtsverbindlichen Regularien, zu „binden".[300] Die CSR dient einem Unternehmen dazu, Verantwortlichkeiten und Pflichten gegenüber seinen Stakeholdern wahrzunehmen.[301] Die CSR ist somit durch das Merkmal der Freiwilligkeit geprägt.[302] Unternehmen sollen zu ethisch sozialverträglichem Handeln animiert werden.[303] Der CSR werden im globalen Diskurs verschiedene Elemente zugeschrieben, die je nach Interessenlage mehr oder weniger betont werden.[304] Während Menschenrechtsorganisationen insbesondere Sklaverei, Diskriminierung und Folter thematisieren, legen Umweltorganisationen ihren Fokus auf ökologische Aspekte. Auch die Unternehmen interpretieren und implementieren die CSR unterschiedlich.[305] *Hoppe/Quirico* definieren die CSR als *„a concept whereby companies integrate social and environmental concerns in their business operations in their interaction with their stakeholders on a voluntary basis.".*[306] Diese Betrachtung wurde zwischenzeitlich immer stärker rechtlich eingefärbt.[307] Federführend bei dieser Entwicklung waren und sind der *Protect, Respect and Remedy*-Referenzrahmen,[308] die *OECD Guidelines for Multinational Enterprises*[309] und im Kontext der PMSCs insbesondere der *International Code of*

---

nachhaltigkeit-und-csr.html;jsessionid=7FE447BF91EBB8A7C04CE6CA16B00B25, zuletzt abgerufen am 18.12.2016.

300   *Hirschland*, Corporate Social Responsibility and the Shaping of Global Public Policy, S. 5 f.; *Addo*, in: Addo (Hrsg.), Human Rights Standards and the Responsibility of Transnational Corporations, S. 3 (13).

301   *Dubielzig/Schaltegger*, in: Althaus/Geffken/Rawe (Hrg.), Handlexikon Public Affairs, S. 240 (240).

302   *Rosemann*, Code of Conduct: Tool for Self-Regulation for Private Military and Security Companies, DCAF Occasional Paper No. 15, S. 5.

303   *Hennings*, Über das Verhältnis von multinationalen Unternehmen zu Menschenrechten, S. 48.

304   *Bassen/Jastram/Meyer*, Zeitschrift für Wirtschafts- und Unternehmensethik 2005, 231 (232).

305   *Bassen/Jastram/Meyer*, Zeitschrift für Wirtschafts- und Unternehmensethik 2005, 231 (232).

306   *Hoppe/Quirico*, in: Francioni/Ronzitti (Hrsg.), War by contract, S. 362 (362).

307   *Buhmann/Roseberry/Morsing*, in: Buhmann/Roseberry/Morsing (Hrsg.) Regulating corporate social and human rights responsibilities, S. 1 (3 ff.).

308   UN Doc., A/HRC/8/5, 07.04.2008, Protect, Respect and Remedy: a Framework for Business and Human Rights.

309   OECD Leitsätze für Multinationale Unternehmen, in der überarbeiteten Fassung von 2011 heißt es: *„Enterprises should (…) 2. Respect the internationally recognised human rights of those affected by their activities".*

Conduct for Private Security Service Providers.[310] Eine direkte Bindung der TNUs an die Menschenrechte ist aber weiterhin zu verneinen.[311]

IV) Zwischenergebnis

Je nachdem ob auf die UN oder die PMSCs selbst als Pflichtenträger abzustellen ist, ergeben sich deutlich voneinander abweichende Situationen. Wird auf die UN abgestellt, so kann sowohl die Bindung an das humanitäre Völkerrecht als auch an die Menschenrechte bejaht werden. Ist dies aber nicht möglich und es muss auf die PMSCs selbst abgestellt werden, so können weder menschenrechtliche Verpflichtungen noch die Verpflichtung zur Achtung des humanitären Völkerrechts vorgebracht werden. Die drohenden Zurechnungslücken, die für den Bereich der Tätigkeit als *Contractor* festgestellt wurden, zeigen dann ihre Auswirkungen. Private Unternehmen wurden bisher gerade nicht als Pflichtenträger anerkannt. Der Einsatz von PMSCs schafft damit die Gefahr, dass Rechtsverletzungen mangels tauglichen Pflichtenträgers unbeachtet bleiben. Ob oder inwieweit einem solchen Ergebnis durch das Rechtsinstrumentarium der Due-Diligence-Verpflichtungen entkommen werden kann, soll im Folgenden dargestellt werden

C. Due-Diligence-Verpflichtungen

Auch wenn PMSCs nicht selbst Pflichtenträger der Menschenrechte sind, so können sie doch mittelbar durch die menschenrechtlichen Verpflichtungen der Staaten und/oder der UN gebunden werden. Sowohl die UN als auch die Staaten sind Träger von Due-Diligence-Verpflichtungen.[312] Es handelt sich dabei nicht

---

310 International Code of Conduct for Private Security Service Providers, Para. 21 „Die unterzeichneten Unternehmen verpflichten sich und ihr Personal zur Einhaltung des geltenden Rechts, darunter des humanitären Völkerrechts, der Menschenrechtsnormen im Sinne des geltenden innerstaatlichen Rechts sowie aller anderen völkerrechtlichen und innerstaatlichen Rechtsvorschriften.", http://icoca.ch/sites/all/themes/icoca/assets/icoc_english3.pdf, zuletzt abgerufen am 02.05.2016.

311 *Nowrot*, Friedenswarte 2004, 119 (139); *Fischer*, Militär- und Sicherheitsunternehmen in bewaffneten Konflikten und Friedenssicherungsoperationen, S. 311; *Schmalenbach*, AdV 2001, 57 (63); *Kirchner*, in: Bäumler/Daase/Schliemann/Steiger (Hrsg.), Akteure in Krieg und Frieden, S. 219 (228).

312 *Seiberth*, Private Military and Security Companies in International Law, S. 99; Zum Due Diligence Begriff: *Epiney*, Die völkerrechtliche Verantwortlichkeit von Staaten für rechtswidriges Verhalten im Zusammenhang mit Aktionen Privater, S. 210 f.: Die völkerrechtliche Verantwortlichkeit kann dann durch einen Mangel an Due

um die Frage der Zurechnung privaten Verhaltens.[313] Vielmehr ist die staatliche Verpflichtung, im Umgang mit Privaten die entsprechende Sorgfalt (Due Diligence) an den Tag zu legen und damit eigenes, staatliches Fehlverhalten, Anknüpfungspunkt.[314] Die frühere Bezeichnung als indirekte Verantwortlichkeit wird der Gleichrangigkeit von staatlicher Verantwortlichkeit aufgrund zurechenbaren Verhaltens und staatliche Verantwortlichkeit aufgrund Due Diligence jedoch nicht gerecht.[315] Bereits *Grotius* setzte sich mit dem Prinzip der Due-Diligence-Verpflichtungen auseinander und stellte dabei zwei Varianten – *patientia* und *receptus* – in seine Überlegungen mit ein. Während sich ersteres auf das Dulden von Völkerrechtswidrigkeiten bezieht, umfasst letzteres die Aufnahme von Rechtsbrüchigen im eigenen Staatsgebiet.[316]

Für den Umgang mit PMSCs ist insbesondere die Menschenrechts-Due-Diligence, die sich aus den menschenrechtlichen Achtungs-, Schutz- und Erfüllungspflichten ableitet, von Relevanz.[317] Dieser Dreiklang findet sich in den meisten UN-Menschenrechtsverträgen wieder, auch wenn nicht immer eine einheitliche Terminologie verwendet wurde.[318] Die Achtungspflicht umfasst die negativen Verpflichtungen der Staaten, dass ihre eigenen Organe jegliche Menschenrechtsverletzungshandlungen unterlassen.[319] Dabei handelt es sich nicht zwingend um Due-Diligence-Verpflichtungen; vielmehr handelt es sich

---

Diligence begründet werden, wenn bei der Erfüllung der völkerrechtlichen Pflichten ein Ermessensspielraum vorhanden ist. Eine Due Diligence Verantwortlichkeit kann also dann entstehen, wenn die Erreichung eines bestimmten Zieles verlangt wird, nicht hingegen wenn es um Verhaltenspflichten geht.

313 *De Schutter,* in: Chesterman/Fisher (Hrsg.), Private Security Public Order, S. 25 (33 ff.); *McCorquodale/Simons,* Modern Law Review 2007, 598 (618).

314 *Hessbruegge,* New York University Journal of International Law and Politics 2003–2004, 265 (268).

315 *Hessbruegge,* New York University Journal of International Law and Politics 2003–2004, 265 (268).

316 *Grotius,* On the Law of War and Peace, Kapitel 21, Rnd. 2; *Hessbruegge,* New York University Journal of International Law and Politics 2003–2004, 265 (283).

317 *Lehnardt,* Private Militärfirmen und völkerrechtliche Verantwortlichkeit, S. 200.

318 *French/Stephens,* ILA Study Group on Due Diligence in International Law, First Report, 07.03.2014. S. 15; die neun wichtigsten Menschenrechtsverträge (Zivilpakt, Sozialpakt, Anti-Rassismus-Konvention, Frauenrechtskonvention, Anti-Folterkonvention, Kinderrechtskonvention, Wanderarbeiterkonvention, Behindertenrechtskonvention, Konvention gegen Verschwindenlassen) enthalten Achtungs- und Schutzpflichten. Abgesehen von der Anti-Folterkonvention und der Konvention gegen Verschwindenlassen sind auch Erfüllungspflichten enthalten.

319 *Pisillo-Mazzeschi,* German Yearbook of International Law 1992, 9 (23).

um die Zurechnung des Verhaltens der staatlichen Organe, welches auch *Ultra Vires* Handlungen umfasst.[320] Die Schutzpflichten hingegen knüpfen an die positiven Pflichten der Staaten an. Es ist Sicherzustellen, dass keine Menschenrechtsverletzungen durch Dritte begangen werden.[321] Geschieht dies dennoch, so sind Staaten nicht per se dafür verantwortlich, sondern nur dann, wenn sie es versäumt haben, entsprechende Maßnahmen durchzuführen.[322] Als Beispiele können an dieser Stelle Ergebnispflichten wie z.B. die rechtliche Verankerung der Menschenrechte, das Vorhandensein von Einrichtungen zur Ermittlung und Ahndung von Rechtsverstößen sowie die Gewährung von Rechtmitteln und Entschädigungen, genannt werden.[323] Dass diese Institutionen und Mechanismen zu bestehen haben, ist dabei als Ergebnispflicht vorgegeben, auf welchem Niveau und mit welcher Qualität sie hingegen zum Einsatz kommen, ist Bestandteil der Due-Diligence-Verpflichtungen.[324] Die letzte Kategorie der Erfüllungspflichten erfordert, dass regulative, institutionelle und materielle Ressourcen zur Förderung der Menschenrechte zur Verfügung stehen.[325] Bei den Erfüllungspflichten, handelt es sich meist nicht um unmittelbar, sondern um progressiv zu erfüllende Verpflichtungen. Dies bedeutet, dass Pflichten nicht sofort umgesetzt werden müssen, sondern dass es ausreichend ist, dass entsprechende Schritte eingeleitet werden. Hinsichtlich dieser progressiven Verpflichtungen, sind Due-Diligence-Verpflichtungen zu beachten.[326] Auch die Rechtsprechung hat sich zu den Due-Diligence-Verpflichtungen bekannt. Der Interamerikanische Gerichtshof für Menschenrechte entschied im Fall *Velasquez Rodriguez,* dass Staaten Due-Diligence-Verpflichtungen treffen.[327] Ferner urteilte der Europäische Gerichtshof für Menschenrechte, dass ein Staat

---

320 Draft Article on State Responsibility, Art. 7.

321 *Crawford,* AJIL 2002, 874 (878).

322 *French/Stephens,* ILA Study Group on Due Diligence in International Law, First Report, 07.03.2014. S. 16.

323 *French/Stephens,* ILA Study Group on Due Diligence in International Law, First Report, 07.03.2014. S. 16.

324 *French/Stephens,* ILA Study Group on Due Diligence in International Law, First Report, 07.03.2014. S. 16.

325 *Pieroth/Schlink/Kingreen/Poscher*, Grundrechte – Staatsrecht II, S. 17 Rn. 59.

326 *French/Stephens,* ILA Study Group on Due Diligence in International Law, First Report, 07.03.2014. S. 16.

327 Interamerikanischer Gerichtshof für Menschenrecht, Velásquez Rodríguez v. Honduras, Urteil vom 29.07.1988, IACHR Series C No. 4, Rnd. 172; *Chirwa*, Melbourne Journal of International Law 2001, 1 (14).

sich seiner menschenrechtlichen Sorgfaltspflichten nicht durch eine Delegation an Private entledigen kann.[328]

I) Unterschiedliche Ausprägungsformen der Due-Diligence-Verpflichtungen

Das Konzept der Due Diligence basiert auf der staatlichen Verpflichtung, völkerrechtliche Mindeststandards innerstaatlich umzusetzen und zu gewährleisten.[329] Dabei können zumindest für den Sitz- und Vertragsstaat jeweils verschiedene Ansätze verfolgt werden. Due-Diligence-Verpflichtungen können auf Grundlage einer extraterritorialen Anwendbarkeit der Menschenrechte – deren Existenz und Reichweite jedoch weiterhin stark umstritten sind[330] – bestehen. Zusätzlich kann aber auch das bereits in der frühen Rechtsprechung des IGH anerkannte Rechtsprinzip, dass das eigene Staatsgebiet nicht für Schädigungshandlungen genutzt werden darf (Sitzstaat), herangezogen werden. Ebenso kann eine Due-Diligence-Verpflichtung aufgrund vertraglicher Beziehungen begründet werden (Vertragsstaat). Bei der Rekrutierung von PMSCs durch die UN sind neben den Due-Diligence-Verpflichtungen der Sitz- und Einsatzstaaten die Due-Diligence-Verpflichtungen der UN einzubeziehen. Für Letztere sind mangels eines eigenen Staatsgebietes die Due-Diligence-Verpflichtungen aufgrund vertraglicher Beziehungen entscheidend.

1) Due Diligence als allgemeines Rechtsprinzip des Völkerrechts

Eine einheitliche und verbindliche Definition des Due-Diligence-Begriffes ist im Völkerrecht nicht vorhanden.[331] Das Prinzip der Due Diligence entstammt ursprünglich dem Fremden- und Diplomatenrecht[332] und wurde insbesondere in der zweiten Hälfte des 20. Jahrhunderts vermehrt mit dem Grundsatz der Guten Nachbarschaft in Verbindung gebracht.[333] Hierfür sind insbesondere die Entscheidungen des IGH in den Fällen *Corfu Channel*[334] und *United States Diplomatic and*

---

328 EGMR, Rs. 13134/87, Costello Roberts v. United Kingdom, Urteil vom 25.03.1995, Rnd. 27.
329 *Junker*, in: Schöbener (Hrsg.), Völkerrecht, S. 352 (356).
330 *Zimmermann/Jötten*, MenschenRechtsMagazin 2010, 5 (6 ff.).
331 *Kulesza*, Due Diligence in International Law, S. 262.
332 *Lehnardt*, Private Militärfirmen und völkerrechtliche Verantwortlichkeit, S. 87.
333 *Kulesza*, Due Diligence in International Law, S. 262.
334 IGH, Corfu Channel (United Kingdom of Great Britain and Northern Ireland v. Albania), Urteil vom 09.04.1949, ICJ Reports 1949, S. 4 (22 f.).

Consular Staff in Teheran von Interesse.[335] Es besteht danach eine staatliche Plicht, dass das eigene Staatsgebiet nicht vorsätzlich als Austragungsort für Rechtsverletzungen in oder gegen andere Staaten zur Verfügung gestellt werden darf. Im *Corfu-Channel*-Fall bezog sich dies auf die in der Straße von Korfu durch Seeminen beschädigten bzw. zerstörten britischen Kriegsschiffe. Das Gericht ging dabei davon aus, dass das Legen des Minenfeldes nicht ohne Kenntnis der albanischen Regierung möglich gewesen wäre. Weder gab die albanische Regierung diesen Umstand bekannt noch warnte sie die britischen Schiffe.[336] Staaten sind demnach dazu verpflichtet dafür zu sorgen, dass auf ihrem Staatsgebiet Angehörige fremder Staaten nicht verletzt werden.[337]

Staaten müssen somit dafür Sorge tragen, dass ihr Gebiet von PMSCs nicht für rechtswidriges Verhalten gegenüber anderen Staaten bzw. Personen genutzt wird.[338] Wenn ein Sitzstaat also darüber Kenntnis hat, dass eine in seinem Staatsgebiet ansässige PMSC in die Verletzung internationalen Rechts involviert ist oder dies sehr wahrscheinlich der Fall sein wird, liegt eine Verletzung seiner eigenen völkerrechtlichen Verpflichtungen vor.[339]

2) Due Diligence aufgrund vertraglicher Beziehungen zu den PMSCs

In einem *General Comment* führte der UN-Ausschuss für wirtschaftliche, soziale und kulturelle Rechte hinsichtlich des Rechts auf Gesundheit aus, dass Staaten Rechtsverletzungen durch Dritte auf fremdem Staatsgebiet zu verhindern haben, sofern ihnen dies mit politischen oder rechtlichen Mitteln möglich ist.[340] *White* kann keinen Grund erkennen, warum dies bei Beauftragung von PMSCs nicht auch für andere Menschenrechte Geltung erfahren soll.[341] Vertragsstaaten von PMSCs haben die Möglichkeit der Einflussnahme insbesondere durch ihre Gestaltungsmacht bei den Vertragsverhandlungen. Jedoch ist die Begründung von

---

335 IGH, United States Diplomatic and Consular Staff in Teheran, Urteil vom 24.05.1980, ICJ Reports 1980, S. 3 (34 f.).

336 IGH, Corfu Channel (United Kingdom of Great Britain and Northern Ireland v. Albania), Urteil vom 09.04.1949, ICJ Reports 1949, S. 4 (22 f.).

337 *Hessbruegge*, New York University Journal of International Law and Politics 2003–2004, 265 (275).

338 *White*, in: Bakker/Sossai (Hrsg.), Multilevel Regulation of Military and Security Contractors, S. 11 (27).

339 *White*, Human Rights Law Review 2011, 133 (146).

340 UN Doc., E/C.12/2000/4, 11.08.2000, General Comment No. 14, The Right to the Highest Attainable Standard of Health, Para. 39.

341 *White*, Human Rights Law Review 2011, 133 (147).

Due-Diligence-Verpflichtungen anhand des zuvor genannten *General Comment* angreifbar. Nicht zuletzt auch deswegen, weil es sich um einen *General Comment* im Zusammenhang mit dem Recht auf Gesundheit handelte und die Akzeptanz dieser Aussage außerhalb dieses Kontextes nicht vollumfassend gegeben ist.[342] Dem Vertragsstaat muss es vielmehr auch möglich sein, über die Unternehmen Autorität auszuüben.[343] Dies kann dann angenommen werden, wenn es sich um eine Besatzungsmacht handelt, wenn die eigenen Truppen durch PMSCs unterstützt werden sollen[344] oder wenn die Rolle des Vertragsstaats beim Wiederaufbau eines Staates besonders ausgeprägt ist.[345] Die Anforderungen an Vertragsstaaten wachsen mit deren Kenntnis vom Unvermögen des Einsatzstaates zur Kontrolle, Regulierung und Sanktionierung etwaigen Fehlverhaltens der PMSCs.[346] Diese Ausführungen gelten auch, wenn nicht ein Staat, sondern die UN Vertragspartner der PMSCs sind. Aufgrund der konkreten Einsatzbedingungen für UN-Friedensmissionen und ihres gewachsenen Aufgabenfeldes ist eine solche Situation der Einflussnahme sogar deutlich leichter belegbar. Unabhängig davon, ob PMSCs als *Contractor* oder als Peacekeeper eingesetzt werden, sind sie dabei in die UN-Infrastruktur und in ein aus verschiedenen Truppen zusammengesetztes Missionskontingent eingebunden. Zudem führen die oft komplexen Einsatzbedingungen zu einer tragenden Position der Truppen für den Einsatzstaat.

3) Due Diligence aufgrund extraterritorialer Anwendbarkeit

Art. 2 des IPbpR sieht eine staatliche Verpflichtung für alle in seinem Gebiet befindlichen und seiner Herrschaftsgewalt unterstehenden Personen vor.[347] Für den Einsatzstaat sind diese Voraussetzungen rechtlich unproblematisch gegeben, da die PMSCs in dessen Staatsgebiet tätig werden. Für die Sitz- und Vertragsstaaten der PMSCs stellen die bisher anerkannten Voraussetzungen für eine

---

342 *White*, Human Rights Law Review 2011, 133 (147).
343 *Seiberth*, Private Military and Security Companies in International Law, S. 96.
344 *White*, Human Rights Law Review 2011, 133 (147).
345 *Seiberth*, Private Military and Security Companies in International Law, S. 97.
346 *White*, Human Rights Law Review 2011, 133 (147).
347 Art. 2 I IPbpR: *„Jeder Vertragsstaat verpflichtet sich, die in diesem Pakt anerkannten Rechte zu achten und sie allen in seinem Gebiet befindlichen und seiner Herrschaftsgewalt unterstehenden Personen ohne Unterschied wie insbesondere der Rasse, der Hautfarbe, des Geschlechts, der Sprache, der Religion, der politischen oder sonstigen Anschauung, der nationalen oder sozialen Herkunft, des Vermögens, der Geburt oder des sonstigen Status zu gewährleisten."*

extraterritoriale Anwendbarkeit aber eine kaum überwindbare Hürde dar.[348] Zwar entschied der EGMR, dass eine extraterritoriale Anwendbarkeit auch dann möglich sein soll, wenn sich staatliche Handlungen – egal ob innerhalb oder außerhalb des eigenen Staatsgebietes ausgeübt – auch außerhalb des Staatsgebietes auswirken;[349] in den folgenden Entscheidungen legte er aber konsequent einen strengeren Maßstab an. Sowohl der Menschenrechtsausschuss der UN als auch der IGH und der EGMR haben sich mit der Frage der extraterritorialen Anwendbarkeit beschäftigt. Der IGH und der UN-Menschenrechtsausschuss vertreten, gestützt auf Art. 2 I IPbpR, in bestimmten Fällen eine extraterritoriale Anwendbarkeit.[350] Konsequente Gegner dieser Auffassung sind insbesondere die USA (Guantánamo Bay).[351] Der UN-Menschenrechtsausschuss fordert für die extraterritoriale Anwendbarkeit, dass sich die betroffenen Personen, wenn nicht im Staatsgebiet, dann zumindest unter der Kontrolle des verletzenden Staates befinden.[352] Dies soll laut den Ausführungen des IGH im *Palestine Wall*-Gutachten insbesondere bei einer Besetzungsmacht gelten.[353] Darauf aufbauend bejahte der IGH in seiner *Armed Activity on the Territory of the Congo*-Entscheidung, die extraterritoriale Anwendbarkeit nicht nur für die Besatzungszone, sondern auch für die übrigen Landesteile.[354] Auch der Europäische Gerichtshof für Menschenrechte befürwortete in seiner *Al-Skeini*-Entscheidung eine extraterritoriale Anwendbarkeit.[355] Zuvor führte er bereits in seiner *Loizidou*-Entscheidung aus, dass Art. 1 der EMRK die Anwendbarkeit an das Merkmal der Hoheitsgewalt und nicht an das Territorium knüpft. Hoheitsgewalt sei immer dann gegeben, wenn effektive Kontrolle über fremdes Hoheitsgebiet ausgeübt wird.[356] Dahingegen zeigte er in seinem nachfolgenden *Bankovic*-Urteil ein deutlich restriktiveres

---

348   *Seiberth*, Private Military and Security Companies in International Law, S. 76.

349   EGMR, Rs. 12747/87, Drozd v France, Urteil vom 26.06.1992, Rnd. 91.

350   Siehe 2. Kapitel § 3 B II 3.

351   *Schäfer*, Guantánamo Bay – Status der Gefangenen und habeas corpus, Universität Potsdam: Studien zu Grund- und Menschenrechten, Heft 9, S. 45 ff.

352   UN Doc., CCPR/C/OP/1, 29.07.1981, Human Rights Committee Selected Decisions under the Optional Protocol, Communication No. 52/1979, Delia Saldias de Lopez v. Uruguay, Para. 12.3.

353   IGH, Legal Consequences of the construction of a Wall in the Occupied Palestinian Territory, Advisory Opinion 09.07.2004, ICJ Reports 2004, S. 136 (179).

354   IGH, Armed Activity on the Territory of the Congo, Urteil vom 19.12.2005, ICJ Reports 2005, S. 168 (242 ff.).

355   EGMR, Rs. 55721/07, Al-Skeini and others v. United Kingdom, Entscheidung vom 07.07.2011, Rnd. 135 f.

356   EGMR, Rs. 15318/89, Loizidou v. Turkey, Entscheidung vom 23.03.1995, Rnd. 62.

Verständnis, das als eine Beschränkung der Anwendbarkeit auf das Staatsgebiet verstanden werden kann.[357] Bereits in seiner *Öcalan*-Entscheidung kehrte der EGMR aber wieder zu extraterritorialen Anwendbarkeit zurück.[358] Damit stimmen EGMR, die Spruchpraxis des UN-Menschenrechtsausschusses sowie die Urteilsfindung des IGH über die extraterritoriale Anwendbarkeit – sofern die betreffenden Personen der Hoheitsgewalt unterstehen – überein.

Die Sitzstaaten der PMSCs müssten danach die Hoheitsgewalt über etwaige Opfer innehaben, was aber in aller Regel gerade nicht zutreffend sein wird. Gleiches gilt für die Vertragsstaaten der PMSCs. Die extraterritoriale Anwendbarkeit der Menschenrechte als rechtliche Grundlage der Due-Diligence-Verpflichtungen kann daher keine zufriedenstellende Lösung für Staaten begründen.

4) Zwischenergebnis

Treten die UN als Vertragspartner von PMSCs auf, kann in den meisten Fällen neben den UN weder der Einsatzstaat noch der Sitzstaat der PMSCs als zusätzlicher Due-Diligence-Pflichtenträger herangezogen werden. Der Einsatzstaat kann aufgrund der politisch angespannten Situation nicht oder nur in beschränktem Maße herangezogen werden. Auch der Sitzstaat scheidet in den meisten Fällen als Due-Diligence-Pflichtenträger aus, da er sein Staatsgebiet weder vorsätzliche den PMSCs für Verletzungshandlungen zur Verfügung stellt noch die extraterritoriale Anwendbarkeit der Menschenrechte gegeben ist. Da beide Varianten also in den meisten Fällen abzulehnen sein werden, liegt der Fokus auf den Due-Diligence-Verpflichtungen der UN. Für die Begründung von Due-Diligence-Verpflichtungen der UN ergeben sich hierbei im Vergleich zu den Due-Diligence-Verpflichtung der Staaten weniger Kontroversen und Hindernisse. Die Forderung, dass nicht jedwede vertragliche Verbindung für die Begründung von Due-Diligence-Verpflichtungen genügen kann, sondern es einer gewissen Form an Autorität bedarf, ist bei der Beauftragung durch die UN gerade erfüllt. PMSCs würden entweder als Peacekeeper in die Kommandostruktur und in ein Truppenkontingent einbezogen oder als *Contractor* zur Unterstützung dergleichen eingesetzt. Ferner werden durch die besondere Rolle der UN beim Wiederaufbau von Staaten und in Post-Konflikt-Situationen die Due-Diligence-Verpflichtungen der UN unterstrichen.

---

357 EGMR, Rs. 52207/99, Bankovic and Others v. Belgium and 16 Other States, Entscheidung vom 12.12.2001, Rnd. 59 ff.
358 EGMR, Rs. 46221/99, Öcalan v. Turkey, Entscheidung vom 12.05.2005, Rnd. 91.

II) Inhalt der Due-Diligence-Verpflichtungen

Due-Diligence-Verpflichtungen zeichnen sich durch ihren Facettenreichtum aus. Sowohl Präventivmaßnahmen als auch die effektive Verfolgung und Ahndung von Rechtsverletzungen sind davon umfasst.[359] Ferner ist für die Bestimmung der konkreten Due-Diligence-Verpflichtungen wegweisend, ob es sich um eine Situation des bewaffneten Konflikts handelt, oder ob diese Schwelle gerade nicht erreicht wird.

1) Spezielle Anforderungen des humanitären Völkerrechts

Auch das humanitäre Völkerrecht sieht Due-Diligence-Verpflichtungen vor.[360] Vertragsstaaten trifft die Pflicht, die Regelungen des humanitären Völkerrechts unter allen Umständen einzuhalten und seine Einhaltung durchzusetzen.[361] Neben den allgemeinen Verhaltens- und Aufsichtspflichten sind dies ferner spezielle Regelungen zur Ausbildung und Weisung. Das eingesetzte Personal muss im internationalen Völkerrecht geschult und trainiert sein; es muss sich seiner Rolle und seiner eigenen Rechte und Verpflichtungen bewusst sein.[362] Sowohl die Genfer Konventionen als auch ihre Zusatzprotokolle enthalten staatliche Handlungspflichten bzgl. Ausbildung und Weisung, z.B. 127 II GK III, 144 I und II GK IV, 80 II ZP I GK.[363] Die Regelungen des humanitären Völkerrechts sind danach flächendeckend zu verbreiten; deren Kenntnisnahme ist sicher zu stellen. Verstoßen PMSCs gegen das humanitäre Völkerrecht und ist eine fehlende oder unzureichende Unterrichtung dafür ursächlich, so handelt es sich dabei um eine Sorgfaltspflichtverletzung des anstellenden Staates bzw. der UN.[364] In der Praxis kommt es des Öfteren zur Delegation der Unterrichtungspflicht an die Unternehmen selbst oder auch an das IKRK. Dies ist grundsätzlich nicht

---

359 *Dröge*, Positive Verpflichtungen der Staaten in der Europäischen Menschenrechtskonvention, S. 308; IAGMR, Godínez-Cruz. vs. Honduras, Urteil vom 20.01.1989, Ser. C. No. 5, Rdn. 184.

360 *French/Stephens*, ILA Study Group on Due Diligence in International Law, First Report, 07.03.2014. S. 13.

361 Gemeinsamer Art. 1 GK.

362 Art. 80 II ZP I GK.

363 *Henckaerts/Doswald-Beck*, Customary International Humanitarian Law, Rule 142, S. 501; Dies wurde auch in Teil I A.3 des Montreux Documents mit aufgenommen.

364 *Lehnardt*, Private Militärfirmen und völkerrechtliche Verantwortlichkeit, S. 218.

ausgeschlossen,[365] jedoch dann unzulässig, wenn vermehrt negative Erfahrungs-werte vorliegen.[366]

Zur Einhaltung und Durchsetzung des humanitären Rechts muss der Staat bzw. die UN auf Kontroll- und Aufsichtsmechanismen zurückgreifen. Dabei ist zwischen kombattanten und nicht-kombattanten Tätigkeiten zu differenzieren. Dabei kann primär auf Art. 43 ZP I GK abgestellt werden, wonach ein, die Ach-tung des humanitären Völkerrechts gewährendes, Disziplinarsystem notwendig ist. Die Pflicht zur Verhinderung von Rechtsverstößen wird in Art. 87 ZP I GK konkretisiert und durch die Regelungen des Art. 3 IV HLKO und Art. 91 ZP I GK bestätigt, wonach eine staatliche Einstandspflicht besteht.[367] Werden PMSCs als Streitkräfte verwendet, müssen sie somit auch in das Disziplinarsystem einge-bunden werden. Für die Gruppe des Gefolges nach Art. 4 A Zif. 4 GK III oder in allen Fällen, in denen PMSCs nicht in militärische Operationen involviert sind (wie es bei dem großen Bereich der Personen- und Objektschützer i.d.R der Fall ist), gilt dies aber nicht. Diese verfügen nicht über die Kombattanteneigenschaft und Art. 43 ZP I GK ist somit nicht einschlägig.

Allerdings lässt sich für den von Art. 43 ZP I GK nicht umfassten Bereich eine Verpflichtung zur Kontrolle aus dem gemeinsamen Art. 3 der Genfer Kon-ventionen ableiten.[368] Danach verpflichten sich die Vertragsstaaten, die vorlie-genden Abkommen einzuhalten und ihre Einhaltung durchzusetzen. Dabei handelt es sich um keine redundante Formulierung. Vielmehr wird die Pflicht der Staaten dadurch verdeutlicht und unterstrichen. Alleine das Vorhandensein entsprechender Regelungen ist nicht ausreichend, auch deren Umsetzung muss gewährleistet werden.[369] Die Anwendbarkeit beschränke sich nicht auf eine zwischenstaatliche Pflicht, sondern umfasse auch eine nach innen gerichtete

---

365 z.B. sieht Absatz 5.7.4 der Department of Defense Directive 2311.01E eine solche Regelung bei Verträgen zwischen dem US-Verteidigungsministerium und PMSCs vor: *„Ensure that contract work statements for Contractors comply with the policies contained in this Directive and DoD Instruction (DoDI) 3020.41 (Reference (h)), and require Contractors to institute and implement effective programs to prevent violations of the law of war by their employees and subContractors, including law of war training and dissemination, as required by References (e) and (f)".*

366 *Lehnardt*, Private Militärfirmen und völkerrechtliche Verantwortlichkeit, S. 218 f.

367 *Heck*, Grenzen der Privatisierung militärischer Aufgaben, S. 193 f.; *Henckerts/Dos-wald-Beck*, Customary International Humanitarian Law, Rule 142, S. 504.

368 *Lehnardt*, Private Militärfirmen und völkerrechtliche Verantwortlichkeit, S. 220.

369 *Pictet*, Commentary Geneva Convention I, Art. 1, S. 25 f.

Wirkung.[370] So unterstrich der IGH im *Case Concerning Military and Paramilitary Activities in and against Nicaragua*, dass Staaten weder Personen noch Gruppen die am Konflikt beteiligt sind zur Verletzung der in Art. 3 Genfer Konvention enthaltenen Prinzipien ermutigen dürfen.[371] Diese sind vielmehr zur Achtung des humanitären Völkerrechts anzuhalten. Dieser Gedanke lässt sich ebenso auf PMSCs übertragen. Auch diese sind zur Achtung des humanitären Völkerrechts anzuhalten.

Eine solche Verpflichtung besteht zudem unabhängig davon, ob dem Staat das private Handeln zugerechnet werden kann oder nicht. Dies folgt bereits daraus, dass das humanitäre Völkerrecht auch gegenüber der eigenen Bevölkerung durchgesetzt werden muss, deren Verhalten dem Staat gerade nicht zugerechnet werden kann.[372]

Ebenso besteht die Pflicht, dafür zu sorgen, dass Zivilisten nicht ihren statusbedingten Schutz verlieren; sie dürfen also nicht in einer Weise verwendet werden, die eine Abgrenzung von PMSC-Personal und nationalen Truppen verschleiert oder spürbar erschwert.[373] Solange PMSCs nicht in nationale Truppen eingegliedert sind, dürfen sie also nicht für die unmittelbare Teilnahme an Feindseligkeiten verwendet werden.[374] Dies umfasst auch den Schutz von militärischen Objekten oder Aufgaben, bei denen die Überschreitung der Schwelle zur unmittelbaren Teilnahme an Feindseligkeiten zu erwarten ist.

Den Staaten bzw. den UN obliegen somit Schutzpflichten, unabhängig davon, ob PMSCs in kombattanter oder nicht-kombattanter Weise eingesetzt werden.

2) Spezielle Anforderungen der Menschenrechte

Art. 2 I IPbpR, Art. 1 I AMRK sowie Art. 1 II EMRK verpflichten ihre Mitgliedstaaten bzw. die UN, Menschenrechtsverletzungen effektiv zu verhindern, zu untersuchen und zu bestrafen.[375] Dies umfasst auch den Schutz vor Übergriffen

---

370 *Kalshoven*, YIHL 1999, 3 (28); UN Doc., A/RES/43/21, 03.11.1988, The uprising (intifadah) of the Palestinian people, Para. 5; *Lehnardt*, Private Militärfirmen und völkerrechtliche Verantwortlichkeit, S. 222 f.

371 IGH, Urteil vom 27.06.1986 Case Concerning Military and Paramilitary Activities in and against Nicaragua (Nicaragua v. United States of America), ICJ Reports 1986, S. 14 (114).

372 *Lehnardt*, Private Militärfirmen und völkerrechtliche Verantwortlichkeit, S. 83 ff.

373 *Picard*, Private Guards and Public Guardians, S. 252.

374 *Picard*, Private Guards and Public Guardians, S. 252.

375 *Tonkin*, LJIL 2009, 779 (793); *Heck*, Grenzen der Privatisierung militärischer Aufgaben, S. 189.

Privater.[376] Der situationsabhängig zu bestimmende Due-Diligence-Maßstab ist ebenso auf die menschenrechtlichen Schutzpflichten anzuwenden.[377] Sie sind nicht für alle Staaten identisch, sondern bemessen sich nach der konkreten Situation und den ihnen zur Verfügung stehenden Mitteln.[378] Dabei sind insbesondere die Möglichkeiten der staatlichen Einflussnahme, die Risikogeneigtheit der jeweiligen Tätigkeit sowie die Kenntnis des betroffenen Staates von dem gegebenen Risiko entscheidend.[379]

Im Kontext der Beauftragung von PMSCs führt das kumulative Vorliegen der genannten Parameter zur Entstehung von überdurchschnittlich hohen Sorgfaltspflichten. Bereits durch die vertragliche Verbindung zwischen Staat/UN und PMSCs wird eine, die staatliche Sorgfaltspflicht begründende, Einflussnahmemöglichkeit geschaffen.[380] Werden PMSCs zum Schutz gefährdeter Personen und Einrichtungen eingesetzt, ist eine signifikante Risikogeneigtheit feststellbar.[381] Diese steigert sich zusätzlich, wenn der Einsatz in Kriegsgebieten oder kurz nach einem militärischen Konflikt erfolgt.[382] Die potentiellen Opfer von Menschenrechtsverletzungen müssen dabei nicht individuell identifizierbar sein, es genügt die konkrete Gefahr für einen unbestimmten Personenkreis.[383]

Durch die Zurückhaltung der Staaten beim Einsatz nationaler Truppen schaffen Staaten selbst die Notwendigkeit für den Einsatz von privaten Akteuren und haben damit ebenso wie die UN Kenntnis über die dadurch begründete Gefährdungslage.[384] Deshalb müssen bei der Beauftragung von Privaten die übertragenen Aufgaben und Kompetenzen klar und unmissverständlich benannt werden. Nur so können Bedingungen zur Prävention von Menschenrechtsverletzungen geschaffen werden.[385] Von Staaten und den UN wird daher verlangt, entsprechende

---

376 *Lehnardt*, Private Miliärfirmen und völkerrechtliche Verantwortlichkeit, S. 199.

377 *Künzli*, Zwischen Rigidität und Flexibilität: der Verpflichtungsgrad internationaler Menschenrechte, S. 240; *Epiney*, Die völkerrechtliche Verantwortlichkeit von Staaten für rechtswidriges Verhalten im Zusammenhang mit Aktionen Privater, S. 244; *Dröge*, Positive Verpflichtungen der Staaten in der Europäischen Menschenrechtskonvention, S. 293.

378 ILC Draft Articles on Prevention of Transboundary Harm from Hazardous Activities, with commentaries 2001, Art. 3 Para. 12.

379 *Tonkin*, LJIL 2009, 779 (793).

380 *Tonkin*, LJIL 2009, 779 (794).

381 *Heck*, Grenzen der Privatisierung militärischer Aufgaben, S. 190.

382 *Lehnardt*, Private Militärfirmen und völkerrechtliche Verantwortlichkeit, S. 208.

383 *Lehnardt*, Private Militärfirmen und völkerrechtliche Verantwortlichkeit, S. 207 f.

384 *Heck*, Grenzen der Privatisierung militärischer Aufgaben, S. 190.

385 *Heck*, Grenzen der Privatisierung militärischer Aufgaben, S. 191.

Regulierungen und Mechanismen zum Schutz der Menschenrechte einzuführen und diese auch entsprechend anzuwenden.[386] Dies umfasst unter anderem ein Auswahlverfahren für das PMSC-Personal, die rechtliche Schulung des Personals, die Kontrolle während der Ausführung des Einsatzes sowie die Aufdeckung und Ahndung von begangenen Rechtsverstößen.[387] Gemäß der von Donald Rumsfeld eingesetzten und nach dem Vorsitzenden der Kommission benannten, Schlesinger-Kommission zu den Vorfällen in Abu Ghraib, waren 35% des dort eingesetzten US-Personals ungeschult.[388] Die Kommission wurde mit dem Ziel eingesetzt, Foltervorwürfe gegen amerikanisches Wach- und Verhörpersonal im irakischen Gefängnis Abu Ghraib zu überprüfen.[389] Der Untersuchungsbericht machte deutlich, dass das vor Ort eingesetzte Personal in Ermangelung entsprechender Schulungen und Kenntnis der anzuwendenden Vorschriften bzw. deren widersprüchlicher Auslegungsvarianten, die zulässigen Verhörpraktiken nach eigenem Ermessen gewählt haben.[390] Dem Erfordernis der Schulung des eingesetzten Personals wurde somit nicht in angemessener Weise nachgekommen. Die Delegation der Auswahl und Schulung des Personals an die Unternehmen selbst kann ebenso wenig genügen.[391] Insbesondere die wirtschaftliche Ausrichtung der Unternehmen kann zu qualitativen Einbußen führen.[392] Die Verpflichtung zu sanktionieren wirkt durch ihren Abschreckungscharakter auch präventiv. Auch diesem Erfordernis wird in der Praxis aber nur unzulänglich nachgekommen. Dies lässt sich besonders anschaulich am Beispiel des Einsatzes des Unternehmens Blackwater im Irak illustrieren. Blackwater war federführend für den Schutz der US-Gesandten im Irak zuständig.[393] Den negativen Höhepunkt einer Serie von gewaltsamen Zwischenfällen ereignet sich am 16.09.2007. Als Nisour-Platz-Massaker erreichte dieser Vorfall, bei dem 17 Iraker getötet und weitere 24 zum Teil schwer verletzt wurden, weltweit mediale Öffentlichkeit. Das Blackwater-Personal eröffnete in Mitten des mit Menschen gefüllten Platzes unmittelbar das Feuer, nach dem ein irakisches

---

386 *Tonkin*, LJIL 2009, 779 (795 f.).

387 *Tonkin*, LJIL 2009, 779 (798); *Lehnard*t, Private Militärfirmen und völkerrechtliche Verantwortlichkeit, S. 211 ff.

388 *Schlesinger*, Final Report of the Independent Panel to Review DoD Detention Operations, S. 69.

389 *Biegi*, Sicherheit und Frieden 2006, 92 (92).

390 *Biegi*, Sicherheit und Frieden 2006, 92 (95).

391 *Lehnardt*, Private Militärfirmen und völkerrechtliche Verantwortlichkeit, S. 211 f.

392 *Perrin*, International Review of the Red Cross 2006, 613 (629).

393 *Scahill*, Balckwater – Der Aufstieg der mächtigsten Privatarmee der Welt, S. 7.

Fahrzeug auf den gesperrten Platz fuhr.[394] Das US-Außenministerium gestand bzgl. des Blackwater-Einsatzes im Irak ein, dass gemeldeten Vorfällen, wenn überhaupt, nur oberflächlich nachgegangen wurde.[395]

3) Präventive Maßnahmen

Greifen die UN auf PMSCs zurück, ist ein ordnungsgemäßes Vergabeverfahren unter Einbeziehung des *DPKO* und der *Procurement Division* durchzuführen; es sind Parameter festzusetzen, die die Auswahl geeigneter und zuverlässiger Unternehmen gewährleisten.[396] Das verwendete Personal bedarf insbesondere einer angemessenen Schulung und eines umfangreichen Trainings.[397] Zwar werben auch die meisten PMSCs inzwischen damit, dass solches bereits in den unternehmensinternen Richtlinien vorgesehen sei. Angesichts negativer Erfahrungen und vor dem Hintergrund, dass PMSCs primär wirtschaftlichen Interessen unterworfen sind, worunter Ausführlichkeit und Tiefe der Schulung leiden, kann dies alleine nicht genügen. Insbesondere in Phasen akuten Personalbedarfs leidet die Wertigkeit der Ausbildung des PMSC-Personals.[398]

Weiterhin ist sicher zu stellen, dass die Unternehmen vertraglich zur Achtung des geltenden Rechts, insbesondere den Menschenrechten, verpflichtet werden und dass ihr Verhalten überwacht und regelmäßig kontrolliert wird.[399] Das entscheidende Werkzeug, das den UN zur Sicherstellung des rechtskonformen Verhaltens des PMSC-Personals an die Hand gegeben ist, besteht in der Ausgestaltung der Vertragsbedingungen zwischen UN und PMSCs. Die UN sind daher dazu verpflichtet, die vertraglichen Bestimmungen den Anforderungen des geltenden Rechts anzupassen. Dafür sind insbesondere die *Guidelines on the Use of Armed Security Services from Private Security Companies*[400]

---

394   *Scahill*, Balckwater – Der Aufstieg der mächtigsten Privatarmee der Welt, S. 7 f.

395   US House of Representatives, Hearing before the Committee on Oversight and Government Reform: Additional information about Blackwater USA, Memorandum, S. 9, http://psm.du.edu/media/documents/congressional_comm/house_oversight_gov_re form/us_house_oversight_report_blackwater.pdf, zuletzt abgerufen am 25.11.2015.

396   *Cockayne*, Commercial Security in humanitarian and post-conflict settings, Executive Summary, iii.

397   *Zwanenburg*, Accountability of peace support operations, S. 111.

398   *Perrin*, International Review of the Red Cross 2006, 613 (629); *Schmitt*, Chicago Journal of International Law 2005, 511 (515).

399   *Lehnardt*, Private Militärfirmen und völkerrechtliche Verantwortlichkeit, S. 241.

400   Siehe dazu 3 Kapitel § 1 D.

entsprechend zu modifizieren sowie die bilateralen Verträge zwischen UN und PMSCs gemäß den veränderten Voraussetzungen umzusetzen.

4) Repressive Maßnahmen

Due-Diligence-Verpflichtungen umfassen neben Präventivmaßnahmen auch die Verfolgung und Sanktionierung von Völkerrechtsverstößen.[401] Die UN haben hierbei zwar die Möglichkeit Untersuchungen einzuleiten und durchzuführen, jedoch verfügen sie nicht über Sanktionsmöglichkeiten.[402] Für eine unterlassene Sanktionierung können die UN daher auch nicht zur Verantwortung herangezogen werden. Den UN verbleibt lediglich die Möglichkeit, die Verträge mit den betroffenen Unternehmen zu kündigen oder die Entlassung der in Frage stehenden Personen zu fordern.[403] Die Sanktionierungsgewalt verbleibt bei den Staaten. Problematisch ist besonders die Konstellation, in der das straffällig gewordenen Personal nicht die Staatsangehörigkeit des Sitzstaates der PMSC hat und es sich auch um kein, das Universalitätsprinzip auslösendes Verbrechen handelt. Der Sitzstaat kann sich dann gerade nicht auf das Personalitätsprinzip berufen, da es sich weder bei Täter noch Opfer um seine Staatsangehörigen handelt. Da die heterogene Nationalitätenzusammenstellung gerade ein Wesensmerkmal von PMSCs ist, wird die Wahrscheinlichkeit der Straffreiheit immens verstärkt.[404] Noch dazu wurde das Personalitätsprinzip nicht in alle nationalen Rechtsordnungen aufgenommen. Ergänzend sei noch darauf hingewiesen, dass im Abschluss immunitätsgewährender Stationierungsabkommen keine Due-Diligence-Verletzung gesehen werden kann, da in diesen Abkommen regelmäßig auch die Respektierung der nationalen Rechte vereinbart wird und somit kein, die Due-Diligence-Verpflichtungen konterkarierender, Standard geschaffen wird.[405] Die nicht vorhandenen Sanktionierungsmöglichkeiten befreien die UN aber nicht davon, angemessene Untersuchungs-, Aufklärungs- und Beweissicherungsarbeit zu leisten. Zudem folgt aus der fehlenden Gerichtsbarkeit der UN die Plicht, für eine anderweitige Verfolgung von Rechtsverstößen zu sorgen.

---

401 *Francioni*, The Responsibility of the PMSC's Home State for Human Rights Violations, S. 12.

402 *Lehnardt*, Private Militärfirmen und völkerrechtliche Verantwortlichkeit, S. 242.

403 *Lehnardt*, Private Militärfirmen und völkerrechtliche Verantwortlichkeit, S. 242.

404 *Lehnardt*, Private Militärfirmen und völkerrechtliche Verantwortlichkeit, S. 242 f.

405 *Fischer*, Militär- und Sicherheitsunternehmen in bewaffneten Konflikten und Friedenssicherungsoperationen, S. 353.

5) Zwischenergebnis

Mit den vorgestellten Parametern der präventiven Due-Diligence-Verpflichtungen wird zugleich auch der UN ein nachvollziehbarer Prüfungsmaßstab für deren Einhaltung an die Hand gegeben. Inwieweit die UN auf diese Kriterien eingehen oder sie bereits in ihre Vertragspraxis übertragen haben, zeigt sich bei der Darstellung der *Guidelines on the Use of Armed Security Services from Private Security Companies*.[406] Bei der Ahndung und Sanktionierung von Rechtsverstößen muss zwar das Unvermögen der UN zur Sanktionierung berücksichtigt werden, trotzdem haben die UN für einen ausreichenden Informationsfluss und auseichende Recherchearbeiten zu sorgen. Kommen z.B. die truppenstellenden Staaten ihrerseits den Sanktionierungsverpflichtungen nicht nach, so kann und muss dieser Umstand wiederum bei der Auswahl und Zusammensetzung späterer Missionen Berücksichtigung finden.

§ 4 Durchsetzung der Rechtsfolgen und strafrechtliche Sanktionierungsmöglichkeiten

Im Anschluss an die Darstellung der Rechtsgrundlage von PMSC-Einsätzen sowie der Auseinandersetzung mit der Zurechnungsfrage und dem anzuwendenden Rechtsrahmen, wird sich nun der Rechtsfolgenseite sowie etwaigen Sanktionierungsmöglichkeiten zugewandt.

A. Durchsetzung der Rechtsfolgen der völkerrechtlichen Verantwortlichkeit

Die Rechtsfolgen der völkerrechtlichen Verantwortlichkeit werden in den Art. 31 bis 45 der *Draft Articles on the Responsibility of International Organizations* geregelt[407]

Zwischen dem verantwortlichen und dem verletzten Völkerrechtssubjekt entsteht ein weiteres, neues Rechtsverhältnis.[408] Dies umfasst insbesondere die Pflicht zur Beendigung, respektive der Nicht-Wiederholung der Verletzung sowie die Pflicht zur Wiedergutmachung (Restitution, Schadensersatz oder Genugtuung). Diese ist jedoch auf die Verantwortlichkeit gegenüber anderen Völkerrechtssubjekten beschränkt und dringt damit nicht in die Sphäre der

---

406   Siehe dazu 3. Kapitel § 1 D.
407   Zum Rechtsstatus der DARIO siehe 2. Kapitel § 3 A.
408   *Eichhorst*, Rechtsprobleme der United Nations Compensation Commission, S. 82.

einzelnen Opfer vor.[409] Individuelle Rechte können mit dem Rechtsinstrument des diplomatischen Schutzes als Rechtsverletzungen gegenüber dem Staat geltend gemacht werden.[410] Da von den hier im Raum stehenden völkerrechtlichen Verstößen in der Regel Individuen betroffen sind, sollen hier die dem Individuum zur Verfügung stehenden Mechanismen im Vordergrund stehen.

I) Durchsetzung der Rechtsfolgen gegenüber Staaten

Subjektive Rechte müssen gerichtlich im Rahmen eines Individualverfahrens, einklagbar sein; auch müssen entsprechende Wiedergutmachungsleistungen vorhanden sein.[411] Dieser Gedanke wurde in den *Grundprinzipien und Leitlinien Betreffend das Recht der Opfer von Verletzungen Internationaler Menschenrechtsnormen oder des Humanitären Völkerrechts auf Rechtsschutz und auf Wiedergutmachung*[412] festgehalten. Sie wurden von der UN-Generalversammlung im Jahr 2005 mit Resolution A/RES/60/147 verabschiedet und den Staaten als Empfehlung an die Hand gereicht.[413] Darin wird ein Näheverhältnis zwischen humanitärem Völkerrecht und Menschenrechten beschrieben. Ersterem werden dabei sowohl primäre Individualrechte als auch das sekundäre Recht auf Wiedergutmachung, das auch außerhalb des Geltungsbereichs des Menschenrechtsregimes Wirkung entfaltet, zugeschrieben.[414] Dabei ist die nationale, regionale und internationale Ebene zu unterscheiden. Auf nationaler Ebene kommt den Peacekeepern Immunität vor den Gerichten des Einsatzstaates zu, sodass auf die Gerichte der truppenstellenden Staaten ausgewichen werden muss. Dies hat sich bisher wenig erfolgreich dargestellt.[415] Auf regionaler Ebene sind bisweilen deutlich abweichende Mechanismen

---

409 *Schütze*, Die Zurechenbarkeit von Völkerrechtsverstößen im Rahmen mandatierter Friedensmissionen der Vereinten Nationen, S. 95.

410 *Schütze*, Die Zurechenbarkeit von Völkerrechtsverstößen im Rahmen mandatierter Friedensmissionen der Vereinten Nationen, S. 95.

411 *Nowak*, Vereinte Nationen 2008, 205 (210).

412 UN Doc., A/RES/60/147, 21.03.2006, Basic Principles and Guidelines on the Right to a Remedy and Reparation for Victims of Gross Violations of International Human Rights Law and Serious Violations of International Humanitarian Law.

413 UN Doc., A/RES/60/147, 21.03.2006, Basic Principles and Guidelines on the Right to a Remedy and Reparation for Victims of Gross Violations of International Human Rights Law and Serious Violations of International Humanitarian Law, Nr. 2.

414 *Matthiesen*, Wiedergutmachung für Opfer internationaler bewaffneter Konflikte, S. 256.

415 *Schütze*, Die Zurechenbarkeit von Völkerrechtsverstößen im Rahmen mandatierter Friedensmissionen der Vereinten Nationen, S. 218.

vorhanden. Während der EGMR als „*most advanced and effective" international regime for formally enforcing human rights in the world today"*[416] beschrieben wird, konnte im amerikanischen und afrikanischen Rechtsraum ein solcher Rang nicht erreicht werden. Auf internationaler Ebene kann auf keinen Menschengerichtshof verwiesen werden. Allerdings bestehen quasi-gerichtliche Individualbeschwerde-verfahren durch unterschiedliche UN-Menschenrechtsverträge.[417] Deren Wirkung und Effektivität werden ebenfalls deutlich unterschiedlich bewertet; zudem wurde bisher nur eine kleine Anzahl an Beschwerden behandelt, was auch daran lag, dass die Möglichkeiten hierzu in der Bevölkerung nicht ausreichend bekannt sind.[418]

II) Durchsetzung der Rechtsfolgen gegenüber den UN

Die Durchsetzung der Rechtsfolgen der völkerrechtlichen Verantwortung ge-genüber den UN scheitert in den meisten Fällen an den umfassenden Immu-nitätsregeln. Eindrucksvolle Beispiele sind die Klage der „Mütter Srebrenicas" gegen die UN[419] und die geforderten Entschädigungszahlungen wegen der Ver-ursachung einer Cholera-Epidemie in Haiti.[420] Ersterer Fall steht im direkten Zusammenhang mit dem Völkermord von Srebrenica. Hinterbliebene der Opfer und die Organisation „Mütter Srebrenicas" haben gegen die UN und die Nie-derlande, da sie in der UN-Schutzzone in Srebrenica nicht ausreichend Schutz

---

416 *Moravcsik*, International Organisation 2000, 217 (218).
417 Folgende Menschenrechtsschutzverträgen sehen die Möglichkeit von Individual-beschwerden vor: Übereinkommen gegen Folter und andere grausame, unmensch-liche oder erniedrigende Behandlung und Strafe, Internationales Übereinkommen zur Beseitigung jeder Form von Rassendiskriminierung, Fakultativprotokoll zum Übereinkommen zur Beseitigung jeder Form von Diskriminierung der Frau, Fakul-tativprotokoll zu dem Internationalen Pakt über bürgerliche und politische Rechte, Internationale Konvention zum Schutz der Rechte aller Wanderarbeitnehmer und ihrer Familienangehörigen, Fakultativprotokoll zum Internationalen Pakt über wirt-schaftliche, soziale und kulturelle Rechte, Fakultativprotokoll zum Übereinkommen über die Rechte des Kindes, Fakultativprotokoll zur Behindertenrechtskonvention, Konvention gegen Verschwindenlassen.
418 *Schütze*, Die Zurechenbarkeit von Völkerrechtsverstößen im Rahmen mandatierter Friedensmissionen der Vereinten Nationen, S. 217.
419 Writ of Summons, District Court, The Hague, 04.07.2007, http://uitspraken.recht-spraak.nl/inziendocument?id=ECLI:NL:RBSGR:2008:BD6796, zuletzt abgerufen am 03.05.2016.
420 *Patricia O'Brien*, Under Secretary-General for Legal Affairs, http://www.ijdh.org/wp-content/uploads/2013/07/20130705164515.pdf, zuletzt abgerufen am 05.05.2016.

boten, geklagt.[421] Im zweiten Fall handelt es sich um eine Klage von haitianischen Choleraopfern, die von den Vereinten Nationen Ausgleichszahlungen für den Choleraausbruch fordern. Im Nachgang des schweren Erdbebens auf Haiti im Jahr 2010 wurden UN-Hilfstruppen entsandt. Den UN wurde vorgeworfen, dass die Cholerabakterien durch UN-Personal in die Wasserversorgung gelangten.[422] In beiden Fällen beriefen sich die UN auf ihre Immunität.

Damit zeigt sich eine gravierende Schutzlücke, die bei fehlender staatlicher Zurechnung und gleichzeitiger Geltung der Immunitätsregelung besteht und folglich der Durchsetzung der Menschenrechte entgegensteht.[423] Auch auf internationaler Ebene existiert kein Gericht, das über Rechtsverletzungen internationaler Organisationen entscheiden darf.[424] Gegen Amtspflichtverletzungen der UN gibt es somit keinen, dem Amtshaftungsanspruch aus § 839 BGB i.V.m. Art. 34 GG vergleichbaren, Rechtsschutzmechanismus. Dieser Ausfluss des Rechtsstaatsprinzips findet sich, wie Art. 14 des IPbpR belegt, auch auf internationaler Ebene wieder, was den Umstand des fehlenden Rechtsschutzes noch intensiviert und einen dringenden Nachbesserungsbedarf offenlegt. Es bedarf einer Möglichkeit der Rechtsdurchsetzung für die Opfer von UN-Einsätzen und somit einer allen Opfern gleichermaßen zugänglicher Instanz.

In diesem Kontext erscheint die bereits seit geraumer Zeit existierende Forderung nach einem internationalen Gerichtshof für Menschenrechte zielführend.[425] Dadurch würde insbesondere dem Umstand Rechnung getragen, dass die Verantwortung über die Geltung der Menschenrechte nicht mehr exklusiv auf staatliche Akteure gründet, sondern dass auch nicht-staatliche Akteure immer stärker in den Fokus rücken. Die bestehenden Menschenrechtsvertragsüberwachungsorgane sollen durch die Gründungen eines Menschenrechtsgerichtshofs weder abgeschafft noch das Verfahren novelliert werden. Vielmehr geht es um eine zusätzliche Instanz, die mittels eines Statuts – ähnlich des IStGH – ins

---

421 ARD, 06.07.2015, Kada Hotic: Die Mutter von Srebrenica, https://www.ard-wien.de/2015/07/06/kada-hotic-die-mutter-von-srebrenica/, zuletzt abgerufen am 20.12.2016.

422 UNRIC, Haiti: UN kämpfen gegen Cholera und Klagen, http://www.unric.org/de/uno-schlagzeilen/26937-haiti-un-kaempft-gegen-cholera-und-klagen, zuletzt abgerufen am 20.12.2016.

423 *Schütze*, Die Zurechenbarkeit von Völkerrechtsverstößen im Rahmen mandatierter Friedensmissionen der Vereinten Nationen, S. 118.

424 *Schütze*, Die Zurechenbarkeit von Völkerrechtsverstößen im Rahmen mandatierter Friedensmissionen der Vereinten Nationen, S. 218.

425 *Nowak*, Vereinte Nationen 2008, 205 (205 ff.).

Leben gerufen wird.[426] Alternativ käme auch eine eigene Kammer am IGH in Betracht.[427] Staaten wäre es – nach Ausschöpfung des nationalen Rechtsweges – möglich, die Zuständigkeit zur Ahndung von Menschenrechtsverletzungen an den internationalen Menschrechtsgerichtshof zu übertragen.[428]

Auch liefert das *Model Status of Forces Agreement*[429] zwischen den UN und dem jeweiligen Einsatzstaat einen Anhaltspunkt für kommende Entwicklungen. In Art. 51 wird eine *Standing Claim Commission* vorgesehen, die dann tätig werden kann, wenn nationale Gerichte aufgrund von Immunitätsregelungen nicht handlungsfähig sind. Diese kam bisher noch nicht zum Einsatz, kann aber für die Rechtsdurchsetzung als vielversprechendes Werkzeug betrachtet werden.[430] Hingegen dem Wortlaut von Art. 51 sollte die *Standing Claim Commission* nicht ausschließlich für zivilrechtliche Ansprüche, sondern auch für Fragen des humanitären Völkerrechts und insbesondere für Menschenrechtsverletzungen einsetzbar sein und als dauerhafte Instanz, also unabhängig vom Abschluss eines *Status of Forces Agreement,* bestehen.

B. Strafrechtliche Sanktionierung

Die Sanktionierung der Täter ist nicht nur für die Opfer von Menschenrechtsverletzungen ein zentraler Aspekt, sondern entscheidet auch über die Reputation und die Akzeptanz der Missionen selbst.[431] Die UN haben zwar die Möglichkeit, Untersuchungen einzuleiten und durchzuführen, jedoch verfügen sie nicht über einen eigenständigen Sanktions- und Disziplinarmechanismus.[432] Die Strafgewalt wird in den Friedensmissionen daher per Vertrag auf die truppenstellenden Staaten übertragen.[433] Den UN verbleibt lediglich die Möglichkeit, die Verträge

---

426 *Nowak*, Vereinte Nationen 2008, 205 (207).

427 *Schütze*, Die Zurechenbarkeit von Völkerrechtsverstößen im Rahmen mandatierter Friedensmissionen der Vereinten Nationen, S. 218.

428 *Nowak*, Vereinte Nationen 2008, 205 (209).

429 UN Doc., A/45/594, 09.10.1990, Draft Model status-of-forces agreement between the United Nations and host countries.

430 *Zwanenburg,* Accountability of peace support operations, S. 288.

431 The Comprehensive Report on Lessons Learned from United Nations Operations in Somalia, § 57.

432 *Kondoch*, in: Gill/Fleck (Hrsg.), Handbook of International Law of Military Operations, S. 515 (532).

433 UN Doc., A/46/185, 23.05.1991, Model agreement between the United Nations and Member States contributing personnel and equipment to United Nations peacekeeping operations, Art. 25.

mit den betroffenen Unternehmen zu kündigen oder die Entlassung der in Frage stehenden Personen zu fordern.[434] In der Praxis hat dies zu spürbarer Ernüchterung geführt, da Rechtsverletzungen in der Mehrheit der Fälle unsanktioniert blieben und selbst die erforderlichen Maßnahmen zur Aufklärung unterlassen wurden.[435] Die geographische Entfernung des Entsendestaates sowie dessen oft unzureichend ausgebildete Rechtsstaatlichkeit bilden die Grundlage für die unzulängliche Sanktionierungspraxis.[436] Viele Übergriffe durch UN-Personal können daher nur mühsam verfolgt werden oder bleiben sogar unbekannt. De facto besteht für zahlreiche PMSC-Angestellte daher Straflosigkeit.[437] Auch aus diesem Grund haben sich die UN dieser Fälle angenommen. Der sogenannte *Zeid-Report* fasst relevante Handlungsempfehlungen im Umgang mit sexuellen Übergriffen zusammen. Der Bericht basiert auf der Idee der Implementierung eines umfassenden Disziplinarsystems.[438] Am Status quo wurden insbesondere die vorhandenen Verhaltensregeln, die Ermittlungspraktiken, die Vorgesetztenverantwortung sowie die individuelle Verantwortung kritisiert.[439] Darauf aufbauend postulierte der UN-Sicherheitsrat eine *Null-Toleranz-Politik* im Umgang mit derartigen Vorkommnissen. Involviertes Personal soll von der Mission abgezogen werden; ebenso soll mit Kommandeuren verfahren werden, die nicht für die notwendigen Ermittlungen Sorge tragen.[440] Des Weiteren wird darin den Mitgliedstaaten nahegelegt, Gerichtsverfahren vor Ort durchzuführen. Damit könne der lokalen Bevölkerung anschaulich die Nicht-Akzeptanz und die

---

434 *Lehnardt*, Private Militärfirmen und völkerrechtliche Verantwortlichkeit, S. 242.

435 US House of Representatives, Hearing before the committee on Oversight and Government Reform: Additional information about Blackwater USA, S. 9, http:// psm.du.edu/media/documents/congressional_comm/house_oversight_gov_reform/ us_house_oversight_report_blackwater.pdf, zuletzt abgerufen am 25.11.2015.

436 DVGN, 15.02.2012, Menschenrechte in UN-Friedensmissionen, http://frieden-sichern. dgvn.de/meldung/menschenrechte-in-un-friedensmissionen/, zuletzt abgerufen am 21.12.2016; die meisten Truppen, Militärbeobachter und Polizisten werden von Bangladesch, Äthiopien, Indien und Pakistan zur Verfügung gestellt.

437 *Caparini*, in: Alexandra/ Baker/Caparini (Hrsg.), Private Military and Security Companies, S. 171 (174).

438 United Nations Peacekeeping, Reform of Peacekeeping, http://www.un.org/en/peacekeeping/operations/reform.shtml, zuletzt abgerufen am 21.12.2016.

439 UN Doc., A/59/710, 24.03.2005, A comprehensive strategy to eliminate future sexual exploitation and abuse in United Nations peacekeeping operations, S. 2.

440 UN Doc., A/59/710, 24.03.2005, A comprehensive strategy to eliminate future sexual exploitation and abuse in United Nations peacekeeping operations, S. 5, Para. 25.

Verfolgung von Handlungsverfehlungen demonstriert werden.[441] Ferner soll etwaiges Fehlverhalten beim Umgang mit Rechtsverletzungen bei der Auswahl künftiger Truppensteller Berücksichtigung finden.[442]

I) Sanktionierung der Peacekeeper

Für die Sanktionierung der Peacekeeper sind zwei Fragen relevant: Welcher Staat hat die Jurisdiktion inne und wie weitreichend sind die Immunitätsregelungen. Auch internationale Organisationen verfügen ebenso wie Staaten über Immunität. Nur unter dieser Voraussetzung ist es ihnen möglich, die Beeinflussung durch einzelne Mitgliedsstaaten auszuschließen.[443] Allerdings handelt es sich hier nicht wie bei staatlichen Truppen um funktionale Immunität, sondern um partielle Immunität. Diese ist weitreichender, da sie auch nicht-hoheitliche Akte umfasst, solange sie zur Erreichung der Ziele der Organisation unmittelbar erforderlich sind.[444] Für die sogenannten *off-duty* Handlungen, die gerade nicht den Friedensmissionen zugerechnet werden können,[445] verbleibt es damit grundsätzlich bei der Gerichtsbarkeit des Territorial- und des Entsendestaates.[446] Daneben sind zudem vertragliche Regelungen zwischen den UN und dem jeweiligen Entsendestaat zu berücksichtigen.[447] Aufgrund der Regelungen des *SoFAs* reduziert sich die strafrechtliche Gerichtsbarkeit für Militärpersonal auf die Gerichtsbarkeit des Entsendestaates.[448] Dem zivilen Personal kommt unter der Voraussetzung der Namensnotifikation funktionale Immunität zu.[449] Kommandeur und Sonderbeauftragte unterliegen aufgrund ihrer diplomatischen Immunität

---

441 UN Doc., A/59/710, 24.03.2005, A comprehensive strategy to eliminate future sexual exploitation and abuse in United Nations peacekeeping operations, Para. 35.

442 UN Doc., A/59/710, 24.03.2005, A comprehensive strategy to eliminate future sexual exploitation and abuse in United Nations peacekeeping operations, S. 5.

443 *Rassel*, Strafgerichtsbarkeit über Angehörige der Friedenstruppen in UN-geführten Missionen, S. 116.

444 *Dahm*, FS für Arthur Nikisch, S. 153 (161); *Rassel*, Strafgerichtsbarkeit über Angehörige der Friedenstruppen in UN-geführten Missionen, S. 116.

445 Siehe dazu 2. Kapitel § 3 A.

446 *Rassel*, Strafgerichtsbarkeit über Angehörige der Friedenstruppen in UN-geführten Missionen, S. 123.

447 UN Doc., A/45/594, 09.10.1990, Draft Model status-of-forces agreement between the United Nations and host countries, Abschnitt III.

448 UN Doc., A/45/594, 09.10.1990, Draft Model status-of-forces agreement between the United Nations and host countries, Art. 47 b.

449 *Rassel*, Strafgerichtsbarkeit über Angehörige der Friedenstruppen in UN-geführten Missionen, S. 140.

keiner Gerichtsbarkeit.[450] Rechtsverstöße, die nicht in Erfüllung von Missionsaufgaben begangen wurden, können somit nur in den Heimatstaaten der Peacekeeper verfolgt werden.[451] Dies erschwert eine strafrechtliche Ahndung merklich und führt dazu, dass Fälle nur zögerlich aufgearbeitet werden oder auch gänzlich unbekannt und/oder ungeahndet bleiben. Für die Bevölkerung des Einsatzlandes, und damit die potentiellen Opfer, ist die strafrechtliche Aufarbeitung mangels Informationen über eine etwaige Verfahrenseinleitung oder den Ausgang eines Verfahrens oft nicht nachvollziehbar.[452] Dieses Manko beeinträchtigt die Wahrnehmung der Friedensmissionen durch die Bevölkerung immens. Vom UN-Generalsekretär wurde deshalb bereits vor mehr als 15 Jahren die Berichterstattung durch die Entsendestaaten sowie die Einrichtung eines Ombudsmanns und einer Ad-hoc Ermittlungskommission gefordert.[453] Bis heute wurde von der Staatengemeinschaft darauf jedoch nicht reagiert.[454]

Werden nun PMSCs als Peacekeeper eingesetzt, so gibt es keinen Entsendestaat als sanktionierenden Akteur. Das *Model SoFA* beschreibt die Situation von lokal rekrutiertem Personal, bei dem ebenfalls auf keinen Entsendestaat abgestellt werden kann. In diesem Fall sieht das *Model SoFA* funktionale Immunität vor; für nicht-dienstliches Handeln soll die strafrechtliche Gerichtsbarkeit vom Einsatzstaat ausgeübt werden.[455] Dies kann so auch für den Einsatz von PMSCs als Peacekeeper übernommen werden, da nicht die lokale Ebene, sondern das Charakteristikum der Missionsmitgliedschaft entscheidend ist. Ergänzend kann in diesen Fällen das Personalitätsprinzip angewandt und der Heimatstaat des Personals zur Ausübung der strafrechtlichen Gerichtsbarkeit in Anspruch genommen werden. Aufgrund der noch schwächeren Verbindung zum Heimatstaat als zum Entsendestaat muss aber mit den gleichen Problemen in verschärfter Form gerechnet werden. Schwerwiegendster Punkt sind jedoch die oft nur

---

450 UN Doc., A/45/594, 09.10.1990, Draft Model status-of-forces agreement between the United Nations and host countries, Art. 24; *Rassel*, Strafgerichtsbarkeit über Angehörige der Friedenstruppen in UN-geführten Missionen, S. 168.

451 *Heinz/Ruszkovska*, UN-Friedensoperationen und Menschenrechte, S. 10; *Rassel*, Strafgerichtsbarkeit über Angehörige der Friedenstruppen in UN-geführten Missionen, S. 123. Fälle des Universalitätsprinzips bleiben davon unberührt.

452 *Heinz/Ruszkovska*, UN-Friedensoperationen und Menschenrechte, S. 10.

453 UN Doc., S/1999/957, 08.09.1999, Report of the Secretary-General to the Security Council on the Protection of Civilians in Armed Conflict, Recommendation Nr. 31.

454 *Zwanenburg*, Accountability of Peace Support Operations, S. 293.

455 UN Doc., A/45/594, 09.10.1990, Draft Model status-of-forces agreement between the United Nations and host countries, Art. 28; *Rassel*, Strafgerichtsbarkeit über Angehörige der Friedenstruppen in UN-geführten Missionen, S. 168.

schwach ausgeprägten staatlichen Strukturen des Einsatzstaates, die der Ausübung der strafrechtlichen Gerichtsbarkeit hohe Hürden setzen.

II) Sanktionierung der Contractor

Werden PMSCs als *Contractor* eingesetzt, so sind die Immunitäten uneinheit-
lich geregelt.[456] Betrachtet man z.B. die Formulierungen des *SoFA* der UNMISS
Mission,[457] fällt auf, dass zwischen Mitgliedern der Mission und *Contractor* unterschieden wird und nur ersteren Immunität gewährt wird. Dies spricht gegen
eine Immunität des als *Contractor* eingesetzten PMSC-Personals. Eine inhaltlich
ähnliche und noch deutlichere Regelung dazu findet sich für UN-mandatierte
Missionen, die durch die EU durchgeführt werden. Hier werden kommerzielle
Auftragnehmer explizit ausgenommen.[458] Anders wird es hingegen im *Military
Technical Agreement* gehandhabt, das zwischen Afghanistan und der NATO-
geführten ISAF abgeschlossen wurde.[459] In der Gesamtschau ist aber die Tendenz erkennbar, dass *Contractor* zumindest funktionale Immunität zukommen
soll.[460] Dies entspricht auch einer teleologischen Betrachtung, da Sinn und Zweck

---

456 *Fischer*, Militär- und Sicherheitsunternehmen in bewaffneten Konflikten und Friedenssicherungsoperationen, S. 352.

457 The Status of Forces Agreement between the United Nations and the Government
of the Republic of South Sudan Concerning the United Nations Mission in South
Sudan, Art. 1.

458 Abkommen zwischen der Europäischen Union und der Gabunischen Republik über
die Rechtsstellung der EU-geführten Einsatzkräfte in der Gabunischen Republik
Art. 1 f: *„EUFOR-Personal, das der EUFOR unterstellte zivile und militärische Perso-
nal, sowie das zur Vorbereitung der Operation entsandte Personal und das für einen
Entsendestaat oder ein EU-Organ im Rahmen der Operation im Einsatz befindliche
Personal, das sich – sofern in diesem Abkommen nichts anderes vorgesehen ist – im
Hoheitsgebiet des Aufnahmestaates befindet; ausgenommen hiervon ist das örtliche
Personal und das von internationalen kommerziellen Auftragnehmern beschäftigte
Personal".*

459 Military Technical Agreement Between the International Security Assistance Force
(ISAF) and the Interim Administration of Afghanistan ('Interim Administration'),
Annex A Arrangements regarding the status of the International Security Assistance
Force, Section 1 Jurisdiction: *„The provisions of the Convention on the Privileges and
Immunities of the United Nations of 13 February 1946 concerning experts on mission
will apply mutatis mutandis to the ISAF and supporting personnel, including associated
liaison personnel".*

460 *Fischer*, Militär- und Sicherheitsunternehmen in bewaffneten Konflikten und Friedenssicherungsoperationen, S. 352.

der Gewährung von Immunität die Sicherung und Erhaltung der Funktionsfähigkeit der Missionen ist. Für ein solches Verständnis spricht auch die Praxis, lokal rekrutiertem Personal funktionale Immunität zu gewähren.[461]

Allerdings besteht in der Praxis noch eine zusätzliche Hürde: Die Frage der Immunität wird in den jeweiligen *Status of Forces Agreement*s zwischen den Einsatzstaaten und den UN geregelt. Als Grundlage der Vertragsverhandlungen wird das *Model Status for Forces Agreement* herangezogen und dann je nach Bedarf angepasst und modifiziert. Dieses erwähnt PMSCs jedoch an keiner Stelle.[462] Erst in die finalen und für den konkreten Einzelfall ausverhandelten Versionen wurden PMSCs aufgenommen. Das bilateral ausverhandelte *Status for Forces Agreement* wird trotz der häufigen Verzögerung bei der Entsendung von Personal in der Regel erst abgeschlossen, nachdem die Mission vor Ort ist.[463] Es bedarf daher einer Übergangslösung bis das *Status for Forces Agreement* in Kraft tritt. In der Übergangsphase wird sich daher auf das *Model Status for Forces Agreement* berufen, das als allgemeines Rechtsprinzip i.S.d. Art. 38 I c IGH-Statut anerkannt wird.[464] Dieses mag zwar für staatliche Truppen als allgemeines Rechtsprinzip anerkannt sein, gilt aber nicht für PMSCs, deren Disziplinar- und Sanktionsstruktur deutlich schwächer und intransparenter ausgestaltet ist.[465] Die Immunität von PMSCs wird daher also in der Phase, in der ihr Einsatz am vielversprechendsten wäre, nicht vom jeweiligen *Model Status of Forces Agreement* geregelt.

Abgesehen von den durch den Einsatzstaat gewährten Immunitäten verbleibt es auch beim Einsatz als *Contractor* bei der Jurisdiktion der Heimatstaaten des Personals sowie bei der Geltung des Universalitätsprinzips.[466] Auch hier gelten die gleichen Probleme und Bedenken wie beim Einsatz als Peacekeeper.[467]

---

461   *Fischer*, Militär- und Sicherheitsunternehmen in bewaffneten Konflikten und Friedenssicherungsoperationen, S. 352.

462   UN Doc., A/45/594, 09.10.1990, Model Status-for-Forces-Agreement for Peacekeeping Operations.

463   Beispielshaft sei auf das SOFA bei UNIFIL verwiesen. *Murphy*, UN Peacekeeping in Lebanon, Somalia and Kosovo, S. 110.

464   *Suy*, Netherlands International Law Review 1988, 318 (320).

465   *Cameron/ Chetail*, Privatizing War, S. 50.

466   *Fischer*, Militär- und Sicherheitsunternehmen in bewaffneten Konflikten und Friedenssicherungsoperationen, S. 352.

467   Siehe dazu zuvor bei Abschnitt I.

III) Zwischenergebnis

Die Ahndung von Rechtsverstößen durch Peacekeeper ist bereits beim Einsatz von nationalen Truppen problembehaftet; beim Einsatz von PMSCs ist die Rechtslage noch deutlich erschwert: Sowohl der Entsendestaat als auch der Einsatzstaat besitzen aufgrund des Territorialitäts- bzw. Personalitätsprinzips die strafrechtliche Jurisdiktion zur Ahndung von Straftaten. Die Praxis zeigt jedoch ein sehr ernüchterndes Bild. Die Strafgerichtsbarkeit wird nur sehr nachlässig wahrgenommen und wenn, dann mit sehr milden, wenn nicht zu milden Strafen sanktioniert.[468] Beim Einsatz von PMSCs tritt an die Stelle des Entsendestaates der Sitzstaat der PMSC. Das generelle Desinteresse an der strafrechtlichen Aufarbeitung liegt zum Großteil wohl an der geographischen Entfernung der Opfer und deren fehlende Kenntnis über die Verfahren im Entsendestaat der Truppen. Praktische Probleme fallen bei dem Einsatz von PMSCs besonders schwer ins Gewicht.[469] Da PMSCs gerade nicht von ihren Sitzstaaten entsandt wurden, können diese auch nicht – wie im herkömmlichen Fall bei den Entsendestaaten – einen ausreichenden Informationsfluss sicherstellen. So überrascht es wenig, dass sich insbesondere die Ermittlungen im Einsatzgebiet für die Sitzstaaten der PMSCs als oft zu komplex erweisen.[470] Beim Einsatz von PMSCs folgt daraus die Wahrscheinlichkeit und die Gefahr von Straffreiheit. Erschwerend kommt das multinationale Rekrutierungsverfahren der PMSCs hinzu. Haben die mutmaßlichen Täter nicht die Nationalität des Sitzstaates, kann sich dieser nicht auf das Personalitätsprinzip berufen und muss – vorausgesetzt das Universalitätsprinzip ist nicht einschlägig – untätig bleiben.

§ 5 Ergebnis

Die für den Einsatz von PMSCs relevanten Regelungen werden maßgeblich nach der konkreten Einsatzart der PMSCs bestimmt. Es ist zwischen dem Einsatz als Peacekeeper und dem Einsatz als *Contractor* zu unterscheiden. Für beide kann die *Implied-Powers*-Lehre als Rechtsgrundlage herangezogen werden.

---

468 *Rassel*, Strafgerichtsbarkeit über Angehörige der Friedenstruppen in UN-geführten Missionen, S. 65.

469 *Ryngaert*, Litigating abuses committed by private military companies, EUI Working Papers, S. 9.

470 *Doswald-Beck*, in: Chesterman/Lehnardt (Hrsg.), From Mercenaries to Market, S. 115 (135).

Grundsätzlich können die Handlungen des PMSC-Personals den UN zugerechnet werden. Bei einem Einsatz als Peacekeeper gilt dies für sämtliche *on-duty* Handlungen. Werden PMSCs hingegen als *Contractor* eingesetzt, sind die konkreten Bedingungen der Zurechnung umstritten. Während eine enge Ansicht eine Zurechnung nur für explizit im Mandat niedergeschriebene Aufgaben zulässt, stellt eine weitere Auffassung bereits auf eine vertragliche Verbindung ab. Im Ergebnis wären dann auch Logistik sowie Personen- und Objektschutzhandlungen zurechenbar. Die äußerst relevante Gruppe der *off-duty* Handlungen wird hingegen weder beim Einsatz als Peacekeeper noch beim Einsatz als *Contractor* an die UN zugerechnet.

Oft führt eine erste Einschätzung dazu, dass der Einsatz als Peackeeper die kritischere Situation ist, weil sich die Erledigung des übertragenen Aufgabenkatalogs näher am Konfliktgeschehen abspielt. Dieser Anschein trügt: Auch die Kategorie der *Contractor*s ist, wenn auch aus anderen Gründen, ebenso problembehaftet. Wird PMSC-Personal als Peacekeeper eingesetzt, so können zumindest die *on-duty* Handlungen den UN zugerechnet werden und auf die Bindung der UN an das humanitäre Recht und die Menschenrechte verwiesen werden. Dieser Rückschluss ist beim Einsatz als *Contractor* aber gerade nicht möglich. Aufgrund der unklaren Situation bei der Zurechnung rückt hier die Frage, ob und inwieweit private Unternehmen an das humanitäre Völkerrecht und die Menschenrechte gebunden sind, an prominente Stelle. Beides muss verneint werden. Ebenso wenig können die Due-Diligence-Verpflichtungen der Staaten und der UN eine befriedigende Lösung bieten. Diese Pflichten existieren zwar, weisen aber in der Praxis ein nicht zu übersehendes Implementierungsdefizit auf.

Auch die Frage der effektiven Sanktionierung kann nur unzulänglich gelöst werden. Zum einen scheidet beim Einsatz von PMSCs der truppenstellende Entsendestaat als sanktionierender Akteur aus, zum anderen greifen auch hier die weitreichenden Immunitätsregelungen. Ferner sorgt die multinationale Zusammensetzung des PMSC-Personals dafür, dass sich der Sitzstaat der PMSC nicht auf das Personalitätsprinzip berufen kann und – mit Ausnahme der Regelungen des Universalitätsprinzips – untätig bleibt.

3. Kapitel: Vorhandene Mechanismen zur Regulierung von PMSCs

Bei der Regulierung von PMSCs hat sich in der Praxis ein multidimensionales Konzept entwickelt. Es handelt sich um eine Trias aus *Soft Law* (insbesondere Code of Conducts und Guidelines), rechtsverbindlichen Regulierungsversuchen auf internationaler Ebene und rechtsverbindlichen Regulierungsversuchen auf nationaler Ebene.[1] Die vorliegende Arbeit widmet sich auf internationaler Ebene insbesondere vier verschiedenen Regulierungswerkzeugen. Diese sind das *Montreux Document on pertinent international legal obligations and good practices for States related to operations of private military and security companies during armed conflict*[2] (im Folgenden *Montreux Document),* die *Draft of a possible Convention on Private Military and Security Companies (PMSCs) for consideration and action by the Human Rights Council*[3] (im Folgenden *Draft Convention*), der *International Code of Conduct for Private Security Service Providers*[4] (im Folgenden *ICoC*) und dessen *Articles of Association*[5] (im Folgenden *ICoCA*) sowie die *UN Guidelines on the Use of Armed Security Services from Private Security Companies*[6] (im Folgenden *APSC Guidelines*). Diese vier Mechanismen illustrieren zum einen die unterschiedlichen Regulierungsansätze hinsichtlich Selbstverpflichtungserklärungen und rechtsverbindlichen Regelungen, zum anderen sind ihre Entstehungsgeschichten bisweilen stark miteinander verzahnt. Die Verhandlungen zu *Draft Convention* und zum *Montreux Document* fanden

---

1 *White,* Human Rights Law Review 2011, 133 (137).
2 *Schweizerische Eidgenossenschaft/ICRC,* Montreux Document on pertinent international legal obligations and good practices for States related to operations of private military and security companies during armed conflict.
3 A/HRC/WG.10/1/2, 13.05.2011, Draft of a possible Convention on Private Military and Security Companies (PMSCs) for consideration and action by the Human Rights Council, Prepared by the Working Group on the use of mercenaries as a means of violating human rights and impeding the exercise of the right of peoples to self-determination.
4 *Schweizerische Eidgenossenschaft,* International Code of Conduct for Private Security Service Providers.
5 *International Code of Conduct Association,* The Articles of Association.
6 United Nations Department of Safety and Security, United Nations Security Management System, Guidelines on the Use of Armed Security Services from Private Security Companies.

parallel statt. Letzteres war wiederum der erste Schritt der sogenannten Schweizer Initiative, deren nächster Schritt die Erarbeitung des *ICoC* war. Die *APSC Guidelines* finden Berücksichtigung, da sie die spezielle Situation des Einsatzes von PMSCs durch die UN im Fokus haben und zugleich auf die zuvor genannten Mechanismen Bezug nehmen.

Ergänzend wird auf die *UN Guiding Principles on Business on Human Rights* sowie die *OECD Guidelines for Multinational Enterprises* eingegangen. Diese richten sich an Wirtschaftsunternehmen im Allgemeinen. Damit also nicht nur, aber auch an PMSCs. *ICoC/ICoCA* und *Montreux Document* verweisen wiederum auf die *UN Guiding Principles on Business on Human Rights*, sodass deren Aussagegehalt auch für die speziell für PMSCs entwickelten Mechanismen von Bedeutung ist.

Anschließend werden anhand ausgewählter Beispiele die Regulierungsversuche auf nationaler Ebene dargestellt.

§ 1 Regulierungsansätze auf internationaler Ebene

Auf internationaler Ebene konnte sich bisher keine vertragliche Regelung der PMSC-Branche durchsetzen. Aufgrund ihrer oft transnationalen Tätigkeit können sich PMSCs diejenigen Staaten als Sitzstaaten auswählen, die die niedrigsten Regulierungsanforderungen stellen.[7] Die *Draft Convention* will diese Lücke schließen und repräsentiert dabei die Gruppe der rechtsverbindlichen Regulierungsversuche. Sie ist zentrales Werk der *UN Working Group on the use of mercenaries as a means of violating human rights and impeding the exercise of the right of peoples to self-determination* (im Folgenden *UN Working Group*), die sich für die Regelung mittels einer internationalen und verbindlichen Konvention einsetzt. Die *UN Working Group* wurde im Jahr 2005 durch Resolution 2005/2 der UN-Menschenrechtskommission eingesetzt und mit je einem Vertreter aus den fünf Regionalgruppen besetzt.[8] Sie folgte dem Mandat des UN-Sonderberichterstatters über den Einsatz von Söldnern (1987–2004 *Enrique Bernales Ballesteros* und

---

7   *Holmqvist*, Private Security Companies: The Case for Regulation, S. 54.

8   Office of the High Commissioner for Human Rights, Human Rights Resolution 2005/2, 07.04.2005, The use of mercenaries as a means of violating human rights and impeding the exercise of the right of peoples to self-determination; United Nations Human Rights – Office of the High Commissioner, Special Rapporteur on use of mercenaries as a means of impeding the exercise of the right of peoples to self-determination, http://www.ohchr.org/EN/Issues/Mercenaries/SRMercenaries/Pages/SRMercenariesIndex.aspx, zuletzt abgerufen am 27.12.2016.

2004–2005 *Shaista Shameem*) nach.[9] Während sich das ursprüngliche Mandat auf Söldneraktivitäten beschränkte wurde es mit Resolution 2004/5 auf PMSCs erweitert.[10] Zuletzt wurde ihr Mandat im September 2014 um drei weitere Jahre verlängert.[11]

Die *UN Working Group* begrüßt Selbstverpflichtungserklärungen als ergänzendes Mittel, hält sie aber als eigenständige Lösung für unzulänglich.[12] Selbstverpflichtungserklärungen können nicht mit einem rechtsverbindlichen Regelungswerk gleichgesetzt werden, sie sind – wenn überhaupt – *Soft Law*.

Das Konzept des *Soft Laws* gehört zu einem der dynamischsten Bereiche des modernen Völkerrechts. *Soft Law* umfasst formell nicht rechtsverbindliche Regelungen, denen aber dennoch mehr Verbindlichkeit zukommt als bloßen politischen Erklärungen.[13] Es werden Verhaltenserwartungen festgeschrieben, die vor internationalen Gerichten allerdings nicht geltend gemacht werden können, da sie lediglich über Appellcharakter verfügen.[14] *Soft Law* verfügt damit zwar über keine normative, dafür aber über eine nicht zu unterschätzende faktische Steuerungswirkung.[15] Rechtsvorbereitendes *Soft Law* findet vermehrt dann Anwendung, wenn der politische Wille zum Handeln noch unzulänglich ausgeprägt ist.[16] Dies gilt insbesondere auch im Bereich der nicht-staatlichen Akteure.

Im Bereich des *Soft Laws* existieren sowohl PMSC-spezifische Regelungen (*Montreux Document* und *ICoC)* als auch allgemeinere Regelungen, wie die *UN Guiding Principles on Business on Human Rights* oder die *OECD Guidelines for multinational enterprises*. Bei Selbstverpflichtungserklärungen kann weiter danach

---

9   United Nations Human Rights – Office of the High Commissioner, Special Rapporteur on use of mercenaries as a means of impeding the exercise of the right of peoples to self-determination, http://www.ohchr.org/EN/Issues/Mercenaries/SRMercenaries/Pages/SRMercenariesIndex.aspx, zuletzt abgerufen am 23.12.2016.

10 Office of the High Commissioner for Human Rights, Human Rights Resolution 2004/5, 08.04.2004, Use of mercenaries as a means of violating human rights and impeding the exercise of the right of peoples to self determination, Para. 18.

11 UN Doc., A/HRC/RES/24/13, 08.10.2013, The use of mercenaries as a means of violating human rights and impeding the exercise of the right of peoples to self-determination, Para 16 ff.

12 Remarks by Gabor Rona, UN Working Group on the Use of Mercenaries, Montreux +5 Conference 11-13 December 2013, http://www.ohchr.org/EN/NewsEvents/Pages/DisplayNews.aspx?NewsID=14105, zueltzt abgerufen am 06.06.2016.

13 *Thürer*, in: MPEPIL Soft Law, Rnd. 2.

14 *Thürer*, in: MPEPIL Soft Law, Rnd. 2.

15 *Knauf*, in: Schöbener (Hrsg.), Völkerrecht, S. 386 (387).

16 *Knauf*, in: Schöbener (Hrsg.), Völkerrecht, S. 386 (389).

unterschieden werden, ob es sich um rein unternehmensinterne Regelungen oder um Multi-Stakeholder-Regelungen handelt. Bei letzterer Gruppe sind neben der Branche selbst auch Vertreter der Zivilgesellschaft, z.b. NGOs, und teilweise auch staatliche Stellen vertreten (teilweise wird diese Variante auch als Koregulierung bezeichnet).[17]

Dies wirft die im Folgenden zu beantwortende Frage auf, inwieweit Selbstverpflichtungserklärungen speziell in diesem Sektor als belastbare und effektive Regulierungsmittel angesehen werden können und inwieweit sich diesbezüglich empirisch belegbare Erfahrungswerte feststellen lassen. Im Folgenden wird als momentan bedeutendstes Beispiel einer solchen Selbstverpflichtungserklärung der *ICoC* dargestellt, nachdem zuvor das *Montreux Document* und die *Draft Convention* als Startpunkt[18] des Regulierungsprozesses behandelt werden. Als UN-spezifische Regulierung sind zudem die *Guidelines on the Use of Armed Security Services from Private Security Companies* einzubeziehen. Abschließend wird auf die ebenfalls unverbindlichen *UN Guiding Principles on Business on Human Rights* sowie die *OECD Guidelines for Multinational Enterprises* eingegangen. Bei den beiden letztgenannten Regulierungsmechanismen handelt es sich um keine PMSC-spezifischen Regulierungsmechanismen, vielmehr beziehen sie sich auf Wirtschaftsunternehmen im Allgemeinen. Dennoch sind sie in den Diskurs miteinzustellen. Sie sind bereits etabliert und verfügen über eine breitflächige Akzeptanz. Zudem kann bei unzulänglichen PMSC-spezifischen Regelungen auf deren allgemeine Regelungen, die nicht nur, aber auch für PMSCs Gültigkeit beanspruchen, zurückgegriffen bzw. PMSC-spezifische und allgemeine Regelungen miteinander kombiniert und so ihr Mehrwert abgeschöpft werden.

A. Montreux Document

Am 17. September 2008 wurde das *Montreux Document* von 17 Staaten verabschiedet.[19] Seine Verhandlungsphase überschnitt sich mit der der *Draft Convention*. Im *Montreux Document* wurden bestehende Verpflichtungen des humanitären Völkerrechts und der Menschenrechte für Sitz-, Vertrags- sowie Gaststaaten

---

17 *Hennings*, Über das Verhältnis von multinationalen Unternehmen zu Menschenrechten, S. 55.

18 *White*, in: Bakker/Sossai (Hrsg.), Multilevel Regulation of Military and Security Contractors, S. 11 (12).

19 *White*, in: Bakker/Sossai (Hrsg.), Multilevel Regulation of Military and Security Contractors, S. 11 (12).

dargestellt und Vorschläge für eine Verbesserung der nationalen Regelungen im Umgang mit PMSCs erarbeitet.[20]

Während im ersten Teil des *Montreux Documents* der Status quo des geltenden Rechts dargestellt wird, widmet sich der zweite Teil der Nennung von 73 *Good Practices* Beispielen, wodurch die Richtung für künftige Entwicklungen vorgegeben werden soll. Auch wenn es im ersten Teil die gültige Rechtslage darstellt, verfügt das *Montreux Document* selbst nicht über Rechtsverbindlichkeit.[21] Gleichwohl spiegelt es die Rechtsauffassung der betroffenen Staaten anschaulich wider und leistet damit einen wichtigen Beitrag zur Ermittlung deren *opinio juris*.[22] Es trägt damit das Potential in sich, zu Völkergewohnheitsrecht zu erstarken, was bisher aber noch nicht stattgefunden hat.[23] Während Teile der Literatur das *Montreux Document* als *Soft Law* bezeichnen,[24] stellt es nach vorzugswürdiger Ansicht weder geltendes Völkervertragsrecht noch *Soft Law* dar. Vielmehr handelt es sich um eine (neue) Darstellung des geltenden Rechts.[25] Es wird ein Überblick über die humanitär-völkerrechtlichen und menschenrechtlichen Regelungen gegeben und deren Anwendung auf PMSCs illustriert und bestätigt.[26] Neue völkerrechtliche Pflichten sollen damit nicht geschaffen werden.[27]

I) Entstehungsgeschichte

Das *Montreux Document* ist das Ergebnis einer drei Jahre andauernden Konsultationsphase, die federführend durch das eidgenössische Department für auswärtige Angelegenheiten der Schweiz betreut wurde. Zwischen Januar 2006 und September 2008 wurden vier zwischenstaatliche Treffen als Grundlage zur

---

20 *White*, in: Bakker/Sossai (Hrsg.), Multilevel Regulation of Military and Security Contractors, S. 11 (12).

21 Montreux Document, Präambel, Nr. 3.

22 *Picard*, Private Guards and Public Guardians, S. 135.

23 *Shelton*, in: Shelton (Hrsg.), Commitment and Compliances, S. 1 (1).

24 *Munoz-Mosquera/Chalanouli*, in: D'Aboville (Hrsg.), Private Military and Security Companies, S. 128 (136); *Ronzitti*, in: D'Aboville (Hrsg.), Private Military and Security Companies, S. 147 (149).

25 Montreux Document – Explanatory Comments, S. 31; *Spoerri*, Private Military and Security Companies – 35th Round Table on Current Issues of International Humanitarian Law, Session 1: Status and Interrelation of Major Standards Setting Initiatives, S. 3.

26 *Tougas*, International Review of the Red Cross 2014, 305 (307).

27 *Odendahl*, AdV 2010, 226 (239).

Erarbeitung des *Montreux Documents* abgehalten.[28] In Tradition der Genfer Abkommen sah sich die Schweiz als Motor der fortschreitenden Entwicklung beim Umgang mit PMSCs.[29] Im Januar 2006 fand das erste Treffen statt, an dem Regierungsexperten sowie Vertreter der betroffenen Unternehmen und der Zivilgesellschaft zusammen kamen um sich einen ersten Überblick über das Thema zu verschaffen.[30] Das Beratergremium zeichnete sich durch eine sehr heterogene Zusammensetzung aus. Neben Staatenvertretern waren ebenso Vertreter von NGOs und Wissenschaft sowie Vertreter der PMSC-Branche präsent. Die Verhandlungsphase des *Montreux Document* illustriert damit anschaulich die Ausrichtung zu Multi-Stakeholder-Foren. Im Rahmen des zweiten Treffens, im November 2006 in Montreux, diskutierten die Teilnehmenden gemeinsam über gute Praktiken und differenzierten zwischen Gast-, Sitz- und Vertragsstaaten.[31] Auf Grundlage der Diskussionen des Beratergremiums wurde den Regierungen der Teilnehmerstaaten auf dem dritten Treffen im April 2008 ein erster Entwurf vorgestellt. Im Rahmen des vierten Treffens im September 2008 wurde das *Montreux Document* von 17 Staaten verabschiedet. Unter den 17 unterzeichnenden Staaten[32] waren mit den USA, dem Vereinigten Königreich und Südafrika die größten Sitzstaaten, mit den USA und dem Vereinigten Königreich die größten Vertragsstaaten und mit Afghanistan, Irak und Sierra Leone die größten Staaten, in denen PMSCs operieren, vertreten.[33]

Auch die *UN Working Group* beschäftigte sich mit der Qualität des *Montreux Document*. Dabei wurde dieses zwar hinsichtlich der Bestätigung der

---

28 Eidgenössisches Department für auswärtige Angelegenheiten, Montreux Document, https://www.eda.admin.ch/eda/de/home/aussenpolitik/voelkerrecht/humanitaeres-voelkerrecht/private-sicherheitsunternehmen/montreux-dokument.html, zuletzt abgerufen am 29.12.2016.

29 *Seiberth*, Private Military and Security Companies in International Law, S. 123.

30 Eidgenössisches Department für auswärtige Angelegenheiten, Montreux Document, https://www.eda.admin.ch/eda/de/home/aussenpolitik/voelkerrecht/humanitaeres-voelkerrecht/private-sicherheitsunternehmen/montreux-dokument.html, zuletzt abgerufen am 29.12.2016.

31 Eidgenössisches Department für auswärtige Angelegenheiten, Montreux Document, https://www.eda.admin.ch/eda/de/home/aussenpolitik/voelkerrecht/humanitaeres-voelkerrecht/private-sicherheitsunternehmen/montreux-dokument.html, zuletzt abgerufen am 29.12.2016.

32 Es handelt sich um Afghanistan, Angola, Australien, China, Deutschland, Frankreich, Grossbritannien, Irak, Kanada, Österreich, Polen, Schweden, Schweiz, Sierra Leone, Südafrika, Ukraine und die Vereinigten Staaten.

33 *Finke*, Private Sicherheitsunternehmen im bewaffneten Konflikt, S. 36.

bestehenden Verpflichtungen und deren Veranschaulichung durch *Good Practices* Beispiele positiv bewertet, aber dennoch nicht als alle relevanten Punkte abdeckendes Regelungswerk, eingestuft. Diese Einschätzung stützt sich maßgeblich auf zwei Erwägungsgründe: Zum einen auf die geringe Anzahl von nur 17 Teilnehmerstaaten, zum anderen auf die Beschränkung des Anwendungsbereichs auf bewaffnete Konflikte. Letzteres führt zu einer schwerpunktmäßigen Auseinandersetzung mit den Regelungen des humanitären Völkerrechts; die Behandlung der Menschenrechte fällt im Vergleich dazu deutlich geringer aus. Es besteht aber ein ebenso hohes Bedürfnis, PMSC-Aktivitäten in unbewaffneten Konflikten zu regulieren und die extraterritoriale Anwendbarkeit der Menschenrechte sowie die Due-Diligence-Verpflichtungen der Staaten endgültig zu klären.[34] Auch wurde die Zusammensetzung der Staatengruppe kritisiert. Mit neun westlichen Staaten wurde sie für ungleichgewichtig und zu stark durch die Pro-PMSCs ausgerichteten Staaten geprägt befunden.[35] Die Zusammensetzung der Gruppe und die Beschränkung auf 17 Staaten erfolgten jedoch nicht willkürlich. So wurde darauf geachtet, dass sowohl Sitz-, Gast- und Vertragsstaaten repräsentiert wurden. Zudem war den Verfassern daran gelegen, den Verhandlungsprozess in absehbarer Zeit zu beenden. Die Möglichkeit für Staaten und internationale Organisationen, dem *Montreux Document* im Nachgang beizutreten, und die Mitwirkung des IKRK erhöhen die Werthaltigkeit des *Montreux Document*.[36] Zwischenzeitlich ist die Anzahl der Teilnehmerstaaten auf 53 angewachsen;[37] EU, OSZE und NATO haben das Dokument unterzeichnet. Die PMSCs selbst hingegen wurden nicht als Vertragspartner vorgesehen, waren aber ebenfalls in die Verhandlungen involviert und

---

34 UN Doc., A/68/339, 20.08.2013, Report of the UN Working Group on the use of mercenaries as a means of violating human rights and impeding the exercise of the right of peoples to self-determination, Para. 63.

35 UN Doc., A/HRC/10/14, 21.01.2009, Report of the UN Working Group on the use of mercenaries as a means of violating human rights and impeding the exercise of the right of peoples to self-determination, Para. 44.

36 *Seiberth,* Private Military and Security Companies in International Law, S. 125; *White,* in: Bakker/Sossai (Hrsg.), Multilevel Regulation of Military and Security Contractors, S. 11 (12).

37 Eidgenössisches Department für auswärtige Angelegenheiten, https://www.eda.admin.ch/eda/de/home/aussenpolitik/voelkerrecht/humanitaeres-voelkerrecht/private-sicherheitsunternehmen/montreux-dokumentteilnehmerstaaten.html; zuletzt abgerufen am 26.08.2015.

brachten gemäß den Ausführungen in der Präambel zum Ausdruck, die *Good Practices* Beispiele als Richtlinien anzuerkennen.[38]

II) *Teil I – Vorhandene und für den Umgang mit PMSCs relevante völkerrechtliche Regelungen*

Zwar stimmen die völkerrechtlichen Verpflichtungen für Gast-, Sitz- und Vertragsstaaten grundsätzlich überein, dennoch erkennt das *Montreux Document* die bisweilen deutlich disparaten Ausgangssituationen bzgl. Implementierung und Überwachung der vorhandenen Regularien an. Regelmäßig verfügt der Gaststaat dabei über die schwächste Position. So wurde im *Montreux Document* für die Sitz- und Vertragsstaaten ein besonderer Hinweis auf die Einhaltung des Rechtsrahmens aufgenommen, der auch über die eigenen Staatsgrenzen hinausgehen kann und soll.[39] Für Vertragsstaaten wird zusätzlich deren Vergabepraxis hervorgehoben und die Einhaltung dieser Vorgaben beim PMSC-Einsatz in schwachen Staaten besonders betont.[40] Für die Sitzstaaten soll hingegen den Exportregelungen besondere Bedeutung zukommen.[41]

1) *Auslagerung staatlicher Kernaufgaben*

Im Vergleich zu den teilweise parallel verlaufenden Verhandlungen zur *Draft Convention*, zeichnet sich das *Montreux Document* durch eine deutlich offenere Position gegenüber den PMSCs aus. Dies wird auch an den übertragbaren Aufgaben deutlich. Ein Ausschlusskatalog wie in der *Draft Convention* findet sich im *Montreux Document* gerade nicht. Es bleibt bei den durch das humanitäre Völkerrecht vorgegebenen Beschränkungen. Abgesehen von diesen Einschränkungen soll den PMSCs aber jedwede Einsatzmöglichkeit offen stehen. Zu den möglichen Aufgaben der PMSCs zählen gemäß der in der Präambel enthaltenen Definition: „*Military and security services include, in particular, armed guarding and protection of persons and objects, such as convoys, buildings and other places; maintenance and operation of weapons systems; prisoner detention; and advice to or training of local forces and security personnel.*"[42] Auffällig ist auch, dass bei den Schutzobjekten nicht weiter nach zivilen und militärischen Zielen unterschieden wird und damit der Umfang der übertragbaren Aufgaben möglichst groß belassen wird.

---

38 Montreux Document, Präambel Nr. 8.
39 *Seiberth*, Private Military and Security Companies in International Law, S. 132 f.
40 *Seiberth*, Private Military and Security Companies in International Law, S. 133.
41 *Seiberth*, Private Military and Security Companies in International Law, S. 133.
42 Montreux Document, Präambel Nr. 9.

Damit sollte insbesondere den USA und dem Vereinigten Königreich entgegen gekommen werden.[43] Zwar sind in dem *Good Practices* Teil Ausführungen enthalten, die einer unmittelbaren Teilnahme von PMSC-Personal an Feindseligkeiten entgegen wirken sollen, jedoch wurde auf einen klaren Ausschluss von Kampfaktivitäten verzichtet. Damit wird erneut Staaten wie den USA oder dem Vereinigten Königreich entsprochen, die vermehrt staatliche Aufgaben auslagern.[44] Gleichwohl wurde betont, dass es Staaten durch das Outsourcen von Aufgaben an PMSCs gerade nicht möglich sein soll, sich ihrer Verpflichtungen zu entledigen.[45]

2) Achtung des humanitären Völkerrechts

Durch die klare Ausrichtung des *Montreux Document* auf bewaffnete Konflikte reduziert sich seine praktische Relevanz, da all die Situationen, in denen die Schwelle zum bewaffneten Konflikt nicht überschritten wird, ebenso wie Nachkriegssituationen aus dem Anwendungsbereich des *Montreux Document* ausgenommen werden. Die Ausrichtung auf das humanitäre Völkerrecht hat zu deutlichen Defiziten bei den menschenrechtlichen Regelungen geführt. Allerdings zeigt sich bei den *Good Practices* im zweiten Teil, dass Verhaltensempfehlungen, wie z.B. die Etablierung von Lizenzierungssystemen, nicht nur während bewaffneter Konflikte, sondern auch in Friedenszeiten ihre Gültigkeit behalten.

Etwaige staatliche Ermutigungen oder Unterstützungen zur Verletzung des humanitären Völkerrechts durch PMSCs sind daher zu unterlassen; präventive Maßnahmen zur Verhinderung etwaiger Rechtsbrüche sind zu veranlassen und für eine ausreichende Bildung und Unterrichtung des PMSC-Personals ist Sorge zu tragen.[46]

3) Schutz der Menschenrechte

Da sich das *Montreux Document* auf die Situation des bewaffneten Konflikts konzentriert, werden die Menschenrechte nur in unzureichender Weise behandelt. Dennoch darf und muss an Staaten die Erwartung gestellt werden, dass sie im Rahmen ihrer Sorgfaltspflicht alles tun, um etwaige Rechtsverletzungen zu verhindern.[47] Ebenso verweist das *Montreux Document* auf die Pflicht zur Ergreifung geeigneter Maßnahmen zur Verhinderung und Aufklärung von Verletzungshandlungen

---

43 *Seiberth,* Private Military and Security Companies in International Law, S. 131.
44 *Stanger,* One Nation under Contract, S. 84 ff.
45 *Lehnardt,* in Chesterman/Lehnardt (Hrsg.), From Mercenaries to Market, S. 139 (144).
46 Montreux Document, Nr. 3, 9 und 14.
47 The Montreux Document – Explanatory Comments, S. 34.

sowie zur Gewährung von Entschädigungsleistungen.[48] Damit finden sich die Menschenrechte zwar formal betrachtet im *Montreux Document* wieder, jedoch geschieht dies nur sehr allgemein. So werden keine speziellen Menschenrechtsverträge namentlich genannt. Auch die Frage der extraterritorialen Geltung der Menschenrechte wird nicht angesprochen.

4) Staatenverantwortlichkeit

Das *Montreux Document* bezieht sich bei der Frage der Staatenverantwortlichkeit im Wesentlichen auf die Ausführungen der *International Law Commission* und ihren *Draft Articles on Responsibility of States for Internationally Wrongful Acts (Draft Articles).*[49] Die im *Montreux Document* einleitend aufgestellte Prämisse, dass Staaten sich durch das Outsourcen von Aufgaben nicht ihrer völkerrechtlichen Verpflichtungen entledigen dürfen,[50] gerät im Kontext der Staatenverantwortlichkeit massiv ins Wanken. Dies resultiert aus der Korrelation der an PMSCs übertragbaren Aufgaben mit der Regelung der Zurechnungsfrage. Das *Montreux Document* beruft sich wegen der Grenzen übertragbarer Aufgaben auf das humanitäre Völkerrecht. Ein expliziter Ausschluss der Übertragung an Private findet sich im internationalen Recht aber nur in wenigen Einzelfällen (z.B. Leitung von Kriegsgefangenenlager, Art. 39 GK III). Es verbleibt also ein breiter Bereich an übertragbaren Aufgaben. Die Zurechnung der von PMSCs ausgeführten Aufgaben nach Art. 5 *Draft Articles* bereitet jedoch aufgrund der fehlenden Präzisierung des Begriffs *inherently governmental authority* und des strengen *effective-control*-Maßstabes erhebliche Schwierigkeiten.[51] Bei der Frage, welche Aufgaben an PMSCs vergeben werden können, wird somit ein sehr großzügiger Maßstab angewandt; bei der Frage welche Handlungen den Staaten zurechenbar sind, jedoch ein sehr strenger. Dies bedeutet das Entstehen einer Teilmenge an PMSC-Handlungen, für die Staaten nicht zur Verantwortung gezogen werden können. Für Vertragsstaaten wird dies im *Montreux Document* besonders hervorgehoben. Dort heißt es, dass alleine die vertragliche Verbindung zu PMSCs keine Staatenverantwortung begründet.[52] Mit dem vorherigen Postulat, dass sich Staaten durch die Nutzung von PMSCs nicht ihrer Verbindlichkeiten entledigen

---

48 Montreux Document, Nr. 4, 10, 15 und 19.
49 Montreux Document, Part One, Nr. 7.
50 Montreux Document, Part One, Nr. 1.
51 Zur Frage der Zurechnung von PMSC Handlungen siehe 2. Kapitel § 3 A.; *Seiberth,* Private Military and Security Companies in International Law, S. 136 f.
52 Montreux Document, Part One Nr. 7.

dürften, steht dies im Widerspruch. Das *Montreux Document* unternimmt keinen Versuch, diesen Widerspruch aufzulösen.[53]

5) Due-Diligence-Verpflichtungen

Das *Montreux Document* zeichnet sich – im negativen Sinn – auch dadurch aus, dass es den Begriff der Due-Diligence-Verpflichtungen gerade nicht verwendet. Dieser Mangel liegt auch daran, dass sich etliche Staaten, insbesondere die USA, gegen die Aufnahme der Due-Diligence-Verpflichtungen in das finale Dokument gewehrt haben.[54] Bei den Verhandlungen wurde insbesondere die extraterritoriale Anwendbarkeit der Menschenrechte als Ausprägung der Due-Diligence-Verpflichtung heftig diskutiert.[55] Der daraus resultierende Kompromiss findet sich in Nr. 7 des *Montreux Document*. Darin heißt es *„entering into contractual relations does not in itself engage the responsibility of Contracting States".*[56] Nach dem Willen der Verhandlungspartner ist diese Formulierung so zu verstehen als wäre der Zusatz *„Contracting states have otherwise taken the necessary steps to discharge their obligations to ensure respect, as specified in paragraphs 1–6"* im *Montreux Document* enthalten.[57] *Amnesty International* bewertete jedoch den fehlenden expliziten Bezug zu den Due-Diligence-Verpflichtungen sowie die ebenfalls fehlende Einbeziehung der *UN Guiding Principles* als eine der größten Schwächen des *Montreux Document*.[58] Zwar können die im *Montreux Document* festgehaltenen Aspekte, wie z.B. die Berücksichtigung des bisherigen Verhaltens der Unternehmen für die Erlaubniserteilung, als Ausprägung der Due-Diligence-Verpflichtung interpretiert werden;[59] eine Klarstellung, dass Staaten über die anerkannten Zurechnungsregeln des internationalen Rechts hinaus auch dann zur Verantwortung gezogen werden können, wenn sie keine angemessenen Vorsorgemaßnahmen getroffen haben, fehlt aber.

---

53 *Seiberth,* Private Military and Security Companies in International Law, S. 137.
54 *Cockayne,* Journal of Conflict and Security Law 2009, 401 (421).
55 *Cockayne,* Journal of Conflict and Security Law 2009, 401 (409).
56 Montreux Document, Part One, Nr. 7.
57 *Cockayne,* Journal of Conflict and Security Law 2009, 401 (409).
58 Amnesty International, Public Statement on the Montreux Document on Pertinent International Legal Obligations and Good Practices for States related to the Operations of Private Military and Security Companies during Armed Conflict, 14.10.2008, IOR 30/010/2008, S. 2.
59 *Cockayne,* Journal of Conflict and Security Law 2009, 401 (413).

III) Teil II – Good Practices Beispiele

In seinem zweiten Teil widmet sich das *Montreux Document* der Sammlung von *Good Practices* Beispielen. Bei diesen handelt es sich allesamt um kein geltendes Völkerrecht. Allerdings ist ein Großteil der beobachteten Praktiken das Ergebnis staatlicher Bemühungen, ihren humanitär-völkerrechtlichen und/oder menschenrechtlichen Verpflichtungen nachzukommen.[60] Im Wesentlichen sollen die Staaten durch die vorgebrachten Beispiele dazu angeregt werden

- klare und eindeutige Prozesse und Kriterien zur Frage, welche Aufgaben ausgelagert werden dürfen, zu etablieren,
- PMSCs und deren Personal vor Beauftragung sorgfältig zu überprüfen und Lizenzierungssysteme zu nutzen,
- die Geltung des humanitären Völkerrechts und der Menschenrechte in die Verträge mit den PMSCs zu inkludieren,
- ausreichende Überwachungsmechanismen zu etablieren.[61]

Lizenzen können entweder für einen bestimmten Zeitraum oder einen bestimmten Einsatz/Auftrag ausgestellt werden. Des Weiteren wird vorgeschlagen zusätzlich Lizenzen für einzelne Angestellte auszustellen.[62] Die Einführung und die Betrauung eines für die Lizenzierung zuständigen Organs stellen sich aber insbesondere für die Gaststaaten aufgrund der oft komplexen und kritischen politischen Umstände als schwierig dar. Dieser Schwäche kann nur damit begegnet werden, dass auch Sitz- und Vertragsstaaten von PMSCs Lizensierungssysteme betreiben. Dies ist aber bei weitem nicht flächendeckend gegeben. So verzichten z.B. die USA und das Vereinigte Königreich, also die bedeutendsten Sitzstaaten für PMSCs, auf die Einführung eines solchen PMSC-spezifischen Instrumentariums.[63]

Bei der Vergabe von Lizenzen und bei der Informationsbeschaffung der relevanten Daten ist besonderer Wert auf Transparenz zu legen. Zudem bedarf es aufgrund der weitverzweigten geographischen Besonderheiten dringend einer Zusammenarbeit der involvierten Staaten, um insbesondere einen ausreichenden Informationsfluss gewährleisten zu können.[64] Dies umfasst mitunter auch die Preisgabe von Daten der Auftraggeber. Dies stößt in der Praxis jedoch schnell an Grenzen, da die Verträge regelmäßig als Verschlusssachen gehandelt werden

---

60 *Picard,* Private Guards and Public Guardians, S. 144.
61 *Picard,* Private Guards and Public Guardians, S. 144.
62 Montreux Document, Part Two, Nr. 25.
63 *Seiberth,* Private Military and Security Companies in International Law, S. 140 f.
64 Montreux Document, Part Two, Nr. 19, 22 und 23.

und damit eine der zentralen Informationsquellen zum Versiegen gebracht wird. Auch die damit verbundene Idee, dass eine auf diese Weise enttarnte schlechte Reputation automatisch zu einer Säuberung des Marktes führt, hat den Praxistest nicht bestanden. Insbesondere den Marktführern brachten frühere Skandale und Verwicklungen in Menschenrechtsverletzungen keine nennenswerten Auftragseinbußen ein.[65] Die häufig praktizierte Vergabe von Unteraufträgen erschwert das Streben nach Transparenz noch zusätzlich.[66] Die Vergabe von Unterverträgen sollte daher Vertragsbestandteil zwischen den PMSCs und den Staaten werden; damit könnte sichergestellt werden, dass auch Subunternehmer Menschenrechte und humanitäres Völkerrecht zu achten haben und die gleichen Anforderungen erfüllen müssen, die auch an die originären Vertragspartner selbst gestellt werden. Generell bedarf es bei der Auswahl der Unternehmen daher erhöhter Sorgfalt.[67]

Ebenso wird die Frage nach dem Einsatz von Waffengewalt und Gewalt im Allgemeinen angesprochen. Gewalt soll weitestgehend eingeschränkt werden und nur in Selbstverteidigungsfällen möglich sein.[68] Der Begriff der Selbstverteidigung wird jedoch nicht legal definiert. Wie beim Einsatz von Peacekeepern gesehen, wäre dies aber dringend notwendig. Schließlich wird auch die strafrechtliche Ahndung angesprochen. Dafür wird die Einführung eines Unternehmensstrafrechts für geeignet befunden. Ebenfalls soll beim Abschluss von *Status of Forces Agreements* darauf geachtet werden, dass zumindest von einer Partei die Gerichtsbarkeit ausgeführt werden kann.

IV) Montreux+5-Konferenz

Fünf Jahre nach der Unterzeichnung des *Montreux Document* wurde von Staatenvertretern, der Sicherheitsbranche, der Zivilgesellschaft sowie von Vertretern internationaler Organisationen die Effizienz des *Montreux Document* überprüft und insbesondere nach Wegen für eine bessere Implementierung auf nationaler Ebene gesucht.[69] Auch sollten vermehrt Staaten aus dem globalen Süden als

---

65 *Seiberth,* Private Military and Security Companies in International Law, S. 143.
66 *Seiberth,* Private Military and Security Companies in International Law, S. 143.
67 Montreux Document, Part Two, Nr. 5–18.
68 Montreux Document, Part Two, Nr. 43a.
69 ICRC, New Release 13-12-2013 News Release 13/230, Switzerland: Conference highlights efforts to regulate private security companies, https://www.icrc.org/eng/resources/documents/news-release/2013/12-13-switzerland-private-military-security-companies-montreux-plus-5.htm, zuletzt abgerufen am 23.03.2016.

Unterzeichnerstaaten gewonnen werden.[70] Besonders hervorgehoben wurde auch die Bedeutung des *Montreux Document* für internationale Organisationen; auch die Beteiligung von EU, OSZE und der NATO wurde als Erfolg angesehen.[71] Das Hauptaugenmerk lag aber auf einer Verbesserung der Implementierung in den nationalen Rechtsordnungen. Dazu wurden insbesondere drei Punkte hervorgehoben:

– Es müssen klare Regelungen getroffen werden, welche Aufgaben an PMSCs übertragen werden dürfen und welche nicht.
– Aufgrund der transnationalen Tätigkeiten von PMSCs bedarf es der extraterritorialen Anwendbarkeit der Regelungen.
– Lizenzierungs- und Autorisierungssysteme werden als besonders wirkungsvolle Mechanismen beschrieben.[72]

Um für einen regelmäßigen Austausch unter den Unterzeichnerstaaten zur sorgen, wurde die Einführung des *Montreux-Forums* als Austauschplattform geschaffen. Auf diese Weise soll eine effektive Weiterentwicklung des *Montreux Documents* und dessen Implementierung sichergestellt werden.[73]

V) Zwischenergebnis

Das *Montreux Document* zeichnet sich durch einen sehr offenen Umgang mit PMSCs aus. Am deutlichsten wird dies bei den nahezu unbeschränkten Möglichkeiten des Outsourcens. Damit steht es auch im klaren Widerspruch zur *Draft Convention* und illustriert zugleich die unterschiedlichen Lager in der Staatengemeinschaft. Gleichzeitig exemplifiziert das *Montreux Document* ein typisches Verhandlungsmuster im Umgang mit PMSCs. Auch wenn sich das *Montreux Document* in erster Linie an Staaten richtet, so wird doch für die

---

70 Montreux +5 Conference Chairs' Conclusions, 13 December 2013, S. 2, https://www. eda.admin.ch/content/dam/eda/en/documents/aussenpolitik/voelkerrecht/Chairs-Conclusions-montreux-final_en.pdf, zuletzt abgerufen am 23.03.2016.
71 Montreux +5 Conference Chairs' Conclusions, 13 December 2013, S. 3, https://www. eda.admin.ch/content/dam/eda/en/documents/aussenpolitik/voelkerrecht/Chairs-Conclusions-montreux-final_en.pdf, zuletzt abgerufen am 23.03.2016.
72 Montreux +5 Conference Chairs' Conclusions, 13 December 2013, S. 2, https://www. eda.admin.ch/content/dam/eda/en/documents/aussenpolitik/voelkerrecht/Chairs-Conclusions-montreux-final_en.pdf, zuletzt abgerufen am 23.03.2016.
73 Montreux +5 Conference Chairs' Conclusions, 13 December 2013, S. 2, https://www. eda.admin.ch/content/dam/eda/en/documents/aussenpolitik/voelkerrecht/Chairs-Conclusions-montreux-final_en.pdf, zuletzt abgerufen am 23.03.2016.

Verhandlungs- und Beratungsphase mit dem Multi-Stakeholder-Ansatz ein sehr breiter Rahmen gewählt. Neben Staaten und internationalen Organisationen werden NGOs, Wissenschaftler und natürlich Vertreter der PMSC-Branche konsultiert. Dieser Regelungsansatz wird sich im zweiten Teil der „Schweizer-Initiative" – dem *ICoC* – wiederholen.

Bei der Darstellung der geltenden Regelungen bleibt das *Montreux Document* sehr allgemein. Dies gilt insbesondere für den Bereich der Menschenrechte. Auch wurde an dieser Stelle nicht der Besonderheit von PMSC-Einsätzen Rechnung getragen, da die extraterritoriale Anwendbarkeit der Menschenrechte nicht behandelt wurde. Damit wird auch bereits deutlich, dass der Mehrwert des *Montreux Documents* in seinem zweiten Teil, den *Good Practices* Beispielen, liegt; mit ihnen wird veranschaulicht, wie nationales Recht ausgestaltet sein sollte. Zwar steht das *Montreux Document* Staaten und internationalen Organisationen offen,[74] auf den in der Praxis nicht zu übersehenden Trend, dass immer mehr internationale Organisationen, insbesondere die UN, als Auftraggeber von PMSCs auftreten und dabei in ihrer Rolle den Vertragsstaaten vergleichbar sind, wird jedoch nicht explizit eingegangen. Damit erreicht das *Montreux Document* nicht den Stellenwert und die Steuerungswirkung, die ihm an sich möglich gewesen wäre.

VI) *Relevanz des Montreux Document für den Einsatz von PMSCs in UN-Friedensmissionen*

Abschließend stellt sich die Frage nach der Relevanz des *Montreux Document* für den Einsatz von PMSCs in UN-Friedensmissionen. Der Beitritt zum *Montreux Document* steht auch internationalen Organisationen frei, also auch den UN, wovon bisher aber kein Gebrauch gemacht wurde. Ebenso wenig sind Bestrebungen erkennbar, dass dies geändert werden soll. Stattdessen wurde mit der Verabschiedung der *APSC Guidelines*[75] ein UN spezifisches Dokument bevorzugt, wobei die Verfasser der *APSC Guidelines* stark von den Arbeiten zum *Montreux Document* und des *ICoC* profitierten.[76] Dies zeigt sich auch an dem Umstand, dass die *APSC Guidelines* an mehreren Stellen auf das *Montreux Document* und den *ICoC* verweisen.[77] Inhaltlich richtet sich das *Montreux Document* im ersten Teil ausschließlich an Staaten. Konstellationen, in denen internationale Organisationen die Rolle der Vertragsstaaten einnehmen, werden darin

---

74 Montreux Document, Präambel, Nr. 9.

75 Zu den APSC Guidelines siehe ausführlich 3. Kapitel 3 § 1 D.

76 *Mathias,* in: D'Aboville (Hrsg.), Private Military and Security Companies, S. 121 (124).

77 APSC Guidelines Art. 25 a, c, d, Art. 34, Art. 35, Art. 39.

nicht explizit angesprochen. Der Nutzen der *Good Practices* Fälle im zweiten Teil soll neben den Vertragsstaaten aber auch anderen Auftraggebern der PMSCs (z.B. internationalen Organisationen) zu Gute kommen.[78] Trotz Beschränkung auf bewaffnete Konflikte kann die Relevanz des *Montreux Documents* für UN-Friedensmissionen unterstrichen werden: Zum einen ist die Entwicklung der Aufgabenfelder der Friedensmissionen zu berücksichtigen. Durch die immer weiter reichenden und zum Teil auch deutlich offensiveren Mandate der Friedensmissionen finden sich auch Peacekeeper vermehrt in Situationen wieder, in denen die Schwelle zum bewaffneten Konflikt überschritten wird. Dass das *Montreux Document* auf bewaffnete Konflikte beschränkt ist, schließt daher seine Anwendung für Einsätze in Friedensmissionen nicht generell aus. Zum anderen ist insbesondere der *Good Practices* Teil des *Montreux Document* für internationale Organisationen bedeutsam. Die darin angesprochenen Maßnahmen gelten gerade nicht nur während eines bewaffneten Konflikts, sondern wirken auch in Friedenszeiten. So kommen z.B. Lizenzierungs- und Registrierungsmechanismen unabhängig davon, ob ein bewaffneter Konflikt gegeben ist, zum Einsatz. Die vom *Montreux Document* angesprochenen Bereiche sind unabhängig davon, ob sich Staaten oder die UN der PMSCs bedienen, von ebenso großer Relevanz. Dabei kann und will das *Montreux Document* weder für Staaten noch für internationale Organisationen einen verbindlichen Rechtsrahmen schaffen. Vielmehr liegt sein Verdienst darin, einen Implementierungsprozess auf nationaler Ebene und innerhalb der internationalen Organisationen zu initiieren und zu lenken. Dies zeigt sich in der Praxis mitunter an den zuvor bereits angesprochenen Interdependenzen mit den *APSC Guidelines*. Die verschiedenen Regulierungsmechanismen weisen somit eine vielschichtige Verzahnung auf, sodass eine Weiterentwicklung eines Mechanismus auch die Weiterentwicklung der damit in Verbindung stehenden Mechanismen bedingt.

B. Draft Convention

Der Mangel an einem flächendeckenden und verbindlichen Regelungswerk für PMSCs führte nicht nur innerhalb der Staatengemeinschaft, sondern auch innerhalb der UN zur Diskussion über mögliche Lösungsansätze. Insbesondere die *UN Working Group* und die darauf aufbauende *open-ended intergovernmental working group to consider the possibility of elaborating an international regulatory framework on the regulation, monitoring and oversight of the activities of*

---

78 Montreux Document, Präambel, Nr. 8.

private military and security companies (im Folgenden: IGWG) haben sich als Motoren des stetigen Fortschritts erwiesen.

Die 2005 von der UN Menschenrechtskommission einberufene *UN Working Group* wurde mit der Erarbeitung eines Entwurfs zur Regelung der PMSC-Branche beauftragt. Die Alternative, PMSCs komplett zu verbieten, wurde aufgrund des faktisch vermehrten Einsatzes von PMSCs in der Praxis für nicht realisierbar befunden. Es war jedoch ein Anliegen der *UN Working Group*, den Einsatz von PMSCs als kritische Entwicklung zu würdigen und ihre Einsätze nicht als gängige Praxis kritiklos hinzunehmen. Durch die *Draft Convention* sollen die Staaten zur Anpassung und Nachbesserung ihres nationalen Rechts verpflichtet werden.[79] In dem von der *UN Working Group* entworfenen Regelungswerk wurde insbesondere auf die Verantwortlichkeit der Sitzstaaten der PMSCs abgestellt. Ausgehend von dem Gewaltmonopol des Staats wurde ein der Privatisierung Rechnung tragendes, gesetzliches Grundgerüst samt Kontroll- und Überwachungsmechanismen konstruiert, das mittels nationaler Gesetzgebung verwirklicht werden sollte.[80] 2009 zirkulierte ein erster Entwurf des Regelungswerkes unter Experten, Wissenschaftlern und NGOs. Die eingegangenen Anmerkungen und Kommentare wurden eingearbeitet und im Jahr 2010 eine modifizierte Version an alle Mitgliedstaaten versandt; auch von diesen wurden Rückmeldungen und Anregungen erbeten. Dieser Prozess fand im Sommer 2010 mit der Vorlage eines Entwurfes einer rechtlich bindenden Konvention zum Umgang mit PMSCs (A/HRC/15/25)[81] seinen Abschluss. *Del Prado* sieht die *Draft Convention* als einen Baustein eines ganzheitlichen Ansatzes, der auch das nationale Recht miteinbezieht: *„a model [domestic] law on PMSC that would assist national authorities in the elaboration and adoption of domestic legislation to regulate and control the activities of PMSCs“*.[82] Die Reaktionen der Mitgliedstaaten auf den Entwurf fielen durchaus gespalten aus. Während die USA, das Vereinigte Königreich und die EU den Entwurf verwarfen, wurde er von zahlreichen Vertretern der Entwicklungsländer sowie Südamerika, Russland und

---

79 Draft Convention, Art. 12.

80 *Armendáriz/Palou-Loverdos*, The Privatization of Warfare, Violence and Private Military & Security Companies, S. 71.

81 UN Doc., A/68/339, 20.08.2013, Report of the UN Working Group on the use of mercenaries as a means of violating human rights and impeding the exercise of the right of peoples to self-determination, Para. 44.

82 *del Prado*, Conflict and Security Law 2008, 429 (440).

China begrüßt.[83] Im Wesentlichen wurden fünf Gründe gegen die Notwendigkeit einer rechtlich verbindlichen internationalen Konvention vorgebracht: Die *Working Group* habe ihre Kompetenzen überschritten, da es sich um eindeutige und klassische Menschenrechtsbelange handele. Das Mandat der *Working Group* hingegen beschränke sich auf die Untersuchung von Söldneraktivitäten und die Unterstützung der Staaten bei der Einhegung der damit verbundenen Gefahren.[84] Auch wurde darauf hingewiesen, dass die bereits bestehenden internationalen Regelungen ausreichend seien. Diese Regelungen müssten implementiert und keine neuen geschaffen werden. Weder dem *Montreux Document* noch dem *ICoC* sei die notwendige Zeit gewährt worden, sich in der Praxis zu bewähren. Dies müsse nachgeholt werden. Als drittes Argument wurde vorgebracht, dass es an einer Definition des Begriffs der staatlichen Kernaufgaben fehle. Weiter wurde die Etablierung von Lizenzierungssystemen als zu kostspielig bewertet. Abschließend wurde darauf hingewiesen, dass ein internationales Vertragsvorhaben wie das der *Working Group* intensiverer Beratung benötige.[85]

Mit der Resolution A/HRC/RES/15/26 beschloss der Menschenrechtsrat im Herbst 2010, die *IGWG* als eine dauerhafte, zwischenstaatliche Arbeitsgruppe einzurichten; sie sollte an die bisherige Arbeit der *Working Group* anschließen und sich speziell mit der Frage bzw. der Entwicklung eines internationalen, bindenden Regelungswerkes beschäftigen.[86]

Auf deren erster Sitzung im Mai 2011 waren sich die Mitglieder zwar darüber einig, dass eine Regelung der PMSC-Aktivitäten notwendig ist, bei der konkreten Umsetzung bestanden aber deutliche Differenzen. Während eine Seite die

---

83 *Seiberth*, Private Military and Security Companies in International Law, S. 241; *Juma*, Law Democracy & Development 2011, 182 (183).
84 *Vrdoljak,* in: Eichler (Hrsg.), Gender and Private Security in Global Politics, S. 187 (190).
85 *Juma*, Law Democracy & Development 2011, 182 (184).
86 UN Doc., A/HRC/RES/15/26, 01.10.2010, Open-ended intergovernmental UN Working Group to consider the possibility of elaborating an international regulatory framework on the regulation, monitoring and oversight of the activities of private military and security companies, Nr. 4: „*to establish an open-ended intergovernmental UN Working Group with the mandate to consider the possibility of elaborating an international regulatory framework, including, inter alia, the option of elaborating a legally binding instrument on the regulation, monitoring and oversight of the activities of private military and security companies, including their accountability, taking into consideration the principles, main elements and draft text as proposed by the UN Working Group on the use of mercenaries as a means of violating human rights and impeding the exercise of the right of peoples to self-determination*".

Regelung durch eine rechtsverbindliche internationale Konvention forderte, hielt die Gegenseite eine Regelung mittels einer Kombination aus bestehenden internationalen und nationalen Vorschriften sowie zusätzlichen Selbstverpflichtungserklärungen der Unternehmen für vorzugswürdig. Eine dritte Position stellte verstärkt auf die Verschärfung nationaler Regelungen ab, insbesondere in Bezug auf die extraterritorialen Einsätze von PMSCs. Darüber hinaus wurde die Verantwortlichkeit für Menschenrechtsverstöße und die Ausstattung der Opfer mit Rechtsmitteln als vorrangig anerkannt.[87] Gut ein Jahr später kam man überein, dass eine Regelung mittels einer internationalen und bindenden Konvention notwendig sei, da das internationale Recht bisher weder das Outsourcen von staatlichen Aufgaben an PMSCs noch die Mindestanforderungen an eine Due-Diligence-Verantwortlichkeit der Staaten verbiete oder regele. Gerade in den Due-Diligence-Verpflichtungen wurde eine Rechtslücke gesehen, die ausschließlich durch eine verbindliche Konvention zu schließen sei. Ebenso wurden die ungenügenden nationalen Regelungen und die Eigenschaft vieler PMSCs als transnationale Unternehmen als Argument für eine verbindliche Regelung auf internationaler Ebene herangezogen.[88] Auch auf der 4. Sitzung der *IGWG* wurde von einzelnen Delegationen nachdrücklich auf die Notwendigkeit eines rechtsverbindlichen Rahmens hingewiesen. Es könne nicht genügen, wenn sich die Unternehmen mittels Selbstverpflichtungserklärungen eigenständig kontrollieren. Vielmehr bedürfe es dafür einer unabhängigen Institution. Nur durch eine flächenmäßige Einführung von Kontrollmechanismen und –möglichkeiten (inklusive einer angemessenen Anzahl an erfahrenen und gut ausgebildeten Kontrolleuren[89]) könne Rechtsmissbrauch aufgedeckt und künftig verhindert werden.

Gleichzeitig wurden von der *UN Working Group* die teilweise parallel verlaufenden Verhandlungen zu *Montreux Document* und *ICoC* und deren Komplementaritäten sowie die Notwendigkeit weitreichender Anpassungen wahrgenommen.[90] Die daraus resultierenden Interdependenzen zeigen sich auch in dem im Frühjahr 2015 veröffentlichten Konzeptpapier zur Überarbeitung der *Draft Convention*.[91]

---

87 UN Doc., A/68/339, 20.08.2013, Report of the UN Working Group on the use of mercenaries as a means of violating human rights and impeding the exercise of the right of peoples to self-determination, Para. 46.

88 UN Doc., A/68/339, 20.08.2013, Report of the UN Working Group on the use of mercenaries as a means of violating human rights and impeding the exercise of the right of peoples to self-determination, Para. 47.

89 *Dickinson*, Outsourcing War&Peace, S. 81.

90 *del Prado*, Criminal Justice Ethics 2012, 262 (280).

91 Siehe dazu ausführlich unter 3. Kapitel, § 1 B II.

Die *UN Working Group* betrachtet weiterhin sowohl die *Draft Convention* als auch das Konzeptpapier als eine tragende Säule bei der Erarbeitung eines Rechtsrahmens für PMSCs, gleichwohl hat sich ihr Fokus in jüngster Vergangenheit auf die Analyse der nationalen Rechtsordnungen sowie den neueren Selbstverpflichtungserklärungen wie *ICoC* und *ICoCA* gerichtet.[92] Nach wie vor sieht die *UN Working Group* darin keine zufriedenstellende Lösung und fordert weiterhin, dass bei der Entwicklung eines Regulierungsrahmens für PMSCs das Konzeptpapier sowie die *Draft Convention* an prominenter Stelle stehen. Dies wurde zuletzt auf dem fünften Treffen der *IGWG* im Dezember 2016 nachdrücklich betont.[93]

I) Inhalt

Die *Draft Convention* ist nicht an PMSCs adressiert. Sie richtet sich an Staaten und internationale Organisationen und legt diesen bestimmte Pflichten im Umgang mit PMSCs auf. Dabei ist insbesondere die Tatsache, dass auch internationale Organisationen als Vertragsparteien vorgesehen sind, für die hier zu untersuchende Fragestellung von Relevanz. Im Gegensatz zu den teilweise parallel stattfinden Verhandlungen zum *Montreux Document* und dem *ICoC* bzw. *ICoCA* war bei den Verhandlungen zur *Draft Convention* eine deutlich restriktivere Grundstimmung vorherrschend, die das staatliche Gewaltmonopol als unveränderbaren und zu schützenden Grundbaustein ins Zentrum ihrer Überlegungen rückte. Im Gegensatz zum *Montreux Document* ist die *Draft Convention* deutlich breiter aufgestellt. Sie beschränkt sich nicht auf bewaffnete Konflikte und behandelt folglich die Frage der Achtung der Menschenrechte auch wesentlich umfangreicher.[94] Bereits bei der Zielsetzung werden die Achtung und der Schutz der Menschenrechte an prominente Stelle gehoben.[95] Bei den zu beachtenden Regelungen nimmt die *Draft Convention* neben dem humanitären Völkerrecht

---

92 Statement of the Working Group on the Use of Mercenaries as a Means of Violating Human Rights and Impeding the Exercise of the Right of Peoples to Self-Determination, 12. – 17. Dezember 2016, S. 2.

93 Statement of the Working Group on the Use of Mercenaries as a Means of Violating Human Rights and Impeding the Exercise of the Right of Peoples to Self-Determination, 12. – 17. Dezember 2016, S. 6 ff.

94 Draft Convention, Art. 1 Nr. 1 a.

95 Draft Convention, Art. 1.1 (a), (d), (e).

durchgängig Bezug auf die Menschenrechte.[96] Alle Maßnahmen im Umgang mit PMSCs sind daher (auch) an den Menschenrechten zu messen.[97]

Das selbstgesteckte Ziel der *Draft Convention* liegt dabei darin *„important gaps (...) in national and international legal regimes applicable to private military and security companies"*[98] zu füllen.

1) Auslagerung staatlicher Kernaufgaben

Die *Draft Convention* bezieht deutlich zu Gunsten des staatlichen Gewaltmonopols Stellung; dieses Rechtsverständnis wird aber gerade nicht von der gesamten Staatengemeinschaft geteilt.[99] Staatliche Kernaufgaben dürfen gem. der *Draft Convention* nicht an Private ausgelagert werden.[100] Damit geht die *Draft Convention* deutlich weiter als das *Montreux Document*, das das Outsourcen nur an den Grenzen des humanitären Völkerrechts misst. Selbst wenn man von einer flächendeckenden Geltung des staatlichen Gewaltmonopols ausgehen möchte, ist der in der *Draft Convention* enthaltene Katalog aber zu weitreichend.[101] Eine Vielzahl der dort beschriebenen Tätigkeiten wird in der Praxis bereits durch Private ausgeübt. Schon aus diesem Grund wird die *Draft Convention* von solchen Staaten, die der Privatisierung positiv gegenüber stehen, abgelehnt.[102] Auch in der *Draft Convention* selbst lassen sich Widersprüchlichkeiten im Umgang mit dem Gewaltmonopol der Staaten finden. Zwar verfolgt die *Draft Convention* einen strengen Ansatz bzgl. des staatlichen Gewaltmonopols, erkennt aber

---

96 Siehe z.B. Draft Convention Art. 4.2, 5.1, 7, 14.3, 17.2.

97 *Vrdoljak,* in: Eichler (Hrsg.), Gender and Private Security in Global Politics, S. 187 (190).

98 Draft Convention, Präambel Nr. 21.

99 *White,* Human Rights Law Review 2011, 133 (137).

100 Draft Convention, Art. 2 (i): *„Inherently State functions: are functions which are consistent with the principle of the State monopoly on the legitimate use of force and that a State cannot outsource or delegate to PMSCs under any circumstances. Among such functions are direct participation in hostilities, waging war and/or combat operations, taking prisoners, lawmaking, espionage, intelligence, knowledge transfer with military, security and policing application, use of and other activities related to weapons of mass destruction and police powers, especially the powers of arrest or detention including the interrogation of detainees and other functions that a State party considers to be inherently State functions".*

101 *White,* in: Bakker/Sossai (Hrsg.), Multilevel Regulation of Military and Security Contractors, S. 11 (20).

102 *White,* in: Bakker/Sossai (Hrsg.), Multilevel Regulation of Military and Security Contractors, S. 11 (19).

dennoch den Gewalteinsatz durch PMSCs dem Grunde nach als legitimes Mittel an. Zwar verbietet sie den Einsatz von Gewalt, um Regierungen zu stürzen oder die staatliche Souveränität anzugreifen,[103] lässt ihn aber im Übrigen – wenn auch in beschränktem Maße – zu.[104] Damit zeigt sich, dass auch die *Draft Convention*, entgegen ihrem Selbstverständnis, von keinem absoluten staatlichen Gewaltmonopol ausgeht.[105]

2) Gewaltanwendung

Insbesondere die Tatsache, dass PMSCs bei ihren Tätigkeiten vermehrt zu gewaltsamen Mitteln griffen, hat weltweit Bedenken gegen ihren Einsatz ausgelöst. Auch aus diesem Grund behandelt die *Draft Convention* diesen Punkt in der angemessenen Ausführlichkeit. In erster Linie soll dadurch sichergestellt werden, dass Sitz-, Einsatz- und Vertragsstaaten den willkürlichen oder exzessiven Einsatz von Gewalt und Waffen unter Strafe stellen.[106] Ebenso werden Kriterien für den Einsatz von Gewalt vorgegeben. Gewaltanwendung wird als ultima ratio definiert; auf sie darf nur zurückgegriffen werden, wenn gewaltfreie Maßnahmen unzulänglich sind.[107] Zudem darf ein Gewalteinsatz nur in Fällen der Notwehr und Nothilfe zur Anwendung kommen.[108] Sollte ein solcher Fall der erlaubten Gewaltanwendung gegeben sein, muss die Ausübung der Gewalt weiterhin den Grundsätzen der Zurückhaltung und Angemessenheit entsprechen.[109]

3) Nationale Kontrolle

Da eine effektive Regulierung der PMSC-Branche ohne entsprechende Regelungen auf nationaler Ebene nicht realisiert werden kann, sieht die *Draft Convention* die Einrichtung von nationalen PMSC-Zentren vor, die über PMSC-Fehlverhalten berichten und informieren sowie dessen Ahndung garantieren sollen.[110] Im Gegensatz zum *Montreux Document* sieht die *Draft Convention* die Einführung von Lizensierungssystemen und zentralen Kontrollorganen nicht nur als eine

---

103 Draft Convention, Art. 8 I.
104 *White*, in: Bakker/Sossai (Hrsg.), Multilevel Regulation of Military and Security Contractors, S. 11 (20).
105 *White*, Human Rights Law Review 2011, 133 (139).
106 Draft Convention, Art. 19 II.
107 Draft Convention, Art. 18 II.
108 Draft Convention, Art. 18 IV.
109 Draft Convention, Art. 18 III.
110 Draft Convention, Art. 13.

freiwillige Option, sondern als verpflichtend vor.[111] Gemäß den Ausführungen der *UN Working Group* ist daraus ein verbindlicher internationaler Mindeststandard zur Regulierung von PMSCs zu entwickeln.[112] Bei der Darstellung der vorgesehenen Systeme bleibt die *Draft Convention* allerdings sehr allgemein. Sie stellt also kein von den einzelnen Staaten zu übernehmendes Modell zur Verfügung, sondern überlässt diesen die Ausgestaltung im Detail. So wird zum Beispiel nicht deutlich, ob dies über die Lizenzierung ganzer Unternehmen oder nur über die Lizenzierung einzelner Verträge geschehen soll.

Die bisherigen nationalen Umsetzungsversuche bleiben bisweilen deutlich hinter den von der *Draft Convention* angestrebten Standards zurück. So wurde z.B. in Südafrika durch den *Prohibition of Mercenary Activities and Prohibition and Regulation of Certain Activities in Areas of Armed Conflict Act*[113] von 2006, der das zentrale Regelungswerk der PMSC-Branche darstellt, kein separates Lizenzierungsgremium geschaffen. Stattdessen wurde diese Aufgabe dem *National Conventional Arms Control Committee* übertragen.[114] Dieses Gremium wurde zur Waffenkontrolle und nicht speziell zur Regulierung von PMSCs geschaffen und kann somit den speziellen Anforderungen der PMSC-Branche und deren Lizensierung nicht gerecht werden, da es in der ursprünglichen Zielrichtung auf die Lizensierung von Waffen ausgerichtet war.[115] Die Besonderheiten der PMSC-Branche und die damit einhergehenden konkreten Handlungsbedürfnisse wurden nicht identifiziert und adressiert.

Eine andere – positive – Entwicklung hat hingegen in Sierra Leone stattgefunden. Dort wurde eine eigenständige, an den Bedürfnissen der PMSC-Branche ausgerichtete Stelle (*Office of National Security*) zur Lizenzierung von PMSCs am Maßstab des *Standard Operational Manual for Private Security Companies*[116] geschaffen.[117] Das *Standard Operational Manual for Private Security Companies*

---

111 Draft Convention, Art. 12–16.

112 UN Doc., A/HRC/WG.10/CRP.1, 17.05.2011, Why we need an International Convention on Private Military and Security Companies (PMSCs), Para. 7.

113 Prohibition of Mercenary Activities and Regulation of Certain Activities in Country of Armed Conflict Act, 2006, No. 27 of 2006.

114 *Juma*, Law Democracy & Development 2011, 182 (202).

115 *Juma*, Law Democracy & Development 2011, 182 (202).

116 Standard Operating Manual for Private Security Companies in Sierra Leone, http://psm.du.edu/media/documents/national_regulations/countries/africa/sierra_leone/sierra_leone_standard_operating_manual_for_psc_2012.pdf, zuletzt abgerufen am 19.03.2016.

117 *Juma*, Law Democracy & Development 2011, 182 (202).

wurde ebenfalls im Zuge der Adaptierung der nationalen Regelungen an den Umgang mit der PMSC-Branche entwickelt und verfolgt einen restriktiven Umgang mit sowie einen umfassend und streng geregelten Einsatz von PMSCs.[118] Damit erfüllt die nationale Gesetzgebung in Sierra Leone den Vorgaben der *Draft Convention*.[119]

4) Internationale Kontrolle

Der oft transnationale Charakter der Unternehmen erschwert deren Regulierung immens.[120] Dazu kommt, dass Einsatzstaaten oft politisch instabil und nicht zur Durchsetzung nationaler Regelungen fähig sind.[121] Nationale Regelungen alleine greifen daher zu kurz. Ebenso wenig kann ein Verweis auf die bereits existierenden internationalen Regelungen genügen. Für einen funktionierenden Kontrollmechanismus sieht die *Draft Convention* daher auch Maßnahmen auf internationaler Ebene vor. Dafür ist unter anderem die Einrichtung eines internationalen Kontrollgremiums (*Committee on Regulation, Oversight and Monitoring of PMSCs*) vorgesehen, dem auch das Führen einer internationalen PMSCs-Datenbank obliegt.[122] Dieses soll aus internationalen Experten zusammengesetzt werden, denen die Staaten regelmäßig Berichte vorlegen. Das *Committee on Regulation, Oversight and Monitoring of PMSCs* soll diese Berichte prüfen und darauf aufbauend Empfehlungen an die Staaten aussprechen.[123] Ein Mittel, Staaten zur Übermittlung dieser Berichte zu veranlassen oder gar zu zwingen, sieht die *Draft Convention* aber nicht vor.[124] Auch werden die Kriterien für die Begutachtung der Berichte und die dabei involvierten Akteure nicht näher festgelegt. So wäre es von Bedeutung, dass neben Staatenvertretern auch NGOs und Vertreter der Zivilgesellschaft anwesend wären, da diese in der Regel eine zutreffende Einschätzung der Berichte liefern könnten.[125] Daneben sieht die

---

118 Preface Standard Operating Manual for Private Security Companies in Sierra Leone, http://psm.du.edu/media/documents/national_regulations/countries/africa/ sierra_leone/sierra_leone_standard_operating_manual_for_psc_2012.pdf, zuletzt abgerufen am 19.03.2016.
119 *Juma*, Law Democracy & Development 2011, 182 (203).
120 *Juma*, Law Democracy & Development 2011, 182 (191).
121 *Krahmann/Abzhaparova*, The Regulation of Private Military and Security Services in the European Union: Current Policies and Future Options, Para. 1.
122 Draft Convention, Art. 29 f.
123 Draft Convention, Art. 31 f.
124 *Juma*, Law Democracy & Development 2011, 182 (205).
125 *Juma*, Law Democracy & Development 2011, 182 (205).

Draft Convention ebenfalls vor, dass bei Zuspielung belastbarere Informationen über Vertragsverletzungen ein Untersuchungsverfahren durch das *Committee on Regulation, Oversight and Monitoring of PMSCs* eingeleitet werden kann.[126] Dies kann – mit Einverständnis des betroffenen Staates – auch Vor-Ort-Begutachtungen umfassen.[127] Der Ablauf des Untersuchungsverfahrens erinnert stark an das Prozedere vor dem UN-Menschenrechtsausschuss (siehe Art. 41 f. IPbpR). Auch wenn dieses Verfahren auf den ersten Blick als relativ schwacher Mechanismus erscheinen mag, hat es sich doch in der Praxis als zielführende und erfolgreiche Arbeitsmethode erwiesen.[128]

5) Wirksamer Rechtsschutz

Nicht zufriedenstellend ist die bisherige Handhabe, das Hauptaugenmerk auf Staaten und nicht auf die Opfer von etwaigen Rechtsverstößen zu legen.[129] Die *Draft Convention* sieht die Erfüllung effektiven Rechtsschutzes primär in einer entsprechenden Anpassung des nationalen Rechts. Ein Verfahren vor dem *Committee on Regulation, Oversight and Monitoring of PMSCs* ist, nachdem der nationale Rechtsweg erschöpft wurde, zwar möglich, steht und fällt aber damit, dass die Staaten einem solchen Individualverfahren zustimmen.[130] In Anbetracht der oft unzulänglichen Vorkehrungen des Opferschutzes im nationalen Recht, sollte aber gerade ein direkter Zugang zu Rechtsmitteln gegen PMSC Fehlverhalten möglich sein. Zwar wird in der *Draft Convention* ein internationales Rechtsmittel angedeutet; zu dessen Realisierung und der Leistung entsprechender Entschädigungszahlungen bedarf es aber der Einrichtung eines internationalen Fonds. Da dieser noch nicht existiert, ist in näherer Zukunft mit keinem praktikablen Rechtsmittelverfahren zu rechnen.[131]

6) Staatenverantwortlichkeit

Die *Draft Convention* schreibt die Verantwortung für das Verhalten von PMSC-Personal zwar hauptsächlich den Staaten zu, erkennt aber an, dass diese Rolle

---

126   Draft Convention, Art. 33, 34.
127   Draft Convention, Art 33 III.
128   *White*, in: Bakker/Sossai (Hrsg.), Multilevel Regulation of Military and Security Contractors, S. 11 (23).
129   *White*, in: Bakker/Sossai (Hrsg.), Multilevel Regulation of Military and Security Contractors, S. 11 (22).
130   Draft Convention, Art. 37 I.
131   Draft Convention, Art. 28.

auch von internationalen Organisationen wahrgenommen werden kann.[132] Damit wird gerade auch der Umstand einbezogen, dass PMSCs vermehrt durch die UN engagiert werden. Im Rahmen der Staatenverantwortlichkeit werden sowohl Sitz- und Einsatzstaaten als auch Vertragsstaaten einbezogen. Zwar verweist die *Draft Convention* auf die *ILC Articles on State Responsibility*, geht aber dennoch nicht den bisher gängigen Weg. Die *ILC Articles on State Responsibility* sehen eine Zurechnungsmöglichkeit für gegeben, wenn PMSCs ermächtigt werden, Elemente der hoheitlichen Gewalt auszuüben, oder wenn sie auf Anweisung oder unter der Leitung bzw. Kontrolle dieses Staates handeln.[133] Erstere Variante soll nach der *Draft Convention* und deren Verständnis von staatlichen Kernaufgaben keinesfalls möglich sein. Aber auch in den übrigen Konstellationen weicht die *Draft Convention* von den Vorgaben der *ILC* ab. Danach wären Staaten für PMSC-Handlungen bereits dann verantwortlich, wenn die PMSCs im Herrschaftsgebiet der Staaten registriert sind oder dort tätig werden.[134] Damit sollte insbesondere die Möglichkeit unterbunden werden, dass sich Staaten durch das Beauftragen von PMSCs ihrer Verantwortlichkeiten entledigen konnten.[135] Dadurch dass auch Sitzstaaten und Einsatzstaaten herangezogen werden können, wird eine sonst nicht vorhandene Rückfallebene geschaffen. Diese deutlich weitreichendere Verantwortlichkeit ist ein weiterer Grund für das starke Ressentiment einzelner Staaten gegen die *Draft Convention*. Eine dezidierte Auseinandersetzung mit den deutlich restriktiveren Tatbestandsmerkmalen der unterschiedlichen Zurechnungsvarianten i.S.d. *ILC Draft Articles* wird damit obsolet.

7) Due-Diligence-Verpflichtungen

Die *Draft Convention* lässt eine explizite Auseinandersetzung mit den Due-Diligence-Verpflichtungen vermissen. Stattdessen werden lediglich einzelne Aspekte herausgegriffen. Beispielhaft wird hier die repressive Komponente der Due-Diligence-Verpflichtungen dargestellt. So fordert die *Draft Convention* z.B., dass Staaten dafür Sorge tragen, dass das Outsourcen von staatlichen Kernaufgaben und Tätigkeiten, die gegen Regelungen des humanitären Völkerrechts, der Menschenrechte oder des Völkerstrafrechts verstoßen, in den nationalen Rechtsordnungen eine Straftat darstellt.[136] Gleiches gilt für den exzessiven Gewalteinsatz

---

132 Draft Convention, Art. 3.
133 Draft Articles on State Responsibility, Art. 5 und 8.
134 Draft Convention, Art. 4 I.
135 *del Prado*, Criminal Justice Ethics 2012, 262 (273).
136 Draft Convention, Art. 19 I und IV.

und für unlizenzierte PMSCs.[137] Dies umfasst die Gerichtsbarkeit für Taten auf eigenem Hoheitsgebiet sowie Fälle in denen der Täter und/oder das Opfer die eigene Staatsangehörigkeit besitzen.[138] Die *Draft Convention* verfolgt ferner – auch als Antwort auf den PMSC-Einsatz im Irak, in dessen Rahmen Sanktionen aufgrund der gewährten Immunität in zahlreichen Fällen ausblieben,[139] – das Ziel, Straflosigkeit aufgrund von Immunitätsregelungen zu verhindern. Die Staaten sind deshalb verpflichtet, bei Straftaten durch PMSCs oder deren Personal, zu ermitteln, anzuklagen, zu bestrafen und für die Opfer eine angemessene Wiedergutmachung zu gewährleisten. Abgeschlossene Immunitätsvereinbarungen sind bei einem Verstoß gegen Menschenrecht oder humanitäres Völkerrecht unbeachtet zu lassen.[140] Als weiteres Beispiel können die Due-Diligence-Anforderungen bzgl. des Lizenzierungsverfahrens herangezogen werden. Dies alles kann aber nicht darüber hinweg helfen, dass es sich dabei um einzelne Aspekte handelt bzgl. derer das Vorliegen einer Due-Diligence-Verpflichtung aus dem Konventionstext herausgelesen werden kann. Eine explizite Positionierung findet sich dort ebenso wenig wie eine abschließende Darstellung einzelner Handlungsanforderungen. Das Rechtsinstrument der Due-Diligence-Verpflichtungen wird durch die *Draft Convention* also lediglich exemplifiziert.[141]

II) Konzeptpapier zur Überarbeitung der Draft Convention

Auf der vierten Sitzung der *IGWG* im Frühjahr 2015 wurde von der *UN Working Group* ein Konzeptpapier für eine revidierte Fassung der *Draft Convention* in Umlauf gebracht. Damit wurde zum einen die Tatsache unterstrichen, dass die Erarbeitung der *Daft Convention* noch zu keinem Abschluss gekommen ist, zum anderen wurden mittels des Konzeptpapiers die zentralen Elemente bei der Erarbeitung eines Regelungsmechanismus für PMSCs hervorgehoben.[142] Das Konzeptpapier soll

---

137 Draft Convention, Art. 19 II und III.

138 Draft Convention, Art. 21.

139 Coalition Provisional Authority, Order Number 17, 26.06.2003, Status of the Coalition Foreign Liaison Missions, their Personnel and Contractors, Section 3, http://www.usace.army.mil/Portals/2/docs/COALITION_PROVISIONAL.pdf, zuletzt abgerufen am 16.03.2016.

140 Draft Convention, Art. 23 II.

141 *White*, in: Bakker/Sossai (Hrsg.), Multilevel Regulation of Military and Security Contractors, S. 11 (27).

142 Statement of the Working Group on the Use of Mercenaries as a Means of Violating Human Rights and Impeding the Exercise of the Right of Peoples to Self-Determination, 12. – 17. Dezember 2016, S. 1.

die von der *UN Working Group* unterstrichenen Aspekte im weiteren Diskurs an prominenter Stelle platzieren und somit eine mitgestaltende Wirkung entfalten. Es behandelt acht Punkte: Inhärente Staatsaufgaben, Internationale Organisationen als Vertragsparteien, Implementierung, Lizenzierung (Definition), Lizenzierung, Registrierung, Jurisdiktion, Kontrolle und Rechtmittel.[143]

Die weitreichendste Änderung zum ursprünglichen Entwurf findet sich bei den staatlichen Kernaufgaben. Während in der *Draft Convention* das Auslagern von staatlichen Kernaufgaben strikt untersagt war, wird dies im Konzeptpapier nun zugelassen.[144] Man hat sich damit der Rechtswirklichkeit angepasst. Das Auslagern von staatlichen Kernaufgaben ist in einigen Ländern (insbesondere im Vereinigten Königreich und in den USA) bereits weitestgehend zum Normalfall geworden. Die *Working Group* sah aus diesem Grund ein generelles Verbot der Auslagerung staatlicher Kernaufgaben nicht mehr als realisierbar an. Die neue Regelung hält nun fest, dass es staatliche Kernaufgaben gibt und dass die Staaten unabhängig davon, ob sie die Aufgaben selbst ausführen oder ob sie sie auslagern, dafür die volle Verantwortung tragen.[145] Weiterhin hat die *Working Group* aber an einem Auslagerungsverbot für zwei Tätigkeitsbereiche festgehalten. Zum einen betrifft dies die unmittelbare Teilnahme an Feindseligkeiten und zum anderen die Festnahme und Vernehmung von Kriegsgefangenen. Bezüglich letzteren Punktes bezieht sich die *Working Group* auf Art. 39 GK III. Darüber hinaus wurde versucht, die Dienstleistungen von PMSCs anhand der folgenden Parameter zu klassifizieren: Militärisch/nicht-militärisch, bewaffnet/unbewaffnet, konkrete Einsatzbedingungen (z.B. bewaffneter Konflikt, Anti-Terrorismus-Einsatz, Grenzkontrolle etc.) sowie unterschiedliche Dienstleistungstypen (z.B. Sicherheitsmaßnahmen, Versorgung mit Waffen und Equipment, Überwachung etc.).[146]

---

143 Concept Note submitted by the UN Working Group on the use of mercenaries as a means of violating human rights and impeding the exercise of the right of peoples to self-determination.

144 Concept Note submitted by the UN Working Group on the use of mercenaries as a means of violating human rights and impeding the exercise of the right of peoples to self-determination, Nr. 1.

145 Concept Note submitted by the UN Working Group on the use of mercenaries as a means of violating human rights and impeding the exercise of the right of peoples to self-determination, Nr. 1.

146 Concept Note submitted by the UN Working Group on the use of mercenaries as a means of violating human rights and impeding the exercise of the right of peoples to self-determination.

Dies resultierte aus der Erkenntnis, dass es in vielen Ländern an nationalen PMSC-spezifischen Regelungen fehlt und dies wiederum eine Folge fehlender oder unzureichender Beschreibung des Anwendungsbereichs ist.[147]

Aufgrund der vermehrten Inanspruchnahme von PMSC-Dienstleistungen durch internationale Organisationen wurde der bereits in der *Draft Convention* enthaltene Punkt, dass auch internationale Organisationen Vertragspartei werden können, zusätzlich hervorgehoben. Bei den Punkten 3 und 5 handelt es sich im Wesentlichen um eine formale Umstrukturierung. Sowohl die Implementierung als auch die Etablierung von Lizenzsystemen werden nun jeweils in einem zusammenfassenden Artikel geregelt. Für die Lizenzierung wurde insbesondere hervorgehoben, dass die Achtung der Menschenrechte dabei Berücksichtigung zu finden hat. Gleichzeitig soll dies auch der Anknüpfungspunkt für Due-Diligence-Verpflichtungen sein.[148] Dies ist bislang nur rudimentär vorhanden. Länderstudien haben gezeigt, dass in Europa nur die Schweiz und in Zentralamerika nur Guatemala eine entsprechende Regelung vorweisen kann.[149] Eine revidierte Definition der Lizenzierung wurde aufgenommen. Neu ist, dass die Lizenzierungsbehörde staatlich ernannt sein muss. Damit wollte man der auf nationaler Ebene vorherrschenden Praxis, dass die Frage der zuständigen Lizenzierungsstelle ungeregelt bleibt, entgegen treten.[150] Die Forderung nach einer der Lizenzierung nachfolgenden Registrierung von PMSCs bleibt weiter bestehen.[151] Insbesondere vor dem Hintergrund, dass gemäß einer Länderstudie der *Working Group* keines der geprüften Länder eine spezielle Registrierung in ihren nationalen Gesetzen vorsieht, wurde diese Forderung bekräftigt. Ebenfalls mangelhaft ist die bisherige Berücksichtigung des transnationalen Charakters der PMSCs.

---

147 Concept Note submitted by the UN Working Group on the use of mercenaries as a means of violating human rights and impeding the exercise of the right of peoples to self-determination, Nr. 1.

148 Concept Note submitted by the UN Working Group on the use of mercenaries as a means of violating human rights and impeding the exercise of the right of peoples to self-determination, Nr. 5.

149 Concept Note submitted by the UN Working Group on the use of mercenaries as a means of violating human rights and impeding the exercise of the right of peoples to self-determination, Nr. 5.

150 Concept Note submitted by the UN Working Group on the use of mercenaries as a means of violating human rights and impeding the exercise of the right of peoples to self-determination, Nr. 5.

151 Concept Note submitted by the UN Working Group on the use of mercenaries as a means of violating human rights and impeding the exercise of the right of peoples to self-determination, Nr. 6.

Die extraterritoriale Anwendbarkeit der Regelungen ist meistens nicht gegeben und der Umstand, dass das Einsatzland oft nur bedingt handlungsfähig ist, findet unzureichend Berücksichtigung. Um dennoch eine möglichst flächendeckende Sanktionierung gewährleisten zu können, soll Jurisdiktion gemäß dem aktiven und passiven Personalitätsprinzip, dem Territorial- und dem Universalitätsprinzip möglich sein.[152] Schließlich wird das Bedürfnis nach einem Kontrollmechanismus und dem Zugang zu Rechtsmitteln im letzten Punkt hervorgehoben. Die konkrete Ausgestaltung soll dann flexibel gehandhabt werden können.[153]

Im Ergebnis liefert das Konzeptpapier nur wenig Änderungen und Neuerungen. Vielmehr wurden die durch Länderstudien gewonnenen Erkenntnisse eingearbeitet und dadurch die Schwerpunkte verlagert und die größten Handlungsdefizite identifiziert. Mit der Kehrtwende bei der Frage der Auslagerung staatlicher Kernaufgaben hat man sich der bereits gängigen Praxis angepasst. Damit wurde ein zentraler Kritikpunkt der PMSC-freundlichen Staaten umgesetzt, um so die allgemeine Akzeptanz in der Staatengemeinschaft zu steigern. Mit der Festlegung der Lizenzierungsbehörde auf eine staatliche Behörde begegnet man der Untätigkeit auf nationaler Ebene und will damit zur gesteigerten Rechtssicherheit beitragen. Die Hauptbedeutung des Konzeptpapiers liegt jedoch bei der Positionierung hinsichtlich der zentralen Elemente, die bei der Erarbeitung der Regelung der PMSC-Branche zu berücksichtigen sind. Damit leistet die *UN Working Group* einen elementaren Baustein in der aktuellen Diskussion und greift lenkend in diese ein. Das bloße Festhalten an der *Draft Convention* hätte im Vergleich dazu eine weitaus geringere gestalterische Wirkung entfaltet.

III) Relevanz der Draft Convention für den Einsatz von PMSCs in UN-Friedensmissionen

Im Konzeptpapier zur *Draft Convention* wurde der Umstand, dass auch internationale Organisationen Vertragspartner werden können, nachdrücklich betont. Für die Verfasser der *Draft Convention* war es von besonders hoher Bedeutung, eine Konvention zu schaffen, die nicht nur Staaten, sondern auch internationale

---

152 Concept Note submitted by the UN Working Group on the use of mercenaries as a means of violating human rights and impeding the exercise of the right of peoples to self-determination, Nr. 7.

153 UN Doc., A/HRC/30/47, 09.07.2015, Report of the open-ended intergovernmental UN Working Group to consider the possibility of elaborating an international regulatory framework on the regulation, monitoring and oversight of the activities of private military and security companies on it fourth session, Para. 33.

Organisationen als einen der führenden Vertragspartner von PMSCs benennt.[154] Damit rückt die *Draft Convention* auch für den Einsatz von PMSCs in UN-Friedensmissionen deutlich ins Blickfeld. Positiv ist dabei zu bewerten, dass sich die *Draft Convention* nicht auf die Regelungen des humanitären Völkerrechts beschränkt, sondern insbesondere auch die Menschenrechte einbeziehen. Für die UN muss dabei berücksichtigt werden, dass sie mangels Staatsgebiet nicht als Sitzstaaten von PMSCs agieren und aus diesem Grund Regelungen, die explizit an das Staatsgebiet anknüpfen, nicht herangezogen werden können.[155] Hierbei ist insbesondere an Regelungen zur Lizenzierung von Export und Import von Sicherheitsdienstleistungen zu denken. Ebenfalls dürfen die UN mangels eines eigenständigen Sanktionierungssystems Täter nicht verfolgen und bestrafen. Im Wesentlichen sind die in der *Draft Convention* enthaltenen Regelungen aber für internationale Organisationen im gleichen Maße anwendbar. Die *Draft Convention* ist somit im Ergebnis für Staaten und internationale Organisationen von gleich großer Bedeutung. Jedoch bleibt es hierbei vorerst wohl bei einem rein theoretischen Fazit. Aufgrund der streng geteilten Lager in der Staatengemeinschaft und den momentan stark präsenten industriegesteuerten Selbstverpflichtungserklärungen, ist in den nächsten Jahrzehnten nicht mit einem Konsens und dem Inkrafttreten der *Draft Convention* zu rechnen. Dennoch hat die *Draft Convention* auch für die UN Auswirkungen und Bedeutung. Die *Draft Convention* brachte deutlich zum Ausdruck, dass es nicht genügt, sich bei der Regulierung von PMSCs auf die Staaten zu beschränken; auch internationale Organisationen müssen umfasst werden. Damit wurde und wird auch von den verantwortlichen Abteilungen des *Department of Peacekeeping* Initiative beim Umgang mit PMSCs abverlangt.

C. International Code of Conduct for Private Security Service Providers

Initiiert durch die Schweizer Regierung und mit Unterstützung des *Geneva Centre for the Democratic Control of Armed Forces (DCAF)* und der *Geneva Academy of International Humanitarian Law* wurde der *ICoC* von Interessenvertretern der Sicherheitsbranche, Staatenvertretern sowie Vertretern humanitärer und zivilgesellschaftlicher Organisationen erarbeitet. Am 09. November 2010 wurde der

---

154 UN Doc., A/HRC/15/25, 05.07.2010, Report of the UN Working Group on the use of mercenaries as a means of violating human rights and impeding the exercise of the right of peoples to self-determination, Para. 43.

155 Draft Convention, Art. 3 Nr. 1.

ICoC von 58 Unternehmen verabschiedet.[156] Bis September 2013 hatten bereits mehr als 700 Sicherheitsfirmen aus über 55 Staaten den *ICoC* unterzeichnet, darunter allerdings nur 18 der „Top 50-Unternehmen".[157] Der *ICoC* knüpft an das *Montreux Document* an, hat aber nicht mehr die Staaten und deren Verantwortung, sondern die Unternehmen selbst als Adressaten. Mittlerweile wird der *ICoC* in der PMSC-Branche und von deren Kunden als Qualitätsmerkmal anerkannt. So verweisen z.B. die *APSC Guidelines*[158] sowie das *Security Policy Manual Armed Private Security Companies*[159] auf den *ICoC* und machen die Mitgliedschaft im *ICoC* zur Voraussetzung für eine Beschäftigung durch die UN. Gleichzeitig versucht sich der *ICoC* auch daran, die für alle Wirtschaftssektoren allgemein formulierten *UN Guiding Principles* für die Situation der PMSC-Branche zu konkretisieren.

I) Der ICoC – eine Bestandsaufnahme

Die bereits beim *Montreux Document* angewandte Praxis, möglichst viele unterschiedliche Interessengruppen zu vereinen, wurde beim *ICoC* fortgesetzt und weiterentwickelt. Der *ICoC* verfolgt das Ziel, basierend auf den Menschenrechten und dem humanitären Recht, Prinzipien und Standards für die PMSC-Branche zu entwickeln.[160] Gleichzeitig sieht er sich selbst als den ersten Schritt in einer weitreichenden Initiative zur Einführung eines externen Kontrollsystems.[161] Der *ICoC* schafft kein bindendes Recht, sondern schafft ein Forum zur Selbstverpflichtung. In seiner Präambel verweist er auf den *Respect, Protect and Remedy*-Referenzrahmen der *UN Guiding Principles on Business and Human Rights.*[162] Ein solcher Verweis wurde vom *Montreux Document* noch gescheut. Die Unternehmen verpflichten sich, Sicherheitsdienstleistungen in verantwortungsvoller

---

156 White in: Bakker/Sossai (Hrsg.), Multilevel Regulation of Military and Security Contractors, S. 11 (13).

157 ICoCA – History, http://icoca.ch/en/history, zuletzt abgerufen am 02.09.2015; *Saner*, Private Military and Security Companies: Industry-Led Self-Regulatory Initiatives versus State-Led Containment Strategies CCDP Working Paper 11, S. 8.

158 Guidelines on the Use of Armed Security Services from Private Security Companies, Para. 25 a.

159 Security Policy Manual Armed Private Security Companies, Abschnitt I, Para. 24.

160 *Saner*, Private Military and Security Companies: Industry-Led Self-Regulatory Initiatives versus State-Led Containment Strategies, CCDP Working Paper, S. 14.

161 ICoCA – History, http://icoca.ch/en/history, zuletzt abgerufen am 08.04.2016.

162 ICoC, Präambel Para. 3.

Weise bereitzustellen und insbesondere die Menschenrechte zu achten.[163] Mit Unterzeichnung des *ICoC* erkennen die Parteien an, Due-Diligence-(Selbst)Verpflichtungen zu haben.[164] Dabei handelt es sich aber auch bei den Due-Diligence-Verpflichtungen der Unternehmen – im Gegensatz zu denen der Staaten – nicht um rechtlich bindende Normen.[165] Der ICoC enthält hauptsächlich Regelungen zu den Menschenrechten, dem Personalmanagement und den Verpflichtungen der Unternehmensführung. Im Folgenden wird der wesentliche Inhalt des *ICoC* beschrieben und zugleich erörtert, ob es sich hierbei um einen tragfähigen Regulierungsversuch der PMSC-Branche handelt.

1) Titel und Anwendungsbereich

Der *ICoC* behandelt die Thematik der privaten Sicherheitsanbieter in insgesamt 70 Paragraphen. Dabei fällt bereits im Titel auf, dass sich dieser ausschließlich auf private Sicherheitsfirmen bezieht. Eine Bezugnahme auf Militärdienstleister – wie noch im *Montreux Document* vorhanden – entfällt. Der erste Entwurf des *ICoC* trug noch den Titel *International Code of Conduct for Private Security and Military Providers.*[166] Bei den anschließenden Verhandlungen insistierten die Vertreter der PMSC-Branche auf eine Beschränkung des Titels. Man beabsichtigte damit in erster Linie, die in der Gesellschaft vorherrschende negative Assoziation mit Söldnern und kämpfenden Zivilisten zu verhindern. Wie bereits ausgeführt, ist eine Differenzierung nach Sicherheits- und Militäraufgaben aber weder praktikabel noch zielführend.[167] Bei der Definition von *Private Security Companies and Private Security Service Providers*[168] wird dann aber deutlich, dass darunter alle Unternehmen zu verstehen sind, deren Tätigkeitsprofil auch Sicherheitsdienstleistungen umfasst. In der Regel bedienen die Unternehmen der Sicherheitsbranche ein weites Tätigkeitsfeld, das sich sowohl aus Sicherheitsdienstleistungen wie auch aus militärische Dienstleistungen zusammensetzt.[169]

---

163 ICoC, Präambel Para. 3.

164 ICoC, Para. 21.

165 *White*, in: Bakker/Sossai (Hrsg.), Multilevel Regulation of Military and Security Contractors, S. 11 (14).

166 Persönliches Gespräch mit Andrew Clapham (Verfasser des ersten Entwurfs) am 31.03.2015 in Genf.

167 Siehe 1. Kapitel § 1.

168 ICoC, Abschnitt B: „(...) *any Company (as defined in this Code) whose business activities include the provision of Security Services either on its own behalf or on behalf of another, irrespective of how such Company describes itself*".

169 Siehe 1. Kapitel § 1.

Die Revision des Titels führt daher nicht zu einer Beschränkung des Anwendungsbereichs. Im Vergleich zum *Montreux Document* beschränkt der *ICoC* seinen Anwendungsbereich nicht auf bewaffnete Konflikte. Vielmehr soll es um die Bereitstellung von Sicherheitsdienstleistungen in komplexen Einsatzgebieten gehen.[170] Darunter fallen generell alle instabilen und unruhigen Regionen, unabhängig vom Vorliegen eines bewaffneten Konflikts.[171]

2) Der Menschenrechtskatalog des ICoC

Die Unternehmen verpflichten sich und ihr Personal dazu, alle Personen human zu behandeln, ihre Menschenwürde und ihre Privatsphäre zu achten und über jeglichen Verstoß gegen diesen Kodex Bericht zu erstatten.[172] Der *ICoC* enthält zudem einen relativ umfassenden Regelungskatalog zu menschenrechtsrelevanten Bereichen. Dort werden unter anderem der Umgang mit Gefangenen sowie der Verzicht auf Folter und andere grausame, unmenschliche oder erniedrigende Behandlung unter Strafe festgeschrieben.[173] Ebenso sind Regelungen gegen sexuelle Gewalt, Ausbeutung, Menschenhandel, Zwangs- und Kinderarbeit enthalten.[174] Gleichzeitig wird dem PMSC-Personal aber auch die Anwendung von Gewalt gestattet.[175]

(a) Anwendung von Gewalt

Vor dem Hintergrund, dass PMSCs auch in Situationen mit fragilen Sicherheitsstrukturen und teilweise in bewaffneten Konflikten eingesetzt werden, erscheint die Notwendigkeit, Gewalt anzuwenden, zunächst plausibel. Der *ICoC* verlangt von den Firmen, dass diese Regeln für die Anwendung von Gewalt aufstellen, die wiederum mit dem geltenden Recht und den Regelungen des *ICoC* übereinzustimmen haben.[176] Allerdings darf dies nicht dazu führen, dass sich die Industrie das Recht zur Gewaltanwendung in einem nicht-bindenden Regelungswerk

---

170 ICoC, Para. 13.
171 ICoC, Abschnitt B, „(…) *recovering from unrest or instability, whether due to natural disasters or armed conflicts, where the rule of law has been substantially undermined, and in which the capacity of the state authority to handle the situation is diminished, limited, or non-existent*".
172 ICoC, Para. 28.
173 ICoC, Para. 35 ff.
174 ICoC, Para. 38 ff.
175 ICoC, Para 29 ff.
176 ICoC, Para 29.

selbst verleiht.[177] Dies obliegt den Staaten. Individuen genießen lediglich das Recht auf Selbstverteidigung, ein solches kommt auch dem PMSC-Personal zu.[178] Der *ICoC* selbst unterlässt es aber, die Möglichkeit der Gewaltanwendung auf Fälle der Selbstverteidigung zu reduzieren. Darin heißt es lediglich, dass Unternehmen ihr Personal dazu verpflichten müssen, alle angemessenen Schritte zu unternehmen um die Anwendung von Gewalt zu vermeiden. Dabei darf die Anwendung von Gewalt keinesfalls über das unbedingt erforderliche Maß hinausgehen und muss das Angemessenheitserfordernis wahren.[179] Ob es sich dabei aber um einen Fall der Selbstverteidigung handelt oder nicht, bleibt dahin gestellt. Besonders augenfällig wird dies bei einem Vergleich mit den Regelungen zum Schusswaffengebrauch. Dieser wurde explizit an das Vorliegen einer Selbstverteidigungslage geknüpft.[180] Damit enthält der *ICoC* im Vergleich zum Menschenrechtsregime weniger strenge Anforderungen an die Möglichkeit zur Gewaltanwendung.[181]

(b) Festnahme und Inhaftierung

Auch als Konsequenz auf die massiven Probleme in Gefängnissen (z.B. Abu Ghraib), wird die Anerkennung und Beachtung des Verbots der willkürlichen Inhaftierung (Art. 9 I IPbpR) im *ICoC* benannt.[182] Gleichzeitig handelt es sich dabei um einen der umstrittensten Bereiche staatlicher Kernaufgaben und um die Frage, ob bzw. inwieweit hier überhaupt eine Auslagerung an PMSCs zulässig sein soll. Als Industrie-gesteuertes-Instrument verfolgt der *ICoC* einen möglichst weiten Ansatz und sieht auch die Festnahme und Inhaftierung als Tätigkeitsfelder für PMSCs an.[183] Allerdings wird im *ICoC* festgehalten, dass dafür ein expliziter staatlicher Auftrag vorhanden und das Personal entsprechend geschult sein muss.[184]

---

177 *White*, in: Bakker/Sossai (Hrsg.), Multilevel Regulation of Military and Security Contractors, S. 11 (20).

178 *Seiberth*, Private Military and Security Companies in International Law, S. 170.

179 ICoC, Para. 30.

180 ICoC, Para. 31.

181 *Seiberth*, Private Military and Security Companies in International Law, S. 172.

182 ICoC, Para. 21.

183 *Seiberth*, Private Military and Security Companies in International Law, S. 174.

184 ICoC, Para. 33.

(c) Verbot der Folter und anderer grausamer, unmenschlicher oder
    erniedrigender Behandlung und Strafe

Das im Menschenrechtsregime geltende lückenlose und umfassende Folterver-
bot findet sich im *ICoC* an mehreren Stellen wieder. Zum einen als Regelung
für den Umgang mit Gefangenen,[185] darüber hinaus aber auch als eigenständige Regelung.[186] Dafür wird explizit festgehalten, dass kein Umstand vorgebracht
werden kann, der eine derartige Behandlung rechtfertigen würde.[187]

(d) Sexuelle Ausbeutung und sexueller Missbrauch oder
    geschlechtsspezifische Gewalt und Menschenhandel

Ebenfalls als Reaktion auf die steigende Anzahl sexueller Überfälle durch PM-
SCs in der Vergangenheit[188] ist im *ICoC* eine entsprechende Passage aufgenommen worden.[189] Danach sind derartige Handlungen sowohl innerhalb als auch
außerhalb des Unternehmens zu unterlassen.[190]

3) Auswahl und Training der Angestellten

Sowohl der Auswahlprozess des Personals als auch der Unterauftragnehmer wurde in den *ICoC* mit aufgenommen und eine ausreichende Schulung des Personals
verlangt.[191] Unter anderem wird ein Background-Check des Personals vorgesehen.[192] Die gleichen Parameter sind auch auf Unterauftragnehmer anzuwenden.[193] Für das Training des Personals wurden die Empfehlungen des *Montreux
Documents* aufgegriffen.[194] Allerdings wird keine Aussage darüber getroffen, von

---

185   ICoC, Para. 33.
186   ICoC, Para. 35.
187   ICoC, Para. 36.
188   *Bakker/Greijer,* in: Francioni/Ronzitti (Hrsg.), War by Contract, S. 262 (265); Busi-
       ness and Human Rights Resource Centre, PMSC Bulletin Issue number 7 – 1 Jul
       2015 Private Military & Security Companies and their impacts on human rights: Re-
       cent developments, http://business-humanrights.org/sites/default/files/documents/
       PMSC%20bulletin-Final-Jul.15.pdf, zuletzt abgerufen am 28.03.2016; Amnesty
       International: Private Military and Security Companies – The Costs of Outsour-
       cing War, http://www.amnestyusa.org/our-work/issues/military-police-and-arms/
       private-military-and-security-companies, zuletzt abgerufen am 28.03.2016.
189   ICoC, Para. 38.
190   ICoC, Para. 38.
191   ICoC, Para. 45 ff.
192   ICoC, Para. 48.
193   ICoC, Para. 50.
194   ICoC, Para. 55.

welcher Stelle das Training durchgeführt wird. Zugleich sind PMSCs stark in die Ausbildung von Peacekeepern involviert. Daher ist die naheliegende Schlussfolgerung, dass sie ebenfalls die Ausbildung des eigenen Personals übernehmen. Dabei soll an dieser Stelle den PMSCs nicht das Wissen bzw. die Kompetenz hinsichtlich der geltenden Rechtslage abgesprochen werden, jedoch kann nicht darüber hinweg gesehen werden, dass PMSCs wirtschaftlich ausgerichtet sind und dies die Art der Wissensvermittlung und darin enthaltene Schwerpunktsetzungen beeinflussen kann.

4) Vorfallsbericht

Die unterzeichneten Unternehmen verfassen einen Vorfallsbericht über jedes Vorkommnis, in das ihr Personal verwickelt war und bei dem es unter anderem zum Einsatz von Waffen, zur Gewalteskalation, zur Beschädigung von Ausrüstung oder zur Verletzung von Personen, Straftaten oder Vorfällen mit anderen Sicherheitskräften gekommen ist.[195] Durch gezielte Untersuchungen sollen Zeit und Ort des Vorfalls, Identität und Staatsangehörigkeit der in den Vorfall verwickelten Personen, die entstandenen Verletzungen/Beschädigungen, die Umstände, die zu dem Vorfall führten, und die Maßnahmen, die das involvierte Unternehmen daraufhin ergriffen hat, ermittelt werden. Die Ergebnisse sollen dann in einem Abschlussbericht festgehalten werden.

5) Beschwerdeverfahren

Die Paragraphen 66 bis 68 beziehen sich auf das Beschwerdefahren zur Behandlung der von Angestellten oder Dritten geltend gemachten Verstöße des Unternehmens gegen die im *ICoC* enthaltenen Grundsätze.[196] Das Verfahren muss fair und leicht zugänglich sein und es muss Möglichkeiten einer wirksamen Abhilfe bieten. Einzelheiten und weiterführende Informationen zum Beschwerdeverfahren sollen öffentlich gemacht werden; den Vorwürfen soll zeitnah, unparteiisch und unter Berücksichtigung der Vertraulichkeit nachgegangen und darüber Buch geführt werden.[197] Die Implementierung der Verfahrensmechanismen und der konkreten Umsetzungsdetails ist dabei aber der nächsten Stufe, den *Articles of Association (ICoCA)*, vorbehalten und wird dort näher beschrieben.[198]

---

195   ICoC, Para. 63.
196   ICoC, Para. 66.
197   ICoC, Para. 67.
198   Siehe dazu zugleich unter § 3 II.

6) Zwischenergebnis

Der *ICoC* bestimmt momentan den Diskurs zur effektiven Regelung der PMSC-Branche. Der *ICoC* richtet sich direkt und exklusiv an Unternehmen und nicht wie das *Montreux Document* oder die *Draft Convention* an Staaten und internationale Organisationen. Im Vergleich zu anderen Instrumenten der *Corporate Social Responsibility* beinhaltet der *ICoC* einen sehr umfassenden Menschenrechtskatalog. Die bisherige Fragmentierung durch einzelne Selbstregulierungsinitiativen wird mittels des *ICoC* überwunden und ein wesentlicher Beitrag zur Bestimmung des Erwartungshorizontes geleistet.[199] Dies birgt aber auch die Notwendigkeit einer ausreichenden Implementierung und Kontrolle der Regelungen des *ICoC* in sich. Die Staaten, als Pflichtenträger der Menschenrechte, werden jedoch nicht angesprochen. Damit wird die Implementierung menschenrechtlicher Verpflichtungen nicht weiter forciert. Daher kann der *ICoC* zwar als ergänzendes Instrument zur Regelung von PMSCs betrachtet werden, er kann jedoch eine internationale bindende Konvention nicht ersetzen. Die Weichen für eine stabile und umfassende nationale Regelung müssen auf internationaler Ebene gestellt werden.[200] Zudem würde eine internationale Konvention auch die Bereitschaft der Staatengemeinschaft, das Phänomen der PMSCs zu regulieren, hervorheben. Aufgrund seiner Fokussierung auf die Industriepartner bringt der *ICoC* für die Defizite auf staatlicher Seite prima facie also wenig Fortschritt mit sich.[201] Dies ändert sich aber in dem Moment, in dem Staaten und/oder internationale Organisationen in ihren nationalen Regelungen die Mitgliedschaft im *ICoC/ICoCA* als zwingende Voraussetzung für die Beauftragung der PMSCs festschreiben.[202] Im Schweizer Bundesgesetz über die im Ausland erbrachten privaten Sicherheitsdienstleistungen wurde solch eine Regelung bereits eingeführt.[203] Dem *ICoC* wohnt trotz seines Potentials zur Regelung der PMSC-Branche auch die Gefahr inne, sich mit den erzielten Verbesserungen zu

---

199 *Rosemann*, Code of Conduct: Tool for Self-Regulation for Private Military and Security Companies, S. 6.

200 UN Doc., A/HRC/WG.10/2/CRP.1, 06.08.2012, Submission by the UN Working Group on the use of mercenaries as a means of impeding the exercise of the right of peoples to self-determination, Para. 33 ff.

201 *Seiberth*, Private Military and Security Companies in International Law, S. 165.

202 *Seiberth*, Private Military and Security Companies in International Law, S. 165.

203 AS 935.41, Bundesgesetz über die im Ausland erbrachten privaten Sicherheitsdienstleistungen, Art. 7, https://www.admin.ch/opc/de/classified-compilation/20122320/index.html, zuletzt abgerufen am 19.03.2016.

begnügen und mit seinem rein selbstverpflichtenden Charakter die Bestrebungen nach einer verbindlichen zwischenstaatlichen Vereinbarung zu blockieren.

II) Articles of Association

Im September 2013 wurde ein unabhängiger Gouvernanz- und Kontrollmechanismus in Form einer Vereinigung nach Schweizer Recht ins Leben gerufen: Die Vereinigung des internationalen Verhaltenskodex für private Sicherheitsdienstleister (*ICoCA*).[204] Bereits bei der Erarbeitung des *ICoC* war als nächster Schritt die Schaffung einer solchen Vereinigung des internationalen Verhaltenskodex angedacht. Durch die Etablierung eines Durchsetzungsmechanismus sollte in erster Linie das Vertrauen in den *ICoC* und dessen Effizienz verstärkt werden.[205] Mit der Entwicklung eines Zertifizierungssystems und dessen Kontrolle sowie mit der Einführung eines Beschwerdeverfahrens sollten diese Ziele erreicht werden.[206]

Der *ICoCA* ruht auf drei Säulen (PMSCs, Staaten und Zivilgesellschaft) und verfügt über drei Hauptorgane (Generalversammlung, Vorstand und Sekretariat).[207] Der Vorstand als Hauptentscheidungsträger besteht aus zwölf Mitgliedern, zusammengesetzt zu gleichen Teilen aus den oben genannten drei Gruppen.[208] Entscheidungen werden mit einer Mehrheit von mindestens acht Stimmen getroffen, wobei von jeder Gruppe mindestens zwei Stimmen vorliegen müssen.[209]

Bis jetzt umfasst der *ICoCA* 115 Mitglieder, darunter 91 PMSCs.[210] Bei der Zusammenstellung der Mitglieder wurde die disparate geographische Verteilung der Mitglieder, die sich ganz überwiegend auf Europa und die USA konzentrieren, kritisiert. Dies ist zutreffend, jedoch kann darauf verwiesen werden, dass die

---

204 Eidgenössisches Department für auswärtige Angelegenheiten, Internationaler Verhaltenskodex für private Sicherheitsunternehmen, https://www.eda.admin.ch/eda/ de/home/aussenpolitik/voelkerrecht/humanitaeres-voelkerrecht/private-sicher heitsunternehmen/internationaler-verhaltenskodex.html, zuletzt abgerufen am 30.12.2016.

205 *Picard*, Private Guards and Public Guardians, S. 145.

206 *MacLeod*, Private Security Companies and Shared Responsibility, SHARES Research Paper 64, 2015, S. 14.

207 ICoCA, Art. 5.1.

208 ICoCA, Art. 7.2.

209 ICoCA, Art. 7.6.

210 International Code of Conduct Association, http://icoca.ch/en/membership?private_ security_companies[companies]=companies&area_of_operation=all&headquarter_ country=all&keywords=&op=Search&view_type=list&form_build_id=form-HFpg NBUFJAwL5P8_TkhvF0GK5cw32H9z5TBNWRs4tSU&form_id=_search_for_ members_filter_form#search_for_members_list, zuletzt abgerufen am 30.12.2016.

neuesten Bewerbungen aus nicht-westlichen Staaten stammen und damit ein Trend zur globalen Ausrichtung wahrgenommen werden kann.[211]

Im Folgenden soll insbesondere auf die Regelungen zur Zertifizierung sowie auf die Kontroll- und Beschwerdemechanismen eingegangen werden.

1) Zertifizierungssystem

Mit der Einführung eines Zertifizierungssystems und eines anerkannten Zertifizierungsmaßstabs wurden die Vorgaben des Art. 11.2 *ICoCA* implementiert.

(a) Zertifizierungsverfahren

Für die Mitgliedschaft im *ICoCA* müssen sich die Unternehmen zertifizieren lassen.[212] Dem Vorstand obliegt es, die entsprechenden Regularien und Verfahrensschritte dafür festzustellen.[213] Eine erhaltene Lizenz ist für drei Jahre gültig;[214] sie bestätigt Unternehmen die Überwachung und Kontrolle durch die Mechanismen des *ICoCA* und dass es über Richtlinien und interne Steuerungsmechanismen verfügt, die die Sicherstellung der vom *ICoC* verfolgten Ziele gewährleistet.[215] Diese Richtlinien müssen nationalen und/oder internationalen Standards entsprechen und vom Vorstand als mit dem *ICoC* kompatibel befunden worden sein. Der Vorstand ruft dafür ein Zertifizierungskomitee ins Leben, das sich aus den drei Gruppen des *ICoCA* (PMSCs, Staaten, Zivilgesellschaft) zusammensetzt.[216] Ein Mitgliedsunternehmen kann sodann dem Komitee einen Zertifizierungsstandard vorschlagen. Wird dieser als potentieller *ICoCA*-Standard anerkannt, untersucht ihn das Zertifizierungskomitee anhand eines analytischen Rahmens, der auf den Vorgaben des *ICoCA* basiert. Wenn die Begutachtung zu einem positiven Ergebnis geführt hat, erlässt das Zertifizierungskomitee einen Anerkennungsentwurf. Zu diesem können alle Mitglieder des *ICoCA* Kommentare einreichen und der Vorstand wird anschließend über den vorgelegten Zertifizierungsstandard abstimmen.[217] Der ANSI/ASIS PSC.1-2012-Standard wurde am

---

211 UN Doc., A/HRC/30/47, 09.07.2015, Report of the open-ended intergovernmental UN Working Group to consider the possibility of elaborating an international regulatory framework on the regulation, monitoring and oversight of the activities of private military and security companies on it fourth session, Para. 47.

212 ICoCA, Art. 3.3.1.

213 ICoCA, Art. 11.2.

214 ICoCA, Art. 11.3.

215 ICoCA, Art. 11.1.

216 ICoCA, Draft ICoCA Certification Principles and Procedure, Abschnitt II.

217 ICoCA, Draft ICoCA Certification Principles and Procedure, Abschnitt II.

3. September 2015 als erster *ICoCA*-Standard eingeführt. Jedes Unternehmen, das sich nach dem ANSI/ASIS PSC.1-2012-Standard hat zertifizieren lassen, kann nun auch eine *ICoCA*-Zertifizierung beantragen.[218] Mit der Zertifizierung auf Basis des ANSI/ASIS PSC.1-2012-Standards wurde im ersten Halbjahr 2016 begonnen.[219] Das *American National Standards Institute* und *ASIS International*, die weltweit größte Organisation für Fragen der Sicherheit in der privaten Wirtschaft, entwickelten den ANSI/ASIS PSC.1-2012-Standard.[220] Bei diesem handelt es sich um einen prüffähigen Standard für PMSCs, basierend auf dem *ICoC* und den Best Practises Beispielen des *Montreux Documents*.[221] Insbesondere die mit dem Einsatz von PMSCs verbundene Gefährdung der Menschenrechte sowie die Wiedergutmachungsmechanismen stehen dabei im Vordergrund.[222] Sowohl die USA als auch das Vereinigte Königreich nutzen diesen als Standard bei der Beauftragung von PMSCs.[223] Die Internationale Organisation für Normung (ISO) stützte ihren Standard *ISO18788 Management system for private security operations* ebenfalls auf den ANSI/ASIS PSC.1-2012-Standard.[224] Der *ISO18788*-Standard wurde folglich ebenfalls als Zertifizierungsmaßstab des *ICoCA* anerkannt.[225] Gleiches gilt für den *ISO28007-1* Standard,[226] der sich speziell auf PMSCs in der Schifffahrt bezieht. Als tauglicher Zertifizierungsstandard

---

218 ICoCA, ICoCA Recognition Statement for ANSI/ASIS PSC.1-2012.

219 ICoCA, Certification, http://icoca.ch/en/certification, zuletzt abgerufen am 30.03.2016.

220 *MacLeod,* Private Security Companies and Shared Responsibility, SHARES Research Paper 64, 2015, S. 18; ASIS International, http://www.asis-germany.org/.

221 ASIS International – News Release – ASIS ANSI PSC1 Standard Adopted by UK for Private Security Service Providers Overseas, https://www.asisonline.org/News/Press-Room/Press-Releases/2012/Pages/ASIS-ANSI-PSC1-Standard-Adopted-by-UK-for-Private-Security-Service-Providers-Overseas.aspx, zuletzt abgerufen am 31.12.2016.

222 *MacLeod,* Private Security Companies and Shared Responsibility, SHARES Research Paper 64, 2015, S. 18.

223 *MacLeod,* Private Security Companies and Shared Responsibility, SHARES Research Paper 64, 2015, S. 18.

224 *MacLeod,* Private Security Companies and Shared Responsibility, SHARES Research Paper 64, 2015, S. 18.

225 ICoCA – Certification, https://www.icoca.ch/en/certification, zuletzt abgerufen am 31.12.2016.

226 ISO 28007-1:2015 Ships and marine technology – Guidelines for Private Maritime Security Companies (PMSC) providing privately contracted armed security personnel (PCASP) on board ships (and pro forma contract).

abgelehnt wurde hingegen der *ISO9001-Standard*.[227] Dieser legt ein Mindestmaß für Qualitätssicherung fest. Für die Verwendung im Rahmen des *ICoCA* wurde die knappe Darstellung der menschenrechtlichen und humanitär-völkerrechtlichen Regelungen jedoch als unzulänglich eingestuft.[228]

Neben dem anzuwendenden Zertifizierungsmaßstab sollen zusätzliche Quellen die Beachtung des *ICoC* belegen.[229] Als Nachweise können z.B. regelmäßig begutachtete Trainingshandbücher, Ausbildungs- und Rekrutierungsrichtlinien sowie die Integration des *ICoC/ICoCA* in die internen Vertragspraktiken, herangezogen werden. Zudem sollen alle relevanten Informationen zum Beschwerdeverfahren öffentlich zugänglich gemacht werden und Informationen über vergangene Verfahren z.B. auf den Homepages der Unternehmen abrufbar sein.[230]

(b) Bewertung des Zertifizierungsverfahrens

Das neu eingeführte Zertifizierungsverfahren kann aber dennoch nicht als Durchbruch zur Realisierung eines wirksamen Regulierungssystems für PMSCs verstanden werden. Die Verweigerung eines externen und unabhängigen Kontrollsystems ist das zentrale Wesensmerkmal von Selbstregulierungssystemen und gleichzeitig deren größte Schwäche. Auch der *ICoCA* und sein neu eingeführtes Zertifizierungssystem können kein externes Kontrollsystem in diesem Sinne schaffen. Zwar wird mehrfach betont, dass sich die Unternehmen nicht selbst zertifizieren, sondern dass dies durch das zwischengeschaltete Zertifizierungskomitee geschieht. Allerdings umfasst dieses auch Vertreter der PMSC-Branche und erfüllt damit nicht die Anforderungen an eine unabhängige Zertifizierungsstelle. Damit wurde zwar eine Verbesserung im Vergleich zur reinen Selbstzertifizierung erreicht, aber dennoch kein unabhängiges externes Zertifizierungssystem, als das es gerne beworben wird, geschaffen. Dazu treten noch zwei weitere Kritikpunkte:

1. Bei den Zertifizierungsverfahren muss sichergestellt werden, dass Diskrepanzen zwischen den einzelnen nationalen Zertifizierungsstellen verhindert werden. Im Vereinigten Königreich kam es während der Einführungsphase zu deutlichen Abweichungen bei der Besetzung der Zertifizierungsstellen. Während manche Stellen Menschenrechtsexperten einsetzten oder Schulungen

---

227 ISO 9001:2015 Quality management systems – Requirements.
228 ICoCA – Certification, https://icoca.ch/en/certification#Guidance, zuletzt abgerufen am 31.12.2016.
229 ICoCA, Art. 11.2.1.
230 *Seiberth*, Private Military and Security Companies in International Law, S. 264.

für die Prüfer durchführten, unterließen andere Stellen dies vollständig.[231] Um die Glaubwürdigkeit und Belastbarkeit des *ICoCA*-Zertifizierungsverfahrens zu stärken müssen derartige Unstimmigkeiten unterbunden werden.

2. Ebenso gibt der Umfang der Zertifizierungen Anlass zu Kritik. Die Unternehmen können selbst darüber entscheiden, welche Verträge oder Einsätze zertifiziert werden. Dabei wählen sie den unproblematischsten und am leichtesten zu zertifizierenden Bereich aus. Bei der dann ausgestellten Zertifizierung ist diese Einschränkung aber nicht erkennbar.[232]

2) Kontrollmechanismus

Für die Überwachung von Zertifizierungssystemen bedarf es klassischerweise einer staatlichen Kontrolle.[233] Genau darauf verzichtet der *ICoCA* aber und gibt damit Anlass zu Bedenken. Art. 12.1 *ICoCA* macht deutlich, dass der *ICoCA* selbst die Kontrolle innehat und nicht etwa die Staaten. Der vom *ICoCA* vorgesehene Kontrollmechanismus setzt sich aus Berichterstattung, Überwachung und Leistungsbewertung zusammen. Der *ICoCA* gibt dafür lediglich die Grundstruktur vor, die konkreten Umsetzungsformen gilt es noch abzuwarten.[234] Die Berichterstattung umfasst sowohl interne Berichte der Mitglieder als auch eine externe Berichterstattung durch das Sekretariat. Gemäß Art. 12.2.2. soll eine schriftliche Bewertung der eigenen Tätigkeiten erfolgen; über den Detailgrad der Informationen werden allerdings keine weiteren Vorgaben gemacht. Ebenso fehlen Angaben darüber in welchem Turnus die Berichte zu erfolgen haben. In den Vorentwürfen zum *ICoCA* war vorgesehen, die Berichte öffentlich zugänglich zu machen, sodass Drittparteien davon Kenntnis nehmen und Empfehlungen und Kommentare hierzu verfassen können.[235] In der finalen Version hat sich dieser Ansatz nicht behaupten können. Während der Verhandlungsphase wurde auch erwogen, Korrekturmaßnahmen öffentlich zu verkünden und das jeweilige Unternehmen für zwei Jahre zu sperren bevor es erneut die Mitgliedschaft im *ICoCA* beantragen kann. Durch die öffentliche Diskreditierung und die Sperre sollten Reputationsverluste

---

231 *MacLeod*, Private Security Companies and Shared Responsibility, SHARES Research Paper 64, 2015, S. 24.

232 *MacLeod*, Private Security Companies and Shared Responsibility, SHARES Research Paper 64, 2015, S. 23.

233 *MacLeod*, Private Security Companies and Shared Responsibility, SHARES Research Paper 64, 2015, S. 15.

234 ICoCA, Art. 12.2.

235 Minutes ICoC Steering Committee # 6 – 29 June 2011, S. 2.

geschaffen werden.[236] Allerdings wurde auch dieser Punkt nicht in die Schlussversion aufgenommen. Damit wurde die Gelegenheit, mehr Transparenz in das Geschäftsgebaren der PMSCs zu bringen, ungenutzt gelassen.

Während in den Vorentwürfen der Überwachungsmechanismus noch als Audit beschrieben wurde, findet sich in der finalen Version auch diese Wortwahl nicht mehr.[237] Stattdessen wird auf ein *external monitoring* Bezug genommen. Prima facie wird damit ebenfalls ein unabhängiges, externes Verfahren suggeriert. Aufschlussreich ist, dass bereits der *ICoC* zwischen *Auditing* und *Monitoring* unterscheidet.[238] Während ersteres eine unabhängige Überprüfung vorsieht, beschränkt sich letzteres auf die Aufsicht mittels Datenerhebung. Das Kontrollverfahren im *ICoCA* beschränkt sich also auf die Sammlung von Daten und fällt damit hinter das angekündigte Maß an Kontrolle zurück.[239] So sieht z.B. Art. 12.2.1 vor, dass das Sekretariat Informationen über Missstände aus öffentlichen und nicht-öffentlichen Quellen sammelt. Nimmt das Sekretariat entsprechende Missstände zur Kenntnis, so hat dies jedoch nicht zwingend eine umfassende Vor-Ort-Untersuchung zur Folge (Art. 12.2.3). Es steht vielmehr im Ermessen des Geschäftsführers des *ICoCA,* eine weitergehende Untersuchung einzuleiten, wobei dem durch den Vorstand auch widersprochen werden kann. Gerade darin liegt aber ein großes Manko. Eine Sprecherin des US-Außenministeriums führte dazu aus, dass Audits des Öfteren aus der Ferne, also nicht vor Ort durchgeführt werden. Bei dieser Art von Audits muss jedoch die Belastbarkeit und Aussagekraft hinterfragt werden.[240] Zwischen dem, wozu sich Unternehmen auf dem Papier verpflichten, und der tatsächlichen Umsetzung bestehen häufig große Diskrepanzen.[241]

Voraussetzung für eine Untersuchung ist die Feststellung von weiterem Ermittlungsbedarf nach Auswertung der vorhandenen Informationen oder nach

---

236 Draft Charter of the Oversight Mechanism for the International Code of Conduct for Private Security Service Providers, Abschnitt F 2 b.

237 Draft Charter of the Oversight Mechanism for the International Code of Conduct for Private Security Service Providers, Abschnitt IX.

238 ICoC, Abschnitt B.

239 *Seiberth*, Private Military and Security Companies in International Law, S. 198.

240 International Code of Conduct – Steering Committee UN Working Groups UN Working Group 1B – Briefing Call, Wednesday 24th August, Monitoring Human Rights Standards and Performance in the Field, S. 1 f.

241 International Code of Conduct – Steering Committee UN Working Groups UN Working Group 1B – Briefing Call, Wednesday 24th August, Monitoring Human Rights Standards and Performance in the Field, S. 1 f.

Durchführung einer menschenrechtlichen Risikoanalyse. Ebenso kann die Untersuchung auf Ersuchen eines Mitglieds eingeleitet werden. Im Umkehrschluss zu Art. 12.2.3 soll die substantiierte Begründung einer Drittpartei nicht für die Einleitung von Vor-Ort-Kontrollen genügen können. Dadurch soll ein Privileg der Mitglieder und damit zugleich ein Anreiz für eine Mitgliedschaft im *ICoCA* geschaffen werden. Es wird auch davon ausgegangen, dass die ersten Praxistests des *ICoCA* nicht durch Individualbeschwerden von Opfern initiiert werden, sondern dass Konkurrenzfirmen die Überprüfung ihrer Mitbewerber einleiten werden. Auch wenn das Hauptmotiv dabei die Eliminierung eines Konkurrenten im Sinne eines *blaming and shaming* sein mag, so ist doch das Ergebnis, dass es zu vermehrten Kontrollen und Aufklärungsarbeiten kommt, zu begrüßen.

3) Beschwerdemechanismus

Beschwerdemechanismen können entweder durch interne Systeme oder durch unabhängige externe Instrumente umgesetzt werden. *ICoC* und *ICoCA* sehen vor, dass Beschwerden zuerst auf Unternehmensebene behandelt werden und Unternehmen dazu entsprechende Verfahren zur Verfügung stellen müssen.[242] Bereits in der Präambel des *ICoC* wurde aber darauf verwiesen, dass zusätzlich zu den internen Mechanismen auch ein externer unabhängiger Mechanismus geschaffen werden kann, der bei Verstößen gegen die Grundsätze des *ICoC* oder die aus ihm abgeleiteten Standards verwendet werden kann.[243] An letzterem fehlt es aber in der aktuellen Praxis.

Die konkrete Ausgestaltung des internen Beschwerdemechanismus im Sinne von Art. 13.2. *ICoCA* wird derzeit noch erarbeitet; er hat damit noch kein, dem Zertifizierungsprozess vergleichbares, Stadium erreicht. Zum jetzigen Zeitpunkt ist daher auch noch keine Auseinandersetzung mit etwaigen Beschwerden und eine Bewertung der implementierten Verfahrensschritte möglich. Gemäß Art. 13.2.1 des *ICoCA* können Individuen Beschwerden vorbringen, wenn sie durch das Verhalten eines Unternehmens, das dem *ICoCA* beigetreten ist, verletzt wurden. Erst wenn sich die unternehmensinternen Verfahren als nicht zielführend erwiesen haben, kann auf zusätzliche Möglichkeiten zurückgegriffen werden. Der Vorstand kann dann auf ein alternatives Rechtsmittel verweisen oder die Unternehmen zu Korrekturmaßnahmen auffordern, welche von einer Zusammenarbeit mit den Arbeitseinheiten des *ICoCA* bis zur Einleitung eines

---

242   ICoC, Para. 66; ICoCA, Art. 13.2.2.
243   ICoC, Präambel Para 7 b.

Mediationsverfahrens reichen können.[244] Ist auch dies nicht zielführend, kann es zur Suspendierung oder Beendigung der Mitgliedschaft des betroffenen Unternehmens kommen.[245] Damit mangelt es dem Beschwerdeverfahren aber an einem transparenten und vorhersehbaren Rechtsschutz. Beschwerdeführern ist es nicht möglich, die Konsequenzen ihrer eingereichten Beschwerden zu antizipieren und etwaige Vorteile zu nutzen.[246] Das *Büro des UN-Hochkommissars für Menschenrechte* beabsichtigt in Kürze einen Fortschrittsbericht zu veröffentlichen, der Aussagen über einen verbesserten Zugang zu Rechtsbehelfen bei Menschenrechtsverletzungen durch Wirtschaftsaktivitäten enthält. Dieser betrifft zwar primär die Umsetzung der *UN Guiding Principles on Business and Human Rights*, kann daneben aber auch für eine Verbesserung der Mechanismen des *ICoCA* sorgen.[247]

III) Zwischenergebnis

ICoC und *ICoCA* greifen die Idee des *Montreux Documents* auf und führen sie auf eine nächste Stufe. Während das *Montreux Document* eine unverbindliche Zusammenstellung der gültigen Rechtslage ist und einen *Good Practices* Beispielskatalog mit an die Hand gibt – der aber ebenfalls keine Rechtsverbindlichkeiten begründen kann – versucht der *ICoCA* einen Durchsetzungsmechanismus zu etablieren, der im Vergleich zu anderen Selbstverpflichtungsinstrumenten ein Alleinstellungsmerkmal darstellen würde.[248] Dabei setzt der *ICoCA* auf einen Multi-Stakeholder-Ansatz, der neben der PMSC-Branche auch Staaten und die Zivilgesellschaft als gleichgestellte Gruppen umfasst. Bei der Zertifizierung der Unternehmen werden keine selbst entwickelten Standards verwendet, sondern nationale und/oder international entwickelte und etablierte Verfahren genutzt. Damit bündelt man private und staatliche Mechanismen in einem Verfahren.[249] Die Effektivität des *ICoCA* hängt von dessen Kontroll-, Durchsetzungs- und Sanktionierungsmöglichkeiten ab. In all diesen Punkten konnte bisher kein

---

244 ICoCA, Art. 13.2.4 f.

245 ICoCA, Art. 13.2.7.

246 *Seiberth,* Private Military and Security Companies in International Law, S. 207.

247 UN Doc., A/HRC/30/47, 09.07.2015, Report of the open-ended intergovernmental UN Working Group to consider the possibility of elaborating an international regulatory framework on the regulation, monitoring and oversight of the activities of private military and security companies on it fourth session, Para. 4.

248 *MacLeod,* Private Security Companies and Shared Responsibility, SHARES Research Paper 64, 2015, S. 12.

249 *Rawlings,* in: Oliver/Prosser/Rawlings (Hrsg.), The regulatory state, S. 1 (2).

zufriedenstellendes Ergebnis erreicht werden; insbesondere das Beschwerdeverfahren wurde bisher noch nicht auf den Weg gebracht. Die sich andeutende
Fokussierung auf unternehmensinterne Beschwerden sowie die Unsicherheiten
beim Umgang mit eingegangenen Beschwerden stellen ein nicht zu unterschätzendes Hemmnis für potentielle Beschwerdeführer da.[250] Auch die Kontrollmechanismen lassen eine Verfehlung der angestrebten und im *ICoC* noch
angekündigten Ziele erkennen. Zur Zeit werden nur Daten über die PMSCs
und deren Aktivitäten erhoben und anschließend durch das Sekretariat des
ICoCA bewertet; falls notwendig werden Korrekturmaßnahmen eingeleitet.
Eine Überprüfung durch unabhängige Auditoren ist im Kontrollverfahren
nicht mehr vorgesehen.

Der *ICoC* und der *ICoCA* wurden sowohl von der *Working Group* als auch
von der *IGWG* begrüßt.[251] Gleichzeitig wurden aber auch deutliche Schwachstellen aufgezeigt wie z.B. das Beschwerdeverfahren.[252] Es wurde moniert, dass
das Verfahren der Begutachtung interner Mechanismen als Ersatz einer fundier-
ten Auseinandersetzung mit den vorgebrachten Anschuldigungen dient und nur
unzureichende Rechtsmittel und Entschädigungen für die Opfer vorsieht. Ebenso wurde die lückenhafte Vorortüberprüfung bzgl. der Lizenzierung und der
Überwachungsmechanismen kritisiert. Das britische Außenministerium z.B.
geht davon aus, dass auch ein funktionierendes System der Selbstkontrolle nur
etwa 90% der Sicherheitsbranche abdecken würde, es blieben somit 10% Unternehmen unkontrolliert.[253] Gerade im Einsatzgebiet von PMSCs werden Dienstleistungen von PMSCs, die weniger um ihren Ruf bemüht sind, auch weiterhin

---

250 UN Doc., A/HRC/22/41, 24.12.2012, Report of the open-ended intergovernmental
    UN Working Group to consider the possibility of elaborating an international re-
    gulatory framework on the regulation, monitoring and oversight of the activities of
    private military and security companies on its second session, Para. 57 ff.

251 Remarks by Gabor Rona, UN Working Group on the Use of Mercenaries, Montreux
    +5 Conference 11-13 December 2013, http://www.ohchr.org/EN/NewsEvents/Pages/
    DisplayNews.aspx?NewsID=14105, zuletzt abgerufen am 06.06.2016.

252 UN Doc., A/HRC/21/43, 02.07.2012, Report of the Working Group on the use of
    mercenaries as a means of violating human rights and impeding the exercise of the
    right of peoples to self-determination, Para. 20 ff.

253 Foreign & Commonwealth Office, Consultation on promoting high standards of con-
    duct by private military and security companies (PMSCs) internationally, Para. 15,
    http://webarchive.nationalarchives.gov.uk/20121212135632/http://www.fco.gov.uk/
    resources/en/pdf/4103709/5476465/5550005/pmsc-public-consultation, zuletzt ab-
    gerufen am 19.07.2016.

Absatz finden.[254] Dies führt zu einer auch als *free-rider*-Problem bezeichneten Situation. Auch Unternehmen, die sich nicht zum *ICoC/ICoCA* bekennen, können damit völlig unberechtigt von den Bemühungen der restlichen PMSC-Branche profitieren.[255] Schließlich sind die unzulänglichen Regelungen zur Sanktionierung von PMSCs und deren Personal eine nicht zu ignorierende Schwachstelle des *ICoC/ICoCA*.[256]

Gleichwohl sehen Staaten wie das Vereinigte Königreich durch das Bekenntnis zu und die Förderung von Selbstverpflichtungserklärungen ihre Due-Diligence-Verpflichtung zur Achtung der Menschenrechte als erfüllt an.[257] Dagegen spricht jedoch, dass die Kontrolle und auch die Zertifizierung der PMSCs nicht den Staaten, sondern den durch den *ICoCA* geschaffenen Organen obliegen.[258] Alleine die Lizenzierung gemäß den *ICoCA*-Vorgaben kann folglich nicht genügen, um Staaten von ihrer Verpflichtung, Menschenrechtsverletzungen zu verhindern, freizusprechen. Weiß ein Sitzstaat z.B. von dem exzessiven Gewalteinsatz eines lizenzierten Unternehmens und reagiert darauf nicht, genügt der Verweis auf die vorhandene Lizenz nicht; der Staat kann seine Schutzpflichten dann nicht als erfüllt betrachten.

Abschließend sind drei grundsätzliche Probleme bei der Regelung mittels Selbstverpflichtungserklärungen festzuhalten.

An erster Stelle ist anzuführen, dass die Industrie über sich selbst urteilt. Dies muss durch <u>externes</u> Monitoring und unabhängige Überwachungsmechanismen ergänzt werden. Die Etablierung des *ICoCA* kommt dieser Forderung zumindest in Teilen nach. Die Lizenzierung und Kontrolle obliegt hier nicht mehr der Industrie alleine, sondern einem aus Firmen, Staaten und der Zivilgesellschaft zusammengesetzten Panel. Damit wurde zwar der zu bemängelnde Umstand verbessert, jedoch sollte ein unabhängiges Kontrollgremium überhaupt keine Unternehmen der Sicherheitsbranche einbeziehen.

Ebenfalls unzulänglich sind die stark begrenzten Sanktionierungsmöglichkeiten. Im Wesentlichen beschränken sich diese auf den Ausschluss von Unternehmen,

---

254 *Bohm/Senior/White*, in: Bakker/Sossai (Hrsg.), Multilevel Regulation of Military and Security Contractors, S. 309 (322).

255 *Hennings*, Über das Verhältnis von multinationalen Unternehmen zu Menschenrechten, S. 62.

256 *Krahmann*, International Community Law Review 2014, 475 (483).

257 *MacLeod*, Private Security Companies and Shared Responsibility, SHARES Research Paper 64, 2015, S. 20.

258 *MacLeod*, Private Security Companies and Shared Responsibility, SHARES Research Paper 64, 2015, S. 15.

die gegen die Vorgaben verstoßen haben. Dies hindert diese Unternehmen jedoch nicht daran, ihre Dienstleistungen weiterhin auf dem Markt anzubieten. Eine rechtsverbindliche internationale Konvention, die auf nationaler Ebene verfolgbare Straftatbestände etabliert, stellt dafür eine belastbare Alternative dar. Auch der Entzug von für die Anbietung ihrer Dienstleistungen notwendigen Lizenzen kann eine spürbarere Wirkung, als der bloße Ausschluss der Unternehmen erreichen.

Darüber hinaus erweist sich der nicht hinreichend klar bestimmte anzuwendende Rechtsrahmen als Schwachstelle der Selbstverpflichtungserklärungen. Zwar wird auf die Menschenrechte und das humanitäre Recht verwiesen, jedoch folgt aus der Tatsache, dass diese Rechtsregime nicht direkt auf PMSCs anwendbar sind, ein größerer Anpassungs- und Selektierungsbedarf. Die für Wirtschaftsunternehmen relevanten Menschenrechte sind zu benennen; ihre Interpretation ist unter verschiedenen politischen, sozialen, wirtschaftlichen und kulturellen Rahmenbedingungen festzulegen.[259]

Die Weiterentwicklung des *ICoC* zum *ICoCA* führte zu einer engmaschigeren Überprüfung und der Umsetzung eines Zertifizierungssystems, das sich an international oder national etablierten Standards orientiert. Gleichzeitig bewirkte dies auch einen signifikanten Rückgang der Mitglieder. Dies zeigt zum einen, dass tatsächlich eine Verschärfung der Einsatzbedingungen stattgefunden hat, gleichzeitig aber auch, dass die PMSC-Branche diese Entwicklung nur bedingt mitträgt und daher die beschränkte Regelung durch den *ICoC/ICoCA* nicht ausreichend ist.

IV) *Relevanz des ICoC und des ICoCA für UN-Friedensmissionen*

Sowohl der *ICoC* als auch der *ICoCA* verfügen über einen weiten Anwendungsbereich. Eine Beschränkung auf bewaffnete Konflikte ist nicht gegeben, sodass auch das gesamte Einsatzgebiet von UN-Friedensmissionen davon abgedeckt wird. Insbesondere die Frage der legitimen Gewaltanwendung ist für den Einsatz in UN-Friedensmissionen schwierig. UN-Friedensmissionen sind nach wie vor auf den Einsatz von Gewalt zum Zwecke der Selbstverteidigung beschränkt.[260] Dies trifft auch auf PMSCs, die in aller Regel als Zivilisten auftreten, zu. Der *ICoC* unterlässt aber eine Beschränkung der Gewaltanwendung auf das Selbstverteidigungsrecht. Dieser Aspekt ist schon für sich allein genommen problematisch und bedarf der Nachbesserung. Im Kontext der UN-Friedensmissionen

---

259 *Deva*, in: Buhmann/Roeseberry/Morsing (Hrsg.), Corporate social and human rights responsibilities, S. 108 (120 f.).

260 Siehe dazu 1. Kapitel § 2 A II.

potenziert sich dies durch die Verankerung der Beschränkung auf Selbstverteidigungshandlungen als eine Säule der *Holy Trinity* noch zusätzlich.

Ebenso kommt dem Beschwerdeverfahren des *ICoCA* im Kontext der UN-Friedensmissionen ein besonders hoher Stellenwert zu. Individualbeschwerden gegen die UN sind nicht durchführbar, auf einen truppenstellenden Staat kann beim Einsatz von PMSCs nicht zurückgegriffen werden und eine Geltendmachung gegenüber den Sitzstaaten ist ebenfalls mit praktischen Schwierigkeiten und rechtlichen Unwägbarkeiten verbunden. Der Nachweis eines zufriedenstellenden Beschwerdeverfahrens mittel des *ICoCA* ist daher bei Beauftragung durch die UN mit noch mehr Nachdruck zu fordern, als dies bei der Beauftragung durch Staaten bereits der Fall ist. Die Verzahnung des *ICoC/ICoCA* und dem Einsatz von PMSCs ist aber nur bruchstückhaft gegeben. Durch die *APSC Guidelines*[261] wird zwar eine solche Verbindung zum *ICoC* gesetzt, diese ist aber insbesondere aufgrund des eingeschränkten Anwendungsbereichs der *APSC Guidelines* nicht ausreichend.

D. Die UN Guidelines on the Use of Armed Security Services from Private Security Companies

Die Darstellung der Entwicklung der UN-Friedensmissionen illustrierte, dass Missionen immer stärker in Gebieten und Situationen eingesetzt werden, in denen schwerwiegende Sicherheitsbedenken bestehen.[262] Dies führte zu dem Umstand, dass ein erhöhter Sicherheitsstandard und –bedarf für UN-Friedensmissionen notwendig wurde, was wiederum den Einsatz von (bewaffneten) privaten Sicherheitspersonal nach sich zog. Der vermehrte Einsatz von PMSCs stieß die Diskussion, wie deren Einsatz zu regeln sei, an und mündete schließlich in der Veröffentlichung der *APSC Guidelines*.[263] Auch die *UN Working Group* berichtete der Generalversammlung von der unzureichenden Regelung und forderte diese zum Tätigwerden auf.[264] Die *APSC Guidelines*[265]

---

261 Siehe dazu 3. Kapitel § 1 D.

262 Zur Entwicklung der UN-Friedensmissionen siehe ausführlich 1. Kapitel § 2 A.

263 *Mathias,* in: D'Aboville (Hrsg.), Private Military and Security Companies, S. 121 (121).

264 UN Doc., A/65/325, 25.08.2010, Report of the Working Group on the use of mercenaries as a means of violating Human Rights and impeding the exercise of the right of peoples to self-determination, Para. 31.

265 United Nations Department of Safety and Security, United Nations Security Management System, Guidelines on the Use of Armed Security Services from Private Security Companies.

wurden auf Initiative des UN-Generalsekretärs vom *United Nations Department of Safety and Security* erarbeitet und im November 2012 veröffentlicht.
Sie sind das Ergebnis des *Inter-Agency Security Management Networks,* das alle
Verantwortlichen aus dem UN-Sicherheitssektor zusammenbrachte. Ebenfalls
bei diesem Anlass wurden das *UN Security Policy Manual,*[266] das *Model Statement of Works*[267] sowie der *Model Contract*[268] für die Beauftragung von PMSCs
veröffentlicht.[269] Unter Zuhilfenahme dieser vier Instrumente soll die UN-Pra-
xis im Umgang mit PMSCs vereinheitlicht, die Befolgung der Menschenrechte
gefördert sowie die Transparenz gesteigert werden. Die *APSC Guidelines* beschreiben den Umgang mit PMSCs und die Modalitäten deren Beauftragung.
Mit der Frage, ob oder inwieweit bestimmte Aufgaben überhaupt ausgelagert
werden dürfen, befassen sie sich hingegen nicht.

I) Inhalt

Auf einem Expertentreffen im Juli 2013 setzte sich die *UN Working Group* de-
tailliert mit den in den *APSC Guidelines* vorgestellten Modalitäten auseinander.
Als Schwachstellen wurden die unzulängliche Verankerung von Due-Diligence-
Mechanismen, die fehlenden Sanktionsmechanismen und insbesondere der auf
bewaffnete Dienstleister begrenzte Anwendungsbereich identifiziert.[270] Der besondere Stellenwert der Due-Diligence-Pflichten im UN-System wurde durch die
Verabschiedung der *Human Rights Due Diligence Policy*[271] Anfang 2013 sichtbar

---

266 United Nations Department of Safety and Security, United Nations Security Manage-
     ment System, Security Policy Manual, Chapter IV Security Management, Section I
     Armed Private Security Companies.

267 United Nations Department of Safety and Security, United Nations Security Ma-
     nagement System, Guidelines on the Use of Armed Security Services from Private
     Security Companies Annex A – Statement of Works.

268 United Nations Department of Safety and Security, United Nations Security Ma-
     nagement System, Guidelines on the Use of Armed Security Services from Private
     Security Companies Annex B – Model Contract.

269 UN Doc., A/69/338, 21.08.2014 Report of the UN Working Group on the Use of
     mercenaries as a means of violating human rights and impeding the exercise of the
     right of peoples to self-determination, Para. 27.

270 UN Doc., A/69/338, 21.08.2014, Report of the UN Working Group on the Use of
     mercenaries as a means of violating human rights and impeding the exercise of the
     right of peoples to self-determination, Para 22 f., Para. 30.

271 UN Doc., A/67/775–S/2013/110, 05.03.2013, Identical letters dated 25 February 2013
     from the Secretary-General addressed to the President of the General Assembly and
     to the President of the Security Council.

gemacht. Die UN bekennen sich hierdurch zu ihren selbstgestellten Zielen aus der UN-Charta, insbesondere den Menschenrechten, dem humanitären Völkerrecht und dem Asylrecht. Dieser Grundgedanke soll auch beim Einsatz und der Unterstützung von Sicherheitskräften Berücksichtigung finden. Die in den *APSC Guidelines* vorhandenen Mechanismen bezüglich Auswahl, Training, Kontrolle und Sanktionierung, können diesen Ansprüchen aber nicht genügen.

1) Entscheidungsprozess für den Einsatz von PMSCs

Der Einsatz von PMSCs verläuft gemäß einem in den *APSC Guidelines* vorgegebenen Prozess. Kann ein Bedarf für bewaffnetes Sicherheitspersonal festgestellt werden, so darf nicht unmittelbar auch auf PMSCs zurückgegriffen werden. In jedem Land, in dem UN-Personal tätig ist, wird ein offizieller Vertreter für das Thema Sicherheit ernannt. Aus diesem, den Leitern der UN-Einrichtung am Einsatzort sowie den zuständigen obersten Sicherheitsberatern setzt sich ein *Security Management Team* zusammen.[272] Zuerst muss von diesem *Security Management Team* und den zuständigen Sicherheitsberatern eruiert werden, ob oder inwieweit der Einsatz von Truppen des Gastlandes in Betracht kommt. Ist eine solche Möglichkeit nicht gegeben, so muss über Alternativen in Form der Unterstützung durch Truppen anderer Mitgliedstaaten beratschlagt werden. Erst wenn auch dies nicht realisierbar ist, dürfen PMSCs eingesetzt werden.[273] Das diesem Verfahren zu Grunde gelegte Ultima-ratio-Prinzip wurde von UN-Verantwortlichen mehrfach betont.[274] Dieser Grundsatz findet sich jedoch in den *APSC Guidelines* nicht in der wünschenswerten Deutlichkeit wieder, insbesondere fehlt es an objektiven Parametern zur Bestimmung eines solchen Falles.[275] Es wird nicht dargelegt, wann ein Fall, in dem weder das Gastland noch andere Mitgliedstaaten für die Sicherheit des UN-Personals die Gewährleitung tragen können, gegeben sein soll.[276]

---

272   United Nations Department of Safety and Security, How we work, http://www.un.org/undss/?q=howwework, zuletzt abgerufen am 03.01.2017.

273   APSC Guidelines, Abschnitt D.

274   UN Doc., A/HRC/30/47, 09.07.2015, Report of the open-ended intergovernmental UN Working Group to consider the possibility of elaborating an international regulatory framework on the regulation, monitoring and oversight of the activities of private military and security companies on its fourth session, Para. 66.

275   *Pingeot*, International Community Law Review 2014, 461 (470).

276   UN Doc., A/69/338, 21.08.2014, Report of the UN Working Group on the Use of mercenaries as a means of violating human rights and impeding the exercise of the right of peoples to self-determination, Para. 38.

Sollen PMSCs im Rahmen eines UN-Einsatzes zum Zuge kommen, so bedarf es einer auf der Grundlage eines *Security Risk Assessments* ergangenen Empfehlung des *Security Management Teams*. Das Hinzuziehen von PMSCs muss dabei durch das Risiko des konkreten UN-Einsatzes gerechtfertigt werden. Dafür müssen alle möglichen negativen Konsequenzen eines PMSC-Einsatzes aufgezeigt und bewertet werden; auch muss eine Entscheidung zwischen einer nationalen oder internationalen PMSC getroffen werden. Führt diese Abwägung zur Befürwortung eines PMSC-Einsatzes, wird der Sachverhalt an den Untergeneralsekretär für Sicherheit weitergeleitet; ihm obliegt die finale Genehmigung des PMSCS-Einsatzes. Ebenso ist geregelt, dass alle betroffenen Einheiten und Untereinheiten sowohl über die Anfrage als auch über die Zusage eines PMSC-Einsatzes unterrichtet werden.[277] Die Einführung des *Security Risk Assesssment* hat in der Praxis aber zu einer vereinfachten Begründungmöglichkeit für den Bedarf an bewaffnetem Personal geführt. Grund dafür ist, dass nun auch die potentielle Schutzlosigkeit von UN-Einrichtungen oder UN-Missionen in die Bewertung mit eingestellt wird. Vor Einführung des *Security Risk Assessment* war allein die Analyse der Bedrohungslage entscheidend.[278] Eine potentielle Schutzlosigkeit bedeutet aber nicht automatisch auch eine Bedrohungslage. Letzteres ergibt sich erst aus den konkreten Umständen. Die Schwelle zum Einsatz von bewaffneten PMSCs wurde mit dem Kriterium der potentiellen Schutzlosigkeit nach unten korrigiert und die restriktive Auslegung des „letzten Mittel" aufgeweicht.

2) Anwendungsbereich

Der Einsatz von u̲n̲bewaffneten PMSCs wird – abgesehen von den allgemeinen Vergaberichtlinien – weder durch die *APSC Guidelines* noch durch andere Regelungswerke abgedeckt.[279] Die Beschränkung des Regelungsbedarfs auf Fälle, in denen PMSCs bewaffnet sind, kann aber nicht überzeugen. Für die Verletzung der Menschenrechte z.B. sexuelle Übergriffe bedarf es keiner Waffen.[280] Die bisherigen Erfahrungen haben gezeigt, dass das alleinige Abstellen auf die Vergaberichtlinien für den Ausschluss fragwürdiger Unternehmen nicht ausreicht.[281] Das Beispiel des Kongo-Einsatzes demonstrierte anschaulich die Umgehungsmöglichkeiten

---

277 APSC Guidelines, Abschnitt E.
278 *Krahmann*, International Community Law Review 2014, 475 (482).
279 *Pingeot*, International Community Law Review 2014, 461 (469).
280 UN Doc., A/69/338, 21.08.2014, Report of the UN Working Group on the Use of mercenaries as a means of violating human rights and impeding the exercise of the right of peoples to self-determination, Para. 31.
281 *Pingeot*, International Community Law Review 2014, 461 (469).

der *APSC Guidelines* und damit deren Wirkungslosigkeit: Aufgrund des vermehrten Einsatzes von PMSCs im Kongo (MONUC/MONUSCO), erließ die kongolesische Regierung strenge Regelungen der Einsatzmöglichkeiten. Der Einsatz von bewaffneten PMSCs wurde komplett untersagt, im Übrigen durften nur solche PMSCs engagiert werden, die im Kongo registriert waren.[282] Im Ergebnis war dies aber nicht zielführend. Der Wettbewerb wurde eingeschränkt und Standards aufgeweicht, da im Kongo keinerlei Lizenzierung, Kontrolle oder Qualitätssicherung vorgesehen waren. Auftraggeber hatten somit aus einer Gruppe unkontrollierter Anbieter auszuwählen, die im Vergleich zu internationalen Konkurrenten meist nur niedrigere Standards boten.[283] Die Vorgaben der *APSC Guidelines* liefen somit ins Leere, sodass weiterhin die Notwendigkeit nach einer international verbindlichen Regelung von PMSCs bestehen bleibt.[284]

3) Auswahl und Training des PMSC-Personals

Damit PMSCs von den UN engagiert werden dürfen, müssen die PSMCs schriftlich belegen, dass ein verpflichtendes Screening-Verfahren für die Auswahl der Angestellten besteht. Ebenso sind Nachweise über interne Richtlinien zur Gewaltanwendung und zum Waffeneinsatz zu erbringen und deren Beachtung zu belegen. Diese Richtlinien müssen wiederum mit den nationalen Gesetzen des Sitz- und des Einsatzstaates, den Anforderungen der UN (*Use of Force Policy* und *Instruction on Use of Force Equipement*) sowie den Anforderungen des *ICoC* übereinstimmen.[285] Ferner müssen die PMSCs Mitglied des *ICoC* sein, bereits seit fünf Jahren Sicherheitsdienstleistungen anbieten, über Lizenzen des Sitz- und des Gaststaates verfügen und im UN-Beschaffungsregister gelistet sein.[286] Bisher wurde ein solcher Nachweis über die *ICoC*-Mitgliedschaft jedoch in der Praxis nicht verlangt.[287] Gemäß den *APSC Guidelines* ist zwar eine Überprüfung des

---

282 *Krahmann/Schneiker*, Diskussionspapier Mehr Kapazität – Weniger Verantwortung?, S. 6.

283 *Krahmann/Schneiker*, Diskussionspapier Mehr Kapazität – Weniger Verantwortung?, S. 6.

284 UN Doc., A/69/338, 21.08.2014, Report of the UN Working Group on the Use of mercenaries as a means of violating human rights and impeding the exercise of the right of peoples to self-determination, Para. 22 f., Para. 91.

285 UN Security Policy Manual, Para. 23 f.

286 APSC Guidelines, Para. 25.

287 UN Doc., A/69/338, 21.08.2014, Report of the UN Working Group on the Use of mercenaries as a means of violating human rights and impeding the exercise of the right of peoples to self-determination, Para. 22 f. und Para. 41.

strafrechtlichen Hintergrundes des involvierten Personals vorgesehen, die Unternehmenshistorie bleibt dabei aber außen vor.[288] Ferner fehlt es an Rechtsmitteln für die Opfer von Menschenrechtsverstößen;[289] die Unternehmen verpflichten sich lediglich, für die Haftung ihrer Angestellten und eine eventuelle Überstellung zur strafrechtlichen Verfolgung Sorge zu tragen.[290] Bevor es zum tatsächlichen Einsatz kommt soll das Personal eine umfassende Trainingsphase, die auch die Achtung der Menschenrechte umfasst, durchlaufen.[291] Dabei darf der genaue Inhalt und Umfang des Trainings aber von den einzelnen Unternehmen selbst festgelegt werden. Dies veranlasste die *Confederation of European Security Services*, eine Warnung vor dem unzureichenden Detailgrad der Trainingsprogramme auszusprechen und darauf hinzuweisen, dass die alleinige Ausrichtung am niedrigsten Marktpreis zu massiven Qualitätsverlusten des Trainings beitragen könne.[292] Zudem bezieht sich die in den *APSC Guidelines* vorgesehene Leistungsbewertung ausschließlich auf die vorgenommenen Handlungen als solche und lässt dabei das Gesamtbild (z.B. Akzeptanz durch die Lokalbevölkerung, verringerte oder gesteigerte Anzahl an Angriffen auf UN-Missionen) außen vor.[293]

Die im Tages- und Monatsturnus durchzuführenden Kontrollen können den Anforderungen der Due-Diligence-Verpflichtungen nicht Stand halten.[294] Die UN führen die Kontrollen nicht selbst durch. Es kann nicht ausreichen, auf die von den Unternehmen zur Verfügung gestellten Informationen und auf die durch diese selbst ausgestellten Bestätigungen zu vertrauen.[295] Durch Unteraufträge der einzelnen PMSCs werden Intransparenz und die Gefahr lückenhafter Kontrollen noch zusätzlich verstärkt.[296] Die UN sollten vielmehr ihre Vorbildrolle erfüllen und eigene Mechanismen implementieren, um dadurch die künftige Entwicklung auf internationaler und nationaler Ebene zu prägen.[297] Gleichzeitig ist aber

---

288 APSC Guidelines, Para. 28; *DeWinter-Schmitt*, Montreux: Five years on, S. 142.

289 *Pingeot*, International Community Law Review 2014, 461 (469 f.).

290 APSC Guidelines, Annex A – Statement of Works, Para. 27.

291 APSC Guidelines, Para. 39.

292 CoESS/Uni-Europa, Selecting Best Value – A Manual for Organisations Awarding Contracts for Private Guarding Services, S. 3.

293 APSC Guidelines, Annex A – Statement of Works, Para. 51 ff.

294 APSC Guidelines, Para. 43 ff.

295 *Pingeot*, International Community Law Review 2014, 461 (468).

296 UN Doc., A/69/338, 21.08.2014, Report of the UN Working Group on the Use of mercenaries as a means of violating human rights and impeding the exercise of the right of peoples to self-determination, Para. 22 f. und Para. 30.

297 United Nations Human Rights Office for the High Commissioner, Expert group on mercenaries debates use of private military and security companies by the United

auch erkennbar, dass ein solcher Prozess Zeit und Ressourcen bedarf, die nicht im erforderlichen Maße zur Verfügung stehen. Aus diesem Grund erkannte es die *Working Group* für ausreichend an, wenn auf Unternehmen zurückgegriffen wird, die einen Mechanismus aufweisen mittels dem bereits auffällig gewordenes Personal ausgemustert werden kann.[298]

4) Sanktionierung

Gemäß dem *Security Policy Manual* soll als Sanktionierungen für Fehlverhalten primär auf Folgenbeseitigungsmaßnahmen zurückgegriffen werden.[299] Nur wenn dies nicht möglich ist, sieht der *Model Contract* Entschädigungszahlungen, den Abzug oder die Versetzung des Personals sowie die Vertragsbeendigung als mögliche Sanktionierungsmaßnahmen vor.[300] Strafrechtliche Ermittlungen, Zivilklagen, Berufsverbote und das Publikmachen von etwaigen Verstößen werden hingegen nicht als Steuerungselemente herangezogen.[301] Vielmehr heißt es dazu im *Statement of Works,*[302] dass sich die Unternehmen verpflichten, ihr Personal einer strafrechtlichen Aufklärung zu unterstellen.[303] Damit wird jedoch die Verantwortung auf die Unternehmer und weg von den UN verlagert. Dabei wäre es gerade für eine so weitverzweigten Organisation wie die UN von grundlegender Bedeutung, dass Informationen über etwaiges Fehlverhalten dokumentiert und verbreitet werden, um so die erneute Beauftragung eines solchen Unternehmens zu verhindern.[304] Auch eine solche Regelung bleiben die *APSC Guidelines* schuldig.

Nations, 26.07.2013, http://www.ohchr.org/EN/NewsEvents/Pages/DisplayNews. aspx?NewsID=13581&LangID=E, zuletzt abgerufen am 13.04.2016.

298 UN Doc., A/69/338, 21.08.2014, Report of the UN Working Group on the Use of mercenaries as a means of violating human rights and impeding the exercise of the right of peoples to self-determination, Para. 22 f. und Para. 40.

299 UN Security Policy Manual, Para. 29.

300 APSC Guidelines, Annex B, Model Contract, Para. 9.4 und 18.2.

301 UN Doc., A/69/338, 21.08.2014, Report of the UN Working Group on the Use of mercenaries as a means of violating human rights and impeding the exercise of the right of peoples to self-determination, Para. 45.

302 Bei dem *Statement of Works* handelt es sich um eine Leistungsbeschreibung der Dienste der PMSCs die als Annex A den *APSC Guidelines* beigefügt ist.

303 APSC Guidelines – Annex A Statement of Works, Para. 27.

304 UN Doc., A/69/338, 21.08.2014, Report of the UN Working Group on the Use of mercenaries as a means of violating human rights and impeding the exercise of the right of peoples to self-determination, Para. 45.

II) Bewertung

Bereits die Tatsache, dass es die *APSC Guidelines* gibt, zeigt, dass der Einsatz von bewaffneten PMSCs durch die UN bereits zur Realität geworden ist und die grundsätzliche Frage, ob die UN überhaupt auf PMSCs zurückgreifen dürfen, nicht mehr gestellt wird.[305] Gleichzeitig wird damit auch deutlich, dass ein Wille zur Regelung dieser Fälle vorhanden ist. Insbesondere haben die *APSC Guidelines* für mehr Transparenz beim Einsatz von PMSCs gesorgt. Allerdings ist es ihnen nicht gelungen, die vielfältigen Probleme die durch einen PMSC-Einsatz ausgelöst werden, in ihrer Gesamtheit aufzugreifen.

Ein erster Ansatzpunkt für eine Verbesserung wäre ein transparenterer Umgang mit den für die Sicherheit des UN-Personals tatsächlich anfallenden Kosten und die Ausweisung als eigenen Kostenpunkt im Budget. Damit könnte das Bewusstsein über den finanziellen Bedarf bei den Mitgliedstaaten geweckt werden und diese zu einer verbesserten Unterstützung und Versorgung mit Truppen und Schutzpersonal animiert werden. Als Konsequenz müsste dann seltener auf PMSCs ausgewichen werden.[306] Auch die fehlende Erwähnung der unbewaffneten PMSCs bleibt als schwerwiegender Kritikpunkt zurück. Durch den derart beschränkten Anwendungsbereich läuft die durch die *APSC Guidelines* geschaffene Verbindung zum *ICoC* und zum *Montreux Document* weitestgehend ins Leere. Ebenso bedarf die Form der Sanktionierung, die sich weitestgehend auf die Folgenbeseitigung beschränkt, der Verbesserung.[307] Es ist unzureichend, dass nur dann, wenn keine Folgenbeseitigung möglich ist, eine monetäre Entschädigungsleistung, die Versetzung des Personals oder die Beendigung des Vertrags gefordert werden kann.[308] Die *APSC Guidelines* schweigen auch zu der Frage der Verantwortlichkeit bei Menschenrechtsverstößen und zur Ausgestaltung etwaiger Rechtsmittel und Wiedergutmachungsmechanismen. Wie im vorhergehenden Abschnitt zum *ICoC/ICoCA* beschrieben, ist die Wirksamkeit der Selbstregulierungsmaßnahmen insbesondere auch davon abhängig, wie stark nationale Rechtsordnungen darauf Bezug nehmen. Die Mitgliedschaft im *ICoC* und insbesondere im *ICoCA* sollte daher zur Bedingung für die Beauftragung einer PMSC gemacht werden. Das gleiche gilt, wenn die UN PMSCs engagieren. Die *APSC Guidelines* können diese Anforderung nicht erfüllen. Sie verweisen zwar auf den *ICoC*, nicht aber auf den chronologisch nachfolgenden *ICoCA*. Zudem müssten eigene UN-Standards und

---

305 *Pingeot*, International Community Law Review 2014, 461 (471).

306 *Krahmann*, International Community Law Review 2014, 475 (482).

307 Security Policy Manual, Para. 29.

308 APSC Guidelines Annex B – Model Contract, Para. 18.2 und 9.4.

UN-Kontrollmechanismen vorhanden sein; auch sollte nicht mit Verweisen auf industriegeführte Verhaltenskodizes gearbeitet werden. Dies wurde teilweise, bei Weitem aber nicht flächendeckend berücksichtigt.

Positiv fällt auf, dass die Regelungen für Gewaltanwendung und Schusswaffengebrauch mindestens das Niveau der UN-eignen Richtlinien erreichen müssen.[309] Dies gilt ebenso für die Übernahme der Null-Toleranz-Politik bezüglich sexueller Übergriffe, auf die im *Model Statement of Works* verwiesen wird.[310]

Die *APSC Guidelines* konnten die bisher fehlende Transparenz im Umgang der UN mit PMSCs in Teilen herstellen, andere Aspekte, wie z.B. der Anwendungsbereich, die Zurverfügungstellung von Rechtsmitteln und die Formen der Sanktionierung bleiben aber defizitär. Besonders bedenklich ist zudem, dass sich der Einsatz von (bewaffneten) PMSCs durch die *APSC Guidelines* verfestigt und damit der bisherige Trend, UN Missionen in immer unsicherere Situationen und noch andauernde Konflikte zu entsenden, bekräftigt wird.

Ebenso wenig können durch die *APSC Guidelines* die Due-Diligence-Verpflichtungen der UN erfüllt werden. Dies liegt hauptsächlich daran, dass die UN hinsichtlich Auswahl und Kontrolle nicht selbst aktiv werden, sondern auf die von den Unternehmen selbst zur Verfügung gestellten Informationen und Auswahl- und Kontrollverfahren vertrauen. Dies kann im Ergebnis aber weder zufriedenstellen noch überzeugen. Auch die fehlende Verpflichtung, Ermittlungen durchzuführen sowie Beweise zu sammeln und zu sichern, geht zu Lasten der Due-Diligence-Verpflichtungen. Führt man sich nochmal vor Augen, dass die *APSC Guidelines* ausschließlich für den Fall der bewaffneten PMSCs gelten und alle anderen Fälle davon unberührt bleiben, zeigt sich die unzulängliche Behandlung der Due-Diligence-Verpflichtungen in aller Deutlichkeit.

E. UN Guiding Principles on Business and Human Rights

Neben den speziell für PMSCs entwickelten Regulierungsmechanismen sind auch solche Mechanismen zu beachten, die für Wirtschaftsunternehmen im Allgemeinen entwickelt wurden. An prominenter Stelle stehen dabei die *UN Guiding Principles on Business and Human Rights* sowie die im nächsten Abschnitt dargestellten *OECD Guidelines for Multinational Enterprises*. Die Berücksichtigung dieser Leitprinzipien erklärt sich auch durch den Umstand, dass sowohl *ICoC* als auch *Montreux Document* die *UN Guiding Principles* als Referenz- und Bezugspunkt aufweisen. Verbesserungen und Fortschritte bei den allgemeinen

---

309 APSC Guidelines, Para. 35.
310 APSC Guidelines, Annex A, Statement of Works, Para. 45.

Regulierungsmechanismen führen damit auch zur Weiterentwicklung der speziell für PMSCs entwickelten Regulierungsmechanismen. Während die *UN Guiding Principles* als eben dieser Referenzrahmen dienen können und sollen, können die *OECD Guidelines* und das darin entwickelte Beschwerdeverfahren vor den Nationalen Kontaktstellen als ergänzendes Instrumentarium herangezogen werden. Dabei nehmen die *OECD Guidlines* selbst wiederum auf die *UN Guiding Principles* Bezug und wurden durch diese intensiv – insbesondere in Form der Aufnahme eins Kapitels zu den Menschenrechten – mitgestaltet.

Nach dem Scheitern der *UN Norms on the Responsibilities of Transnational Corporations and Other Business Enterprises with Regard to Human Rights,*[311] wurde Prof. John G. Ruggie im Jahr 2005 zum UN-Sonderbeauftragten für Menschenrechte und transnationale Unternehmen und andere Wirtschaftsunternehmen ernannt.[312] Sein Engagement mündete im *Protect, Respect and Remedy* Referenzrahmen, der auf drei Säulen basiert: Die Pflicht der Staaten, die Menschenrechte zu schützen. Die Verantwortung der Unternehmen, die Menschenrechte zu respektieren und der Zugang der Opfer zu Wiedergutmachung.[313]

Unternehmen haben nicht die gleichen rechtlichen Pflichten wie Staaten, Menschenrechte zu gewährleisten und zu schützen. Dies entbindet sie aber nicht von der Pflicht, sie zu beachten.[314] Bereits bei der Mandatserteilung wurde die dritte Säule – die effektive Durchsetzung von Menschenrechten und Wiedergutmachung – besonders hervorgehoben. Rechte und Rechtsmittel gehen Hand in Hand und das eine wird ohne das andere inhaltslos.[315] Im Juni 2011 wurde dieser Referenzrahmen als *Guiding Principles on Business and Human Rights:*

---

311 UN Doc., E/CN.4/Sub.2/2003/12/Rev.2, 26.08.2003, Norms on the responsibilities of transnational corporations and other business enterprises with regard to human rights.

312 DGVN, Leitlinien zur Verantwortung der Wirtschaft für die Menschenrechte, 14.06.2011, http://menschliche-entwicklung-staerken.dgvn.de/meldung/leitlinien-zur-verantwortung-der-wirtschaft-fuer-die-menschenrechte, zuletzt abgerufen am 07.06.2016.

313 United Nations, The UN "Protect, Respect and Remedy" Framework for Business and Human Rights, http://198.170.85.29/Ruggie-protect-respect-remedy-framework.pdf, zuletzt abgerufen am 19.07.2016; *Hamm*, Kritische Justiz 2016, 479 (479 ff.).

314 DGVN, Leitlinien zur Verantwortung der Wirtschaft für die Menschenrechte, 14.06.2011, http://menschliche-entwicklung-staerken.dgvn.de/meldung/leitlinien-zur-verantwortung-der-wirtschaft-fuer-die-menschenrechte, zuletzt abgerufen am 05.04.2016.

315 *Deva*, in: Buhmann/Roeseberry/Morsing (Hrsg.), Corporate Social and Human Rights Responsibilities, S. 108 (112 f.).

Implementing the United Nations „Protect, Respect and Remedy" Framework (im Folgenden *UN Guiding Principles*) durch den UN-Menschenrechtsrat geschlossen begrüßt.[316] Bei Resolutionen des Menschenrechtsrates handelt es sich formell zwar um Rechtsakte, trotzdem mangelt es diesen aber an rechtlicher Verbindlichkeit. Sie erreichen nur den Status von unverbindlichen Empfehlungen an die Staatengemeinschaft.[317] Die *UN Guiding Principles* wurden in verschiedene andere Regelungswerke aufgenommen, unter anderem in die *OECD Guidelines for Multinational Enterprises*, den *Sustainability Framework and Performance Standards of the International Finance Corporation* der Weltbank und die Zertifikationsnorm *ISO 26000*.[318] Zudem bezieht sich die Präambel des *ICoC* auf den *Respect, Protect and Remedy*-Referenzrahmen und bekennt sich zu dessen Zielen.[319] Die *UN Guiding Principles* wurden sowohl in der Staatengemeinschaft als auch in Unternehmenskreisen positiv aufgenommen und nachdrücklich begrüßt. Weniger positiv fiel hingegen die Rückmeldung der NGOs und in Teilen der Literatur aus. Diese erkannten zwar die *UN Guiding Principles* als einen Schritt in die richtige Richtung an,[320] betonten jedoch auch, dass der freiwillige Ansatz und die Beschränkung des Menschenrechtsschutzes auf einen Mindeststandard nur eine unzureichende Regelung darstellt.[321] Die *UN Guiding Principles* richten sich nicht an spezielle Branchen, sondern an wirtschaftliche Unternehmen in ihrer Gesamtheit. Damit sind sie auch für die PMSC-Branche anwendbar. In Prinzip Nr. 7 wird zudem explizit der Einsatz in Konfliktgebieten angesprochen. Staaten sollten hierbei sicherstellen, dass Wirtschaftsunternehmen nicht an Menschenrechtsverletzungen beteiligt sind. Die *UN Guiding*

---

316 UN Doc., A/HRC/Res/17/4, 06.07.2011, Human rights and transnational corporations and other business enterprises; UN Doc., A/HRC/17/31, 21.03.2011, Report of the Special Representative of the Secretary-General on the issue of human rights and transnational corporations and other business enterprises, John Ruggie – Guiding Principles on Business and Human Rights: Implementing the United Nations "Protect, Respect and Remedy" Framework.

317 *Gareis*, APuZ 2008, 15 (19).

318 UN Guiding Principles on Business on Human Rights, http://www.shiftproject. org/page/un-guiding-principles-business-and-human-rights, zuletzt abgerufen am 05.04.2016.

319 ICoC, Präambel Nr. 2 und 3.

320 Joint Civil Society Statement on the Draft Principles on Business and Human Rights, Januar 2011, https://www.fidh.org/IMG/pdf/Joint_CSO_Statement_on_GPs.pdf, zuletzt abgerufen am 07.04.2016.

321 *Albin-Lackey, in:* Human Rights Watch (Hrsg.), World Report 2013, S. 29 (32); *Cernic*, German Law Journal 2010, 1264 (1273 ff.).

Principles zählen dazu beispielhaft verschiedene Maßnahmen auf, darunter auch Gespräche und Unterstützung mit dem Ziel, die Risikogeneigtheit der Tätigkeiten zu erkennen, zu vermeiden und zu mildern. Weigern sich in Menschenrechtsverletzungen involvierte Unternehmen zu kooperieren, sollen ihnen Förderungen und öffentliche Dienstleistungen verwehrt werden.

Im Rahmen der staatlichen Schutzpflichten wird insbesondere auf die Pflicht der Staaten, Menschenrechte im eigenen Territorium zu respektieren, zu schützen und zu gewährleisten, eingegangen. Staaten sind danach zum Schutz der Individuen vor Menschenrechtsverletzungen durch Dritte, z.B. Unternehmen, verpflichtet.[322] Die *UN Guiding Principles* beschreiben auch, auf welche Weise die Staaten dieser Pflicht nachkommen sollten: Durch effektive Politik, Gesetzgebung, Regulierung sowie gerichtliche Entscheidungsverfahren.[323] Extraterritoriale Schutzpflichten werden in den *UN Guiding Principles* hingegen nicht behandelt. Dazu heißt es lediglich, dass keine solche Pflicht bestehe, entsprechende Maßnahmen aber auch nicht verboten seien.[324] Die *UN Guiding Principles* legen einen besonderen Fokus auf die Aufsichtsplichten der Staaten, die PMSCs beauftragen.[325] Staaten können und dürfen sich durch das Auslagern von Aufgaben ihrer menschenrechtlichen Verpflichtungen nicht entledigen.[326]

Im Rahmen der zweiten Säule (Verantwortung der Unternehmen) wird durch den gewählten Begriff der *responsibility* deutlich, dass Unternehmen gerade keine menschenrechtliche Verpflichtungen treffen. Dennoch kommt ihnen eine besondere Verantwortung zu. Dadurch soll sichergestellt werden, dass sich Unternehmen weder an Menschenrechtsverletzungen beteiligen noch dazu beitragen.[327] Vielmehr sind Menschenrechtsverletzungen zu verhindern und erforderlichenfalls auszugleichen.[328] In der Praxis resultiert daraus eine Due-Diligence-Prüfung.[329]

Die dritte Säule (Abhilfemaßnahmen) umfasst sowohl gerichtliche und außergerichtliche Verfahren als auch nicht staatliche Verfahren (wie z.B. Multi-Stakeholder-Prozesse) sowie Beschwerdeverfahren auf Unternehmensebene und

---

322 UN Guiding Principles, Nr. 1–10; *Fasterling/Demuijnck,* Journal of Business Ethics 2013, 799 (800).

323 UN Guiding Principles, Nr. 1.

324 UN Guiding Principles, Kommentar zu Prinzip 2.

325 UN Guiding Principles, Nr. 5.

326 UN Guiding Principles, Kommentar zu Prinzip 5.

327 *Windfuhr,* Zeitschrift für Menschenrechte 2012, 95 (100).

328 *Krajewski,* MenschenRechtsMagazin 2012, 66 (73 f.).

329 *Krajewski,* MenschenRechtsMagazin 2012, 66 (74).

richtet sich als sozialadäquate Erwartung an den Staat.[330] Als Voraussetzung für die Effektivität dieser Verfahren nennt *Ruggie* Legitimität, Zugang, Vorhersehbarkeit, Verfahrensgerechtigkeit und Transparenz.[331] Auch die dritte Säule und die dazu durchgeführten Studien und weiterführenden Ansätze können für PMSC-spezifische Regelungen von Nutzen sein.

Die *UN Guiding Principles* beinhalten keine progressiven Neuerungen in Gestalt von verbindlichen Regelungen für Unternehmen, vielmehr fassen sie auf abstrakte und empfehlende Weise den bisherigen Stand zusammen. Damit verbleibt der wichtige Schritt der nationalen Umsetzung und Implementierung weiterhin offen.

Staaten haben ebenso dafür Sorge zu tragen, dass in den nationalen Gesetzen, Regularien und Durchsetzungsmechanismen die Gefahr von Menschenrechtsverletzungen durch Wirtschaftsunternehmen ausreichend berücksichtigt wird.[332] Die *Good Practices* Beispiele des *Montreux Documents* können dazu ergänzend herangezogen werden. Obwohl die Sitzstaaten der meisten PMSCs gleichzeitig die stärksten Befürworter der *UN Guiding Principles* waren und sind,[333] wurden diese Punkte von der Staatengemeinschaft bisher nur vereinzelt implementiert.

F. OECD Guidelines for Multinational Enterprises

Ebenso wie bei den *UN Guiding Principles on Business and Human Rights* handelt es sich bei den *OECD Guidelines for Multinational Enterprises* (im Folgenden *OECD Guidelines*) nicht um ein PMSC-spezifisches, sondern um ein allgemein für Wirtschaftsunternehmen entwickeltes Regelungswerk. Die *OECD Guidelines* wurden 1976 im Zuge der Erarbeitung von Schutzmaßnahmen für Investoren geschaffen und seitdem mehrmals, zuletzt 2011, überarbeitet. Sie sind damit eine der ersten Versuche eine *Corporate Social Responsibility* zu institutionalisieren. Sie enthalten an Unternehmen gerichtete Empfehlungen der OECD

---

330   UN Guiding Principles, Nr. 25 ff; *Tietje,* Individualrechte im Menschenrechts- und Investitionsschutzbereich, S. 12.

331   UN Guiding Principles, Nr. 31.

332   UN Guding Principles, Nr. 7 d.

333   *Cockayne,* The option of elaborating a legally binding instrument, Submission prepared for the second session of the UN Human Rights Council's open-ended intergovernmental UN Working Group to consider the possibility of elaborating an international regulatory framework on the regulation, monitoring and oversight of the activities of private military and security companies, Para. 41 f.

Mitgliedsstaaten.[334] Die *OECD Guidelines* wurden von 46 Staaten (34 OECD Mitgliedstaaten[335] und 12 weiteren Staaten[336]) angenommen. Entgegen ihrem Namen beziehen sich die *OECD Guidelines* auch auf nationale Unternehmen. Ziel der *OECD Guidelines* ist es, allgemeingültige Verhaltensmaßstäbe für Wirtschaftsunternehmen zu schaffen.[337]

In Kapitel I der *OECD Guidelines* heißt es: „*Observance of the Guidelines by enterprises is voluntary and not legally enforcable*"[338] Auch die *OECD Guidelines* verfügen somit nicht über Rechtsverbindlichkeit und müssen dem *Soft Law* zugeordnet werden.[339] Die Beteiligung ist freiwillig und die enthaltenen Empfehlungen sind nicht rechtlich durchsetzbar.[340] In Anbetracht dessen enthalten die *OECD Guidelines* erstaunlich detaillierte Regelungen zur Umsetzung der darin enthaltenen Vorgaben.[341]

Zur Implementierung sehen die OECD Guidelines einen speziellen Mechanismus, basierend auf der Gründung von Nationalen Kontaktstellen (NKS), vor.[342] Aufgabe der NKS ist es, die „wirksame Anwendung der Leitsätze voranzubringen, indem sie die Umsetzung der Leitsätze fördern, Anfragen beantworten und

---

334 *Köster*, Die völkerrechtliche Verantwortlichkeit privater (multinationaler) Unternehmen für Menschenrechtsverletzungen, S. 91 ff.; *Seiberth*, Private Military and Security Companies in International Law, S. 209.

335 Mitgliedstaaten (Stand April 2016): Australien, Belgien, Chile, Dänemark, Deutschland, Estland, Finnland, Frankreich, Griechenland, Irland, Island, Israel, Italien, Japan, Kanada, Korea, Luxemburg, Mexico, Niederlande, Neu Seeland, Norwegen, Österreich, Polen, Portugal, Schweden, Schweiz, Slowakische Republik, Slowenien, Spanien, Tschechische Republik, Türkei, Ungarn, Vereinigtes Königreich, Vereinigte Staaten, http://www.oecd.org/about/membersandpartners/, zuletzt abgerufen an 07.04.2016.

336 Stand April 2016: Ägypten, Argentinien, Brasilien, Costa Rica, Jordanien, Kolumbien, Lettland, Litauen, Marokko, Peru, Rumänien und Tunesien, http://www.bmwi.de/DE/Themen/Aussenwirtschaft/Internationale-Gremien/oecd-leitsaetze.html, zuletzt abgerufen 07.04.2016.

337 OECD Guidelines, Abschnitt I Nr. 5.

338 OECD Guidelines, Abschnitt I Nr. 1.

339 *Hennings*, Über das Verhältnis von multinationalen Unternehmen zu Menschenrechten, S. 134; *Karl*, in: Addo (Hrsg.), Human Rights Standards and the Responsibility of Transnational Corporations, S. 89 (89).

340 *Hennings*, Über das Verhältnis von multinationalen Unternehmen zu Menschenrechten, S. 135.

341 *Cameron/Chetail*, Privatizing War, S. 302.

342 OECD Guidelines, Part II Implementation Procedures of the OECD Guidelines for Multinational Enterprises.

unter Berücksichtigung der verfahrenstechnischen Anleitungen zur Lösung von Problemen beitragen, die sich bei der Umsetzung der Leitsätze in besonderen Fällen ergeben."[343] Primäres Ziel der NKS ist nicht die Sanktionierung. Vielmehr soll dadurch ein neutrales Diskussionsforum zur unverbindlichen Konfliktlösung bei der Umsetzung der Leitsätze geschaffen und ein Interessenausgleich herbeigeführt werden.[344] Es wird somit ausschließlich ein außergerichtliches, schiedsgerichtliches Beschwerdeverfahren zur Verfügung gestellt. Aber auch außergerichtliche Beschwerdemöglichkeiten können sich als wertvolle und gewinnbringende Instrumente des Menschenrechtsschutzes erweisen, vorausgesetzt sie werden um Durchsetzungs- und Wiedergutmachungsmechanismen ergänzt.[345]

Bei der letzten Überarbeitung im Jahr 2011 erhielten die *OECD Guidelines* mit Abschnitt IV auch einen separaten Abschnitt zu den Menschenrechten. In sechs Ziffern wird darin auf das Verhältnis von multinationalen Unternehmen zu den Menschenrechten eingegangen. Unternehmen haben die Menschenrechte zu achten, negative Auswirkungen (auch durch ihre Geschäftspartner) auf die Menschenrechte zu vermeiden, in einer Erklärung ihr Engagement zur Achtung der Menschenrechte zu formulieren, ihren Due-Diligence-Verpflichtungen nachzukommen sowie sich bei der Etablierung von Verfahren zur Wiedergutmachung von Menschenrechtsverletzungen zu beteiligen.[346] Ebenso wenig wie bei den *UN Guiding Principles* werden dadurch menschenrechtliche Verpflichtungen der Unternehmen begründet. Auch der Geltungsbereich hat sich durch die Überarbeitungsphasen ausgedehnt. Während die *OECD Guidelines* zuerst nur für Unternehmen, die in OECD Ländern tätig werden, anwendbar waren, gelten sie nun auch für Unternehmen, die aus OECD Ländern heraus tätig werden. Vor dem Hintergrund, dass 39 der 50 größten PMSCs ihre Sitze in den USA und im Vereinigten Königreich haben, ist diese Änderung für die PMSC-Branche besonders relevant.[347]

---

343 OECD Guidelines, Part II Implementation Procedures of the OECD Guidelines for Multinational Enterprises, Abschnitt I Nr. 1.

344 Bundesministerium für Wirtschaft und Energie, Leitfaden zum Verfahren in besonderen Fällen („Beschwerde") bei der deutschen Nationalen Kontaktstelle für die OECD-Leitsätze für multinationale Unternehmen.

345 *MacLeod/McArdle*, EUI Working Paper, International Responsibility and Accountability of the Corporation, S. 13.

346 OECD Guidelines, Abschnitt IV.

347 *Saner*, Private Military and Security Companies: Industry-Led Self-Regulatory Initiatives versus State-Led Containment Strategies, CCDP Working Paper 11, S. 8.

Der bisweilen für PMSCs ebenfalls relevante Bereich des humanitären Völkerrechts wird in den *OECD Guidelines* an sich nicht behandelt. Allerdings wurde mittels des 2006 eingeführten *OECD Risk Awareness Tool for Multinational Enterprises in Weak Governance Zones*[348] der Einsatz in komplexen Situationen in den Anwendungsbereich einbezogen. Für die PMSC-Branche ist insbesondere die Entwicklung des Beschwerdeverfahrens durch die NKS von Interesse. Dabei kann bereits auf erste Erfahrungen mit Verfahren unter PMSC-Beteiligung zurückgegriffen werden. Von den bisher bei den Nationalen Kontaktstellen verhandelten vier Beschwerden mit PMSC-Beteiligung wurden zwei Beschwerden zurückgewiesen,[349] einmal wurde ein Fehlverhalten verneint,[350] eine ist zur Zeit noch anhängig.[351] Dabei ist auffällig, dass sich drei der vier Beschwerden gegen G4S, die weltweit größte PMSC,[352] gerichtet haben. Dies könnte den Eindruck erwecken, dass G4S über eine schlechtere Menschenrechtsbilanz verfügt als andere PMSCs. Dies lässt sich jedoch nicht verifizieren, näherliegend ist der Umstand, das Verfahren gegen den Branchenführer öffentlichkeitswirksam durchgeführt werden können und für NGOs und Menschenrechtsorganisationen die Möglichkeit bieten, den Fokus auf die PMSC-Branche und deren Problembereiche zu lenken. Individualinteressen und Opferschutz können dadurch aber, wenn überhaupt, nur sukzessive verbessert werden. Auch wurde während des Verfahrens eine weitere Schwachstelle offensichtlich: Als die Beschwerde gegen G4S bei der britischen Nationalen Kontaktstelle aufgrund der Vorkommnisse in Guantánamo eingegangen war, wurde unmittelbar darauf der für diese Aufgabe zuständige Teil des Unternehmens verkauft. Daraufhin erklärte sich die

---

348 OECD, OECD Risk Awareness Tool for Multinational Enterprises in Weak Governance Zones.

349 Statement by the Australian National Contact Point, Specific Instance – G4S Australia Pty Ltd, 10.06.2015, http://www.ausncp.gov.au/content/Content.aspx?doc=publications/reports/general/G4S_Aus.htm, zuletzt abgerufen am 30.04.2016; OECD Database of specific instances, Security sector issues in Guantanamo Bay, Cuba, http://mneguidelines.oecd.org/database/instances/uk0045.htm, zuletzt abgerufen am 30.04.2016.

350 UK National Contact Point for the OECD Guidelines for Multinational Enterprises, Lawyers for Palestinian Human Rights (LPHR) & G4S PLC: Final Statement after Examination of Complaint.

351 OECD Database of specific instances, Security sector in Brazil, Colombia, Paraguay and Peru, http://mneguidelines.oecd.org/database/instances/es0005.htm, zuletzt abgerufen am 30.04.2016.

352 *Pingeot*, Dangerous Partnership, S. 11.

britische Kontaktstelle für unzuständig.[353] Auf einem Treffen des *ICoC Steering Committees* wurde bereits die Möglichkeit der Verbindung des ICoC- und des OECD-Beschwerdeverfahrens diskutiert. Nicht-*ICoC*-spezifische Aspekte sollen danach an das OECD Beschwerdeverfahren ausgelagert werden.[354] Auch vor dem Hintergrund, dass das im *ICoCA* vorgesehene Beschwerdeverfahren den Fokus vorwiegend auf ein unternehmensinternes Beschwerdeverfahren anstatt auf eine angemessene Wiedergutmachung für die potentiellen Opfer legt, erscheint eine Verbindung mit dem OECD-Beschwerdeverfahren erstrebenswert. Allerdings herrscht bei den NKS der Mitgliedsstaaten kein einheitliches Niveau, da den Mitgliedstaaten bei der konkreten Ausgestaltung des Beschwerdeverfahrens ein weitreichender Ermessensspielraum zukommt.[355] Zudem mangelt es auch dem OECD-Beschwerdeverfahren an Sanktionierungs- und verbindlichen Wiedergutmachungselementen.[356]

G. Ergebnis

Das Verhalten von PMSCs wird momentan entweder indirekt durch staatliche Verpflichtungen oder über unverbindliche Regelungen in Gestalt von Code of Conducts, Selbstregulierungsinitiativen und dem allgemeinen Instrument der *Corporate Social Responsibility* gesteuert. Der *Draft Convention* hingegen werden kaum Chancen zur Ratifikation durch die Staatengemeinschaft eingeräumt. Insbesondere die starke Lobby der Sitzstaaten der PMSCs spricht sich deutlich gegen die *Draft Convention* und für den *ICoC/ICoCA* aus. Die *Draft Convention* zeichnet sich im Vergleich zu den weiteren Regulierungsansätzen durch die restriktivste Herangehensweise aus. So bestand ihre ursprüngliche Intention auch darin, den Kreis der auszulagernden Tätigkeiten so gering wie möglich zu halten. Zwar hat man sich diesbezüglich zwischenzeitlich auf eine Anpassung an die Wirklichkeit geeinigt, dennoch verbleiben weitere Punkte, wie z.B. die strikten Regelungen der

---

353 OECD Database of specific instances, Security sector issues in Guantanamo Bay, Cuba, http://mneguidelines.oecd.org/database/instances/uk0045.htm, zuletzt abgerufen am 30.04.2016.

354 Minutes ICoC Steering Committee Meeting 13-14 July 2011 in Washington DC, S. 3, http://psm.du.edu/media/documents/regulations/global_instruments/multi_stake holder/icoc/tsc_meeting_minutes/icoc_tsc_meeting_13-14_july_2011.pdf, zuletzt abgerufen am 07.04.2016.

355 OECD Guidelines Procedural Guidance, Abschnitt I. A, http://www.oecd.org/daf/inv/mne/48004323.pdf, zuletzt abgerufen am 07.04.2016.

356 *MacLeod/McArdle*, International Responsibility and Accountability of the Corporation, S. 15.

Staatenverantwortlichkeit und der Due-Diligence-Verpflichtungen, die weiterhin für Widerstand sorgen.

Das *Montreux Document* schafft keine neuen verbindlichen Regelungen; stattdessen fasst es die bestehende Rechtslage zusammen und gibt unverbindliche *Good Practices* Fälle mit an die Hand. Das *Montreux Document* gilt als Wegbereiter für den *ICoC* und den *ICoCA* und bedient sich ebenso wie diese eines Multi-Stakeholder-Ansatzes. Das im *ICoCA* vorgesehene Beschwerdeverfahren wird besonders häufig, unter anderem auch von der *UN Working Group*, kritisiert und ist momentan mit der größte Schwachpunkt des *ICoCA*. Allerdings wird dabei oft übersehen, dass das Beschwerdeverfahren, so wie es in der *Draft Convention* vorgesehen ist, ebenso defizitär ist und dass auch dem OECD-Beschwerdeverfahren durch eine Verlegung des Firmensitzes zumindest in Teilen entkommen werden kann.[357]

Selbstregulierungen haben den Vorteil, dass sie gegenüber verbindlichen Regelungen oft flexibler und spezieller gestaltet werden. Die involvierten Akteure neigen bei unverbindlichen Regelungen dazu, weitergehende Regelungen zu akzeptieren, wodurch ein interner Wettbewerb zur Qualitätssteigerung initiiert wird.[358] Anders aber als z.B. die Textilindustrie steht die PMSC-Branche nicht im unmittelbaren Kontakt zu den Verbrauchern, weswegen der Wahrung einer guten Reputation auch nicht der gleiche Stellenwert zukommt.[359] Den industriegelenkten Regulierungsansätzen war bisher allesamt gemein, dass die Überprüfung und Kontrolle der angestrebten Ziele und Prinzipien sowie die Konsequenzen bei deren Nichtbeachtung nur unzulänglich geregelt wurden. Der *ICoCA* wirkt diesem Trend mit der Einführung von eigenen Zertifizierungsorganen, Leistungsbewertungsmechanismen und Korrekturmaßnahmen entgegen.[360] Mit der Einführung eines Lizenzierungssystems wurde eine erste Vorgabe des *ICoCA* realisiert. Weitere Bereiche, wie das Beschwerdeverfahren und die konkreten Kontrollmechanismen, werden noch folgen. Dabei ist besonders hervorzuheben, dass die Zertifizierung durch eine extra geschaffene Stelle und nicht durch die Unternehmen selbst vorgenommen wird. Dies stellt eine Verbesserung zur reinen Selbstzertifizierung dar, kann gleichzeitig aber nicht darüber hinweghelfen, dass

---

357 *MacLeod/McArdle*, International Responsibility and Accountability of the Corporation, S. 15.

358 *Hennings*, Über das Verhältnis von multinationalen Unternehmen zu Menschenrechten, S. 62.

359 *Hennings*, Über das Verhältnis von multinationalen Unternehmen zu Menschenrechten, S. 63.

360 ICoCA, Art. 12.2.2.

damit nicht die Anforderungen an ein unabhängiges System, losgelöst von jeglicher Beteiligung der betroffenen Branche, erfüllt sind. Die Möglichkeit, durch die Beendigung der Mitgliedschaft einer eingereichten Beschwerde zu entgehen, wird durch den *ICoCA* ebenfalls nicht behoben. Wird hingegen die *ICoCA*-Mitgliedschaft als Voraussetzung für eine Beauftragung festgeschrieben, kann dadurch eine Steuerungswirkung erzielt werden.[361]

Die UN selbst steuern mit den *APSC Guidelines* noch ein weiteres Regulierungselement bei. Insbesondere der begrenzte Anwendungsbereich auf bewaffnete PMSCs schmälert jedoch den praktischen Nutzen der *APSC Guidelines* erheblich. In den *APSC Guidelines* wird die Mitgliedschaft im *ICoC*, aber nicht die im *ICoCA*, als Voraussetzung für eine Zusammenarbeit mit den UN gefordert. Zum einen folgt daraus ein dringender Anpassungsbedarf bei den *APSC Guidelines*, zum anderen ergibt sich aus den (noch) lückenhaften Regelungen des *ICoCA* die Forderung, dass die UN, anstatt auf industriegeführte, defizitäre Standards auszuweichen, selbst eigene Standards entwickeln und so ihrer Vorbildrolle gerecht werden sollten.

Sowohl bei den *UN Guiding Principles* als auch bei den *OECD Guidelines* handelt es sich um *Soft Law*, das auf Wirtschaftsunternehmen im Allgemeinen abstellt. Beide Regelungsmechanismen bringen für sich genommen keine signifikanten Neuerungen für den Umgang mit PMSCs. Allerdings kann insbesondere mit Blick auf das Beschwerdeverfahren bereits auf deutlich mehr Erfahrungswerte, Fallstudien und wissenschaftliche Untersuchungen zurückgegriffen werden. Ebenso ist zu berücksichtigen, dass im *ICoC/ICoCA* sowie im *Montreux Document* auf die *UN Guiding Principles* verwiesen wird und diese als Referenzrahmen identifiziert werden. Fortschritte in einem Bereich, wirken sich somit auch auf die anderen Bereiche aus. Gleichzeitig bewirkten die *UN Guiding Principles*, dass ein entsprechendes Kapitel zu den Menschenrechten in die *OECD Guidelines* aufgenommen wurde. Die Beschwerdemöglichkeit vor Nationalen Kontaktstellen kann auch für den Umgang mit PMSCs abgeschöpft werden. Auch die Tatsache, dass es sich bei den Mitgliedsstaaten der *OECD* im Wesentlichen um die wichtige Gruppe der Sitzstaaten der PMSCs handelt, lässt eine Verbindung dieser Mechanismen als gewinnbringende Alternative erscheinen.

Damit zeichnet sich ein weitverzweigtes und vielschichtiges Bild an Regelungsansätzen auf verschiedenen Ebenen ab. Neben den im momentanen Diskurs omnipräsenten neuen Multistakeholder-Selbstverpflichtungserklärungen, bedarf es aber ebenso einer Implementierung auf nationaler Ebene.

---

361 *Seiberth*, Private Military and Security Companies in International Law, S. 221 f.

§ 2 Nationale Regelungen

Da neben der internationalen und regionalen Ebene auch die Implementierung auf nationaler Ebene eine unverzichtbare Säule eines belastbaren Regulierungssystems ist, soll an dieser Stelle eine exemplarische und summarische Darstellung anhand von fünf Ländern erfolgen. Ein besonderes Augenmerk gilt dabei den Sitz- und Vertragsstaaten von PMSCs. Die USA und das Vereinigte Königreich repräsentierten dabei die Sitzstaaten, sind aber gleichwohl auch in der Gruppe der Vertragsstaaten an führender Position. Die Schweiz wurde als Geburtsort der aktuellen Regulierungsbestrebungen und aus Anlass aktueller Gesetzgebungsverfahren in die Untersuchung einbezogen. Südafrika wurde als das Land mit einem der schärfsten nationalen Regelungen mit aufgenommen. Den Abschluss bildet die Beschreibung der Situation in Deutschland.

A. USA

Die USA verfügen – auch als Reaktion auf die Skandale in Afghanistan und im Irak – zwar über einen ausführlichen Regelungskatalog, bisweilen erinnert dieser jedoch auch an einen Flickenteppich aus nicht abgestimmten und oberflächlichen Regelungen.[362] Neben Südafrika und der Schweiz sind die USA das einzige Land, das auch Regelungen für den Export von PMSC-Dienstleistungen erlassen hat. Unter anderem wurde ein Regulierungssystem für die Auftragsvergabe entwickelt, Überwachungs- und Aufsichtspflichten eingeführt und ein Lizenzierungssystem für PMSC-Dienstleistungen im Ausland beschlossen.[363] Teile des PMSC-Exports unterfallen den Regelungen des *Arms Export Control Act*,[364] der durch die *International Traffic in Arms Regulations (ITAR)*[365] von 2011 umgesetzt wurde. Danach müssen alle Anbieter von Sicherheitsgütern und -dienstleistungen registriert sein sowie in einem anspruchsvollen Verfahren lizenziert werden.[366] Die Kontrolle erfolgt durch das *Directorate of Defense Trade Controls*. Bei Nichtbeachtung sind Sanktionen vorgesehen.[367] Flächendeckend wird davon allerdings nur der Waffenexport geregelt. Der Dienstleistungssektor bleibt somit lückenhaft

---

362 *Dickinson*, UN Working Group, 26th session, S. 2.

363 *DeWinter-Schmitt*, Montreux: Five years on, S. 8.

364 Arms Export Control Act, 22 U.S.C 2778.

365 International Traffic in Arms Regulations, U.S., 22 CFR Parts 120–130.

366 *DeWinter-Schmitt*, Montreux: Five years on, S. 56.

367 *Caparini*, in: Chesterman/Lehnardt (Hrsg.), From Mercenaries to Market, S. 158 (160).

zurück.[368] Auch fehlt es in den *ITAR* an einem expliziten Verweis auf die Menschenrechte und das humanitäre Völkerrecht.[369] Für US-Firmen, die Sicherheitsdienstleistungen exportieren, gilt zudem ein eingeschränktes und vereinfachtes Verfahren.[370] Ein weiterer Kritikpunkt an den *ITAR* ist deren Intransparenz. Der Lizenzierungsprozess erfolgt weitestgehend unter Ausschluss der Öffentlichkeit, wodurch die Details des Verfahrens sowie die konkreten Entscheidungsgründe verborgen bleiben.[371] Treten die USA als Auftraggeber auf, werden also PMSCs von der US-Regierung beauftragt, durchlaufen sie ein komplexes Auswahlverfahren. Dabei handelt es sich um ein allgemeines, nicht-PMSC-spezifisches Verfahren, sodass bisweilen auf Kriterien abgestellt wird, die in Verbindung mit der PMSC-Branche wenig sinnvoll erscheinen.[372] Im Vergleich zu den vom *Montreux Document* geforderten Kriterien bleibt eine deutliche Lücke vorhanden. Seit Frühjahr 2012 wird jedoch die Befolgung des PSC.1-Standards in den Lizenzierungsprozess mit einbezogen, wodurch der Menschenrechtsschutz als dezisives Kriterium eingeführt wurde.[373]

Auch bei der Kontrolle von PMSCs wird auf vom *Montreux Document* abweichende Kriterien abgestellt. Während letzteres seinen Fokus auf die Befolgung des humanitären Völkerrechts und der Menschenrechte richtet, steht im US-System die Prävention und die Aufdeckung von Betrugsfällen im Vordergrund.[374] Darüber hinaus weist der Zugang zu Wiedergutmachungsleistungen für Opfer und die Sanktionierung von Rechtsverletzungen zahlreiche Schlupflöcher auf. Zwar wurden im Herbst 2014 vier Mitarbeiter des Unternehmens Blackwater für das Massaker am Nissur-Platz in Bagdad für schuldig befunden,[375] dies war jedoch ein Ausnahmefall und stellt bei weitem nicht den Standardfall dar. Die größte Schwäche ist dabei die extraterritoriale Gerichtsbarkeit. So bezieht sich z.B. der *Military Extraterritorial Jurisdiction Act* nur auf Unternehmen, die vom

---

368 *Picard*, Private Guards and Public Guardians, S. 179.

369 *Dickinson*, UN Working Group, 26th session, S. 3; *DeWinter-Schmitt*, Montreux: Five years on, S. 56.

370 *DeWinter-Schmitt*, Montreux: Five years on, S. 56.

371 *Caparini*, in: Chesterman/Lehnardt (Hrsg.), From Mercenaries to Market, S. 158 (162).

372 *DeWinter-Schmitt*, Montreux: Five years on, S. 57.

373 *Dickinson*, UN Working Group, 26th session, S. 4.

374 *DeWinter-Schmitt*, Montreux: Five years on, S. 76.

375 *Apuzzo*, Blackwater Guards Found Guilty in 2007 Iraq Killings, New York Times, 22.10.2014, http://www.nytimes.com/2014/10/23/us/blackwater-verdict.html?_r=2, zuletzt abgerufen am 20.04.2016.

US-Verteidigungsministerium selbst beauftragt wurden. Auch eine Verfolgung gemäß dem *US Patriots Act* und dem *Alien Tort Claims Act* ist zwar möglich, hat in der Praxis aber kaum stattgefunden.[376] Auch dies zeigt das nach wie vor bestehende Ungleichgewicht zwischen Fehlverhalten auf der einen und Aufklärung und Sanktionierung auf der anderen Seite.[377] Darüber hinaus ist die Gerichtsbarkeit mitunter an spezielle Örtlichkeiten[378] oder spezielle Verbrechen[379] geknüpft, sodass von einer flächendeckenden Regelung nicht gesprochen werden kann. Ebenso leidet die Rechtsdurchsetzung an unzureichenden Ermittlungen und Beweissicherungsmechanismen.[380]

B. Vereinigtes Königreich

Das Vereinigte Königreich ist neben den USA der bedeutendste Sitzstaat für PMSCs. Als prominenteste Beispiele können hierfür *Armorgroup*, *Group 4 Securior* und *Aegis* genannt werden.[381] Das Vereinigte Königreich zeichnet sich insgesamt durch eine sehr offene Haltung gegenüber PMSCs aus. Entgegen den Entwicklungen in den USA, wo zumindest der Versuch unternommen wurde, eine Gruppe staatlicher Kernaufgaben zu benennen, die einer Auslagerung entzogen sein sollen, fand ein solcher Diskurs im Vereinigten Königreich erst gar nicht statt.[382] Gleichzeitig lehnt das Vereinigte Königreich generell die extraterritoriale Anwendbarkeit ab und behält diesen Standpunkt auch bei PMSC-Aktivitäten bei.[383]

Die Aktivitäten von *Sandline International* in Papua-Neuguinea und Liberia gaben den Anstoß für Überlegungen zu einem nationalen Lizenzierungssystem; diese fanden ihren Niederschlag in einem Diskussionspapier zur Regulierung

---

376 *Caparini*, in: Alexandra/ Baker/Caparini (Hrsg.), Private Military and Security Companies, S. 171 (176 f., 181).

377 *Seiberth*, Private Military and Security Companies, S. 253.

378 18 U.S.Code Sec. 7.

379 War Crimes Act 18 U.S.C. Sec. 2441.

380 *Caparini*, in: Alexandra/ Baker/Caparini (Hrsg.), Private Military and Security Companies, S. 171 (182).

381 *Bohm/Senior/White*, in: Bakker/Sossai (Hrsg.), Multilevel Regulation of Military and Security Contractors, S. 309 (309).

382 *DeWinter-Schmitt*, Montreux: Five years on, S. 44.

383 UN Doc., A/HRC/10/14/Add.2, 19.02.2009, Report of the UN Working Group on the use of mercenaries as a means of violating human rights and impeding the exercise of the right of peoples to self-determination, Para. 29 f.

von PMSCs.[384] Darin wurde neben einem Lizenzierungssystem für PMSCs auch ein komplettes Verbot von PMSC-Aktivitäten diskutiert.[385] Da auch das *Montreux Document* Lizenzierungssysteme als *Good Practices* Beispiele vorsieht,[386] lag es nahe, dass auch das Vereinigte Königreich als einer der größten Fürsprecher des *Montreux Documents* ein solches Regulierungswerkzeug in Betracht zog. Im Endergebnis konnten sich diese Erwägungen jedoch nur im Ansatz durchsetzen. Während zu Beginn der Diskussion, die mehr als zehn Jahre andauerte, ein strengeres staatliches Regulierungssystem gewünscht wurde, wurde davon im Laufe der Beratungen Abstand genommen.[387] Das Vereinigte Königreich hat sich für eine industriegesteuerte Regelung ausgesprochen und etwaigen gesetzlichen Regelungen damit eine Absage erteilt. Der *Private Security Industry Act* von 2001, der für den nationalen Markt anwendbar ist, fordert von allen im nationalen Sicherheitssektor tätigen Personen eine Lizenz, die insbesondere auch die Überprüfung einer etwaigen strafrechtlichen Vergangenheit vorsieht.[388] 2008 wurde die *Export Control Order* erlassen;[389] sie verlangt für den Export von Sicherheits- und Militärequipment, Bestandteilen von Massenvernichtungsprogrammen und die Ausfuhr in Embargoländer eine vorherige Bewilligung. Die *Export Control Organisation* ist für die Ausstellung der Bewilligung verantwortlich. Falls notwendig können Bußgelder verhängt und/oder die Bewilligungen zurückgenommen werden.[390] Davon nicht umfasst sind allerdings Dienstleistungen wie das Training von Personal, der Personen- und Konvoischutz sowie die strategische und technische Beratung. Zentrale Tätigkeitsbereiche der PMSC-Branche bleiben damit ungeregelt zurück.[391] Darüber hinaus wurde keine PMSC-spezifische Gesetzgebung initiiert und auch – entgegen den Vorgaben

---

384 House of Commons 577, Private Military Companies: Options for Regulations 2001–02.

385 House of Commons, Foreign Affairs Committee, Private Military Companies, Ninth Report of Session 2001-02, Para. 102 ff.

386 Montreux Document, Part Two, Para. 54 ff.

387 *Bohm/Senior/White*, in: Bakker/Sossai (Hrsg.), Multilevel Regulation of Military and Security Contractors, S. 309 (316 ff.).

388 *Bohm/Senior/White*, in: Bakker/Sossai (Hrsg.), Multilevel Regulation of Military and Security Contractors, S. 309 (314).

389 2008 No. 3231, The Export Control Order 2008.

390 *Bohm/Senior/White*, in: Bakker/Sossai (Hrsg.), Multilevel Regulation of Military and Security Contractors, S. 309 (315).

391 *Bohm/Senior/White*, in: Bakker/Sossai (Hrsg.), Multilevel Regulation of Military and Security Contractors, S. 309 (315).

des *Montreux Documents* – kein umfassendes Lizenzierungssystem entwickelt.[392] Damit zeigt sich anschaulich, dass ohne eine verbindliche Regelung auf internationaler Ebene, die Staaten trotz etwaiger Absichtserklärungen – wie z.B. im *Montreux Document* – weiterhin ganz nach ihrem Belieben verfahren.[393]

ICoC, ICoCA und der von der *American Society for Industrial Security* (ASIS) entwickelte Standard *PSC.1* sind im Vereinigten Königreich als Regulierungsstandard für PMSCs vorgesehen.[394] Die Sicherheitsbranche beaufsichtigt sich, teilweise ergänzt durch externe Kontrollen, damit weitestgehend selbst. Von 91 Firmen, die dem *ICoCA* beigetreten sind, haben 21 ihren Sitz im Vereinigten Königreich. Im Vergleich zur Anzahl der Firmen, die den *ICoC* unterzeichnet haben, ist dies ein massiver Einbruch: Der *ICoC* wurde bis 2012 von 500 Unternehmen unterzeichnet, von denen rund ein Drittel im Vereinigten Königreich ansässig ist.[395] Der *ICoC* konnte somit mehr als sechs Mal so viele britische Unternehmen unter sich vereinen als das dem *ICoCA* bisher möglich war. Der *ICoCA* als Ersatz für eine nationale Regelung kann somit nicht überzeugen und die Diskussion zur Einführung eines nationalen Lizenzierungssystems sollte wieder aufgegriffen werden.

C. Schweiz

Die Schweiz verfügt über Regelungen für den nationalen wie auch für den extraterritorialen Einsatz von PMSCs. Unter anderem werden Kontroll- und Aufsichtsdienste, Personen- und Objektschutz, Verkehrsdienste, Ermittlungsdienste, Bewachungs- und Überwachungsdienste, Gefangenentransporte und Assistenzdienste für Behörden als PMSC-Dienstleistungen qualifiziert.[396] Die Schweiz beheimatet zwar nur wenige PMSCs, dennoch trat am 1. September 2015 das Bundesgesetz über die im Ausland erbrachten privaten Sicherheitsdienstleistungen

---

392 *Krahmann/Schneiker*, Diskussionspapier Mehr Kapazität – Weniger Verantwortung?, S. 10.

393 *Cameron/Chetail*, Privatizing War, S. 575.

394 *DeWinter-Schmitt*, Montreux: Five years on, S. 62.

395 UK Parliament, Written Ministerial Statements, 17.12.2012: Column 69WS (Simmons), http://www.publications.parliament.uk/pa/cm201213/cmhansrd/cm121217/wmstext/121217m0001.htm, zuletzt abgerufen am 20.03.2016.

396 Art. 3 Konkordat über Private Sicherheitsdienstleistungen vom 12.11.2010; UN Doc., A/HRC/30/34, 08.07.2015, Annual report of the UN Working Group on the use of mercenaries as a means of violating human rights and impeding the exercise of the right of peoples to self-determination, Para. 18.

(BPS) in Kraft.[397] Bevor PMSCs Dienstleistungen exportieren dürfen, muss das *Eidgenössische Department für auswärtige Angelegenheiten* informiert werden. Dieses kann eine Lizenz gewähren oder verweigern.[398] Die Befolgung der Menschenrechte und des humanitären Völkerrechts wurden als explizite Kriterien für die Gewährung einer solchen Lizenz in das Gesetz aufgenommen.[399] Der Auswahlprozess und die dabei zu beachtenden Kriterien werden in Art. 31 des BPS vorgegeben. Verlangt sind unter anderem Garantien hinsichtlich Rekrutierung, Ausbildung und Kontrolle des Personals, der Beitritt zum *ICoC*, ein internes Kontrollsystem zur Sicherstellung der Einhaltung der Verhaltensstandards sowie die Möglichkeit von Disziplinarmaßnahmen. Eine spezielle PMSC-Registrierung – abgesehen von der allgemeinen Registrierung im Handelsregister – wird hingegen nicht verlangt.[400] Die Schweiz ist damit bislang das einzige europäische Land, das auch PMSC-Einsätze außerhalb des eigenen Staatsgebietes regelt.[401] Ebenso wurde ein eindeutiges Verbot der unmittelbaren Teilnahme in Konflikten verhängt und Waffengebrauch nur in Selbstverteidigungsfällen für zulässig erklärt.[402] Wird gegen

---

397 AS 2015 2407, Bundesgesetz über die im Ausland erbrachten privaten Sicherheitsdienstleistungen (BPS) vom 27. September 2013.

398 Art. 10 ff., AS 2015 2407, Bundesgesetz über die im Ausland erbrachten privaten Sicherheitsdienstleistungen, (BPS) vom 27. September 2013.

399 UN Working Group on the use of mercenaries as a means of violating human rights and impeding the exercise of the right of peoples to self-determination, National Legislation Studies on PMSCS, Europe Study, S. 4.

400 UN Working Group on the use of mercenaries as a means of violating human rights and impeding the exercise of the right of peoples to self-determination, National Legislation Studies on PMSCS, Europe Study, S. 4.

401 UN Working Group on the use of mercenaries as a means of violating human rights and impeding the exercise of the right of peoples to self-determination, National Legislation Studies on PMSCS, Europe Study, S. 3.

402 Art. 34, AS 2015 240, Bundesgesetz über die im Ausland erbrachten privaten Sicherheitsdienstleistungen (BPS):
„1. Das Personal tritt grundsätzlich unbewaffnet auf.
2. Erfordert es die Lage im Ausland ausnahmsweise, dass das Personal Waffen trägt, um in Notwehr- oder Notstandssituationen handeln zu können, so hält die einsetzende Behörde dies vertraglich fest."; Art. 8 Bundesgesetz über die im Ausland erbrachten privaten Sicherheitsdienstleistungen:
„1. Es ist verboten:
a. zum Zwecke der unmittelbaren Teilnahme an Feindseligkeiten im Ausland Personal in der Schweiz zu rekrutieren oder auszubilden;
b. zum Zwecke der unmittelbaren Teilnahme an Feindseligkeiten im Ausland von der Schweiz aus Personal zu vermitteln oder zur Verfügung zu stellen;

diese Vorgaben verstoßen, so sehen die Art. 21–27 entsprechende Sanktionen in Gestalt von Freiheits- und Geldstrafen vor. Über die aktuelle Verwendung von PMSCs ist ein jährlicher Bericht zu verfassen und dem Bundesrat vorzulegen.[403]

D. Südafrika

Südafrika war eines der ersten Länder, das mittels des *Regulation of Foreign Military Assistance Act* (RFMA),[404] abgelöst vom *Prohibition of Mercenary Activities and Regulation of Certain Activities in Country of Armed Conflict Act* (Mercenary Act),[405] die Regulierung der PMSC-Branche in Angriff nahm. Die südafrikanische Verfassung, in der es heißt „*The resolve to live in peace and harmony precludes any South African citizen from participating in an armed conflict, nationally or internationally (…),*"[406] dient dafür als Fundament. Im Gegensatz zu Söldneraktivitäten wird der Export von Militärdienstleistungen von PMSCs durch den RFMA nicht per se untersagt; diese müssen aber ein zweistufiges Genehmigungsverfahren durchlaufen.[407] Dabei bedarf der Antragsteller, also die jeweilige PMSC, einer Zulassung durch das *National Conventional Arms Control Committee* (NCACC). Zusätzlich muss jeder einzelne Einsatz noch separat genehmigt werden.[408] 2001 wurde der *Private Security Industry Regulation Act* (PSIRA)[409] erlassen, durch den die für die Registrierung der Unternehmen zuständige *Security*

---

  c. in der Schweiz ein Unternehmen zu gründen, anzusiedeln, zu betreiben oder zu führen, das zum Zwecke der unmittelbaren Teilnahme an Feindseligkeiten im Ausland Personal rekrutiert, ausbildet, vermittelt oder zur Verfügung stellt;

  d. von der Schweiz aus ein Unternehmen zu kontrollieren, das zum Zwecke der unmittelbaren Teilnahme an Feindseligkeiten im Ausland Personal rekrutiert, ausbildet, vermittelt oder zur Verfügung stellt".

403 Art. 37, AS 2015 2407, Bundesgesetz über die im Ausland erbrachten privaten Sicherheitsdienstleistungen, (BPS) vom 27. September 2013.

404 Regulation of Foreign Military Assistance Act, Government Gazette, Cape Town, 20. May 1998, Vol. 395, No. 18912, 1998.

405 Prohibition of Mercenary Activities and Regulation of Certain Activities in Country of Armed Conflict Act, Government Gazette, Cape Town, 16. November 2007, Vol. 509, No. 30477, 2007.

406 The Constitution of the Republic of South Africa, NO. 108 OF 1996, Abschnitt 198 b.

407 *Holmqvist*, Private Security Companies, S. 52.

408 *Ntoubandi*, in: Bakker/Sossai (Hrsg.), Multilevel Regulation of Military and Security Contractors, S. 487 (495); *Taljaard*, in: Bryden/Caparini (Hrsg.), Private Actors and Security Governance, S. 167 (170).

409 Private Security Industry Regulations Act 2001 (ACT NO. 56/2001).

Industry Regulating Authority (SIRA) geschaffen wurde. Von dieser werden nationale Regeln zur Anwerbung und zum Training von PMSC-Personal aufgestellt und auch extraterritorial angewandt (Section 39).[410] Die Befolgung wird von sog. *peace officers* der SIRA kontrolliert. Werden Vorgaben nicht befolgt, kann als Konsequenz die Registrierung der Unternehmen verweigert bzw. aufgehoben werden, wodurch diesen gleichzeitig jegliche weitere Tätigkeit untersagt wird.[411] Durch den *Firearms Control Act 60*[412] ist zusätzlich eine Waffenlizenz vorgesehen. Werden Waffen an untrainierte Personen ausgehändigt, kann den Unternehmen die Waffenlizenz entzogen werden.[413]

Südafrika hat mit eines der strengsten Systeme im Umgang mit PMSCs entwickelt; an ihm haben sich die Verfasser der *Draft Convention* orientiert.[414] Trotz der vorhandenen Regelungen ist die Situation in Südafrika nicht frei von Problemen: Der *Mercenary Act* erweist sich aufgrund seines sehr weiten Anwendungsbereichs (Abschnitt 3) als schwierig umsetzbar.[415] So bezieht er sich auf alle Personen, egal ob diese die südafrikanische oder eine anderweitige Nationalität besitzen. Gleiches gilt für seinen Geltungsbereich, der nicht auf Südafrika beschränkt ist.[416] Südafrika liefert damit auch ein Beispiel dafür, dass alleine die Existenz entsprechender Regelungen unzulänglich ist; es bedarf ebenso ihrer effektiven Implementierung.[417] Auch die Beschaffung von Beweismitteln für Verstöße außerhalb des eigenen Staatsgebietes hat sich als eines der wesentlichen Hindernisse herauskristallisiert.[418] Das Versagen auf der Implementierungsebene zeigte sich exemplarisch während des Krieges im Irak. Die südafrikanischen PMSCs *Meteoric Tactical Solutions* und *Erinys* leisteten dort insbesondere Schutzdienste. Keine der beiden Unternehmen

---

410 *Ntoubandi*, in: Bakker/Sossai (Hrsg.), Multilevel Regulation of Military and Security Contractors, S. 487 (489).

411 Abschnitt 34 III a PSIRA.

412 Firearms Control Act 2000 (Act No. 60 of 2000).

413 Abschnitt 20, 102, 103, 28 I c.

414 *Matteo*, The use of private military and security companies in international society, S. 171.

415 *Ntoubandi*, in: Bakker/Sossai (Hrsg.), Multilevel Regulation of Military and Security Contractors, S. 487 (499).

416 Prohibition of Mercenary Activities and Regulation of Certain Activities in Country of Armed Conflict Act, 2006, No. 27 of 2006.

417 *Cameron/Chetail*, Privatizing War, S. 578; *Ntoubandi*, in: Bakker/Sossai (Hrsg.), Multilevel Regulation of Military and Security Contractors, S. 487 (487).

418 *Ntoubandi*, in: Bakker/Sossai (Hrsg.), Multilevel Regulation of Military and Security Contractors, S. 487 (497 f.).

war dafür vom *NCACC* autorisiert. *Meteoric Tactical Solutions* war eine Autorisierung verweigert worden, *Enrinys* hatte eine solche erst gar nicht beantragt.[419]

E. Deutschland

Aufgrund seiner restriktiven Haltung zum Auslagern staatlicher Aufgaben, sah und sieht die Bundesrepublik Deutschland keine Notwendigkeit zum Erlass von PMSC-spezifischen Gesetzen. Ebenso wenig verfügt Deutschland über Gesetze zum Einsatz von PMSCs außerhalb des eigenen Staatsgebietes.[420] Private Sicherheitsdienstleistungen sind in Deutschland relativ weit verbreitet, klassische militärische Aufgaben werden hingegen nicht von Privaten ausgeübt.[421] Nach dem Grundgesetz ist die Übertragung staatlicher Aufgaben an Private im Bereich der inneren Sicherheit zwar in Grenzen möglich, im Bereich der äußeren Sicherheit aber untersagt.[422] Zentrale militärische Aufgaben dürfen aufgrund des staatlichen Gewaltmonopols nicht ausgelagert werden.[423] Gemäß der deutschen Gewerbeordnung bedarf es für die Ausübung jeder Überwachungs- und Sicherheitstätigkeit der Erlaubnis der zuständigen Behörde;[424] vorzulegen sind auch Zuverlässigkeitsnachweise für das eingesetzte Personal.[425] Zudem wird für bestimmte Tätigkeiten (Kontrollgänge im öffentlichen Verkehrsraum, Schutz vor Ladendieben, Kontrolle in Diskotheken) eine Sachkundeprüfung durch die Industrie- und Handelskammer gefordert.[426] Gemäß der föderalen Grundordnung können die Länder eigenständig die zuständigen Behörden bestimmen.[427] Im Ergebnis handelt es sich dabei um eine Ermessensentscheidung, die gemäß den geltenden rechtsstaatlichen Grundsätzen auszuüben ist.[428] Die Berechtigung,

---

419 *Schreier/Caparini*, Privatizing Security, S. 107 f.

420 *Evertz*, in: Bakker/Sossai (Hrsg.), Multilevel Regulation of Military and Security Contractors, S. 215 (215).

421 *Evertz*, in: Bakker/Sossai (Hrsg.), Multilevel Regulation of Military and Security Contractors, S. 215 (215).

422 *Krieger*, AdV 2006, 159 (182).

423 Bundestagsanfrage 15/5824, 24.06.2005, Antwort Nr. 1a.

424 § 34a I GewO vom 22.02.1999 (BGBl. I S. 202) zuletzt geändert durch Gesetz vom 11.03.2016 (BGBl. I S. 396).

425 § 9 I Bewachungsverordnung, in der Fassung der Bekanntmachung vom 10. Juli 2003 (BGBl. I S. 1378), die zuletzt durch Artikel 2a Absatz 3 des Gesetzes vom 4. März 2013 (BGBl. I S. 362) geändert worden ist.

426 § 34a I GewO.

427 § 155 II GewO.

428 *Nierhaus*, in: Reimann/Zekoll (Hrsg.), Introduction to German Law, S. 87 (96 f.).

eine Waffe bei sich zu führen, regelt sich nach den Bestimmungen des Waffengesetzes.[429] Bei all diesen Regelungen handelt es sich jedoch um allgemeine Vorschriften, die auch für PMSCs gelten.[430] Die deutsche Bundeswehr nutzt private Dienstleister für nicht-militärische Unterstützungsarbeiten (insbesondere Logistik, Personen- und Gebäudeschutz);[431] deutsche Unternehmen bieten diese Dienste auch ausländischen Truppen an.[432] Der Export von Kriegswaffen wird durch das Kriegswaffenkontrollgesetz reguliert. Grundsätzlich ist der Export jeglicher Kriegswaffen untersagt. Ausnahmen bedürfen einer staatlichen Bewilligung.[433] Der Export von sonstigen Waffen wird durch Art. 29 bis 32 des Waffengesetzes geregelt und bedarf der vorherigen Zustimmung des Bestimmungslandes (bei EU-Mitgliedstaaten).[434] Dahingegen wird der Export von Militär- und Sicherheitsdienstleistungen nicht geregelt, steht aber unter Parlamentsvorbehalt.[435] Eine etwaige Regelung muss also durch den parlamentarischen Gesetzgeber selbst erfolgen, dies entspricht einem für kontrovers diskutierte, grundrechtsrelevante Fragestellungen gängigen Vorgehen.[436]

Die Rechtslage in der Bundesrepublik Deutschland lässt demnach eine Übertragung von militärischen Aufgaben an PMSCs weder innerhalb noch außerhalb des Staatsgebietes zu. Anders verhält sich dies bei der Übertragung von Sicherheitsdienstleistungen. Da eine grundsätzliche Abgrenzung zwischen Militär- und Sicherheitsdienstleistungen aber nicht möglich ist, bedarf es für ihre Übertragung jeweils einer Einzelfallentscheidung.[437]

---

429 Waffengesetz vom 11. Oktober 2002 (BGBl. I S. 3970, 4592; 2003 I S. 1957), das zuletzt durch Artikel 288 der Verordnung vom 31. August 2015 (BGBl. I S. 1474) geändert worden ist.

430 *Evertz*, in: Bakker/Sossai (Hrsg.), Multilevel Regulation of Military and Security Contractors, S. 215 (216).

431 Bundestagsanfrage 16/1296, 26.04.2006, Antwort 23.

432 *Evertz*, National Reports Series 16/09 Regulation of Private Military, Security and Surveillance Services in Germany, S. 4 f.

433 Ausführungsgesetz zu Artikel 26 Abs. 2 des Grundgesetzes (Gesetz über die Kontrolle von Kriegswaffen); *Evertz*, in: Bakker/Sossai (Hrsg.), Multilevel Regulation of Military and Security Contractors, S. 215 (220 f.).

434 Waffengesetz in der Fassung vom 11. Oktober 2002.

435 *Evertz*; National Reports Series 16/09 Regulation of Private Military, Security and Surveillance Services in Germany, S. 7.

436 *Degenhart*, Staatsrecht I, S. 16 Rn.: 37.

437 Bundestagsanfrage 15/5824, 24.06.2005, Antwort Nr. 15.

F. Zwischenergebnis

Zahlreiche – insbesondere westliche Staaten – haben sich bei der Regulierung der PMSC-Industrie auffällig zurückhaltend gezeigt. Wurden Reglungen zur Lizenzierung und Auswahl des Personals getroffen, so beziehen sich diese meist nur auf das eigene Staatsgebiet. Da aber gerade genau in einer transnationalen Ausrichtung ein Wesensmerkmal der PMSC-Aktivitäten liegt, bleibt ein wesentlicher Aspekt ungeregelt zurück. Auch sind die vorhandenen Regelungen des Öfteren stark politisch geprägt. So verfolgen insbesondere die USA das Ziel, befreundeten Staaten PMSC-Dienstleistungen anzubieten,[438] für den Export nach Australien und ins Vereinigte Königreich besteht z.B. ein beschleunigtes Verfahren.[439] Anders verhält es sich mit den südafrikanischen Regelungen, denen es um die Unterbindung des Exports von PMSC-Dienstleistungen in Konfliktgebiete per se geht.[440] Generell kann Südafrika eine ganze Bandbreite an strengen Regelungen zum Umgang mit PMSCs aufweisen, was aber nicht durchgängig umgesetzt werden konnte.

Auf nationaler Ebene finden sich somit sowohl gänzlich unzulängliche Regelungsversuche als auch restriktiv und umfassend ausgestaltete Regelungsregime. Insbesondere der transnationale Charakter der PMSC-Branche führt jedoch dazu, dass auch vereinzelte positive Entwicklungen sich nicht entsprechend entwickeln und auswirken können. Einzelnen Staaten alleine ist es kaum möglich, strengere Regelungen durchzusetzen, wenn internationale Regularien, Nachbarstaaten und PMSCs-beauftragende Staaten, diese Linie nicht mittragen.[441] Die Verbindung von internationaler und nationaler Ebene wird hier deutlich sichtbar. Die gleichen Feststellungen treffen auch für internationale Organisationen wie die UN zu. Auf internationaler Ebene muss der Rahmen festgelegt werden, der auf nationaler Ebene ausgefüllt werden soll. Die global agierende PSMC-Branche kann durch einzelne nationale Regelungen nicht in angemessener Weise bedient werden.[442] Aus der Gesamtheit der nationalen Regelungen kann auch keine Staatenpraxis als Voraussetzung für die Existenz von Völkergewohnheitsrecht hergeleitet werden. Dazu bedürfte es einer einheitlichen Praxis, an der es angesichts der großen nationalen

---

438 *Sandoz,* in: Cilliers/Mason (Hrsg.), Peace, Profit or Plunder? The Privatization of Security in War-Torn African Societies, S. 201 (217).

439 *Caparini,* in: Chesterman/Lehnardt (Hrsg.), From Mercenaries to Market, S. 158 (160 Fn. 10).

440 *Caparini,* in: Chesterman/Lehnardt (Hrsg.), From Mercenaries to Market, S. 158 (176).

441 *Avant,* Perspectives on Politics 2006, 507 (510).

442 *Matteo,* The use of private military and security companies in international society, S. 143.

Differenzen gerade mangelt. Auch der Begründung regionalen Gewohnheitsrechts ist dadurch die Grundlage entzogen. Dies unterstreicht zugleich die Erkenntnis, dass aufgrund der uneinheitlichen nationalen Regelungen, ein Bedarf an völkerrechtlichen Regelungen gegeben ist. Zur Harmonisierung des Umgangs mit der PMSC-Branche und der Festlegung eines Mindeststandards muss folglich die internationale Ebene miteinbezogen werden.

§ 3 Ergebnis

Die Regulierung der PMSC-Branche ist gekennzeichnet durch die Heterogenität der Regelungsansätze. Dabei lassen sich insbesondere zwei Richtungen ausmachen. Einerseits die Selbstregulierung durch *Code of Conducts* und *Good Practices*, die auf bestehende Regelungen verweisen; andererseits die Forderung nach einer rechtsverbindlichen Konvention. Die Lösung der Regulierungsfrage wird jedoch weder in der einen noch der anderen Variante zu finden sein. Vielmehr bedarf es für eine umfassende Regulierung der PMSC-Branche einer Kombination der verschiedenen Ansätze[443] und der Nutzung der damit erzeugten Synergieeffekte.[444] Dabei sind bereits vorhandene, nicht PMSC-spezifische Regelungen wie *die UN Guiding Principles on Business and Human Rights* und die *OCED Guidelines for multinational Enterprises* ebenso wie spezielle Regelungen für den Gebrauch von PMSCs durch die UN (*APSC Guidelines*) zu berücksichtigen. Letztere haben für die in der vorliegenden Arbeit zu untersuchende Fragestellung besondere Bedeutung, obwohl gleichzeitig der unzulängliche Regelungsinhalt der *APSC Guidelines* festgestellt werden muss.

Des Weiteren muss die internationale Ebene durch Regelungen auf nationaler Ebene ergänzt werden. Eine Analyse der nationalen Regelungen zeigt, dass sich das Charakteristikum der Heterogenität auch auf nationaler Ebene fortsetzt. Es bedarf einer flächendeckenden Implementierung der auf internationaler Ebene festgestellten Bedürfnisse. Dabei ist insbesondere die Beachtung etwaiger Code of Conducts als zwingende Voraussetzung für die Beauftragung durch Staaten oder internationale Organisationen gesetzlich festzuschreiben. Dem oft transnationalen Charakter der PMSC-Aktivitäten muss durch extraterritorial anwendbare Regelungen Rechnung getragen werden.

---

443 *Bearpark/Schulz*, in: Chesterman/Lehnardt (Hrsg.), From Mercenaries to Market, S. 239 (239).
444 Dazu siehe sogleich im folgenden Kapitel.

4. Kapitel: Handlungsbedarf und abschließende Betrachtung

Ausgehend von den soeben vorgestellten Regulierungsansätzen auf internationaler und nationaler Ebene, soll nun ein Blick in die Zukunft gerichtet werden und für die spezielle Situation der UN-Friedensmissionen konkrete Handlungsmaßnahmen benannt werden.

Der zurzeit am stärksten beworbene und im Zentrum des internationalen Diskurses stehende Ansatz ist sicherlich der *ICoC/ICoCA*. Die *Draft Convention* hat demgegenüber deutlich an Bedeutung verloren. Der Zusammenschluss von Staaten, PMSCs und Zivilgesellschaft im Rahmen des *ICoC* hat seine Wurzeln im *Montreux Document*. Der *ICoC/ICoCA* ist damit eines der sichtbarsten Zeichen für einen durch das *Montreux Document* initiierten Entwicklungsprozess. Ebenso haben Staaten begonnen, ihre nationalen Rechtsordnungen an die PMSC-Wirklichkeit anzupassen. Trotz dieser durchaus anerkennenswerten Bestrebungen bleiben aber unbehandelte Problemfelder zurück. Diese konzentrieren sich schwerpunktmäßig auf die Durchsetzungsmechanismen (insbesondere Zertifizierungs- und Kontrollsysteme) und den Opferschutz. Der *ICoC/ICoCA* sollte diese Unzulänglichkeiten eliminieren, ist bisher aber hinter den Erwartungen zurückgeblieben. In der Staatengemeinschaft haben sich unterdessen klare Fronten, entweder pro *ICoC/ICoCA* oder pro *Draft Convention,* gebildet.[1] Für eine Kombination der beiden Ansätze und der damit erhofften Synergiewirkung ist dies durchaus hinderlich. Aus diesem Grund erscheint es als lohnende Alternative, von der *Draft Convention* auf erprobtere und von dem Großteil der Staaten anerkannte Instrumentarien auszuweichen. Insbesondere kommen dafür die *UN Guiding Principles* sowie die *OECD Guidelines* in Betracht. Eine Berücksichtigung und Kombination dieser Mechanismen ist insbesondere im Hinblick auf die größte Schwachstelle des *ICoCA*, das Beschwerdeverfahren, zu fordern. Die dritte Säule der für alle Wirtschaftsbranchen geltenden *UN Guiding Principles* ist deshalb an vorderste Stelle zu rücken und als der zu erreichende Mindestmaßstab für die Regelungen des *ICoC* und des *ICoCA* heranzuziehen. Die dafür relevanten Parameter wie Legitimität, Zugang, Vorhersehbarkeit, Verfahrensgerechtigkeit und Transparenz finden sich im derzeitigen Beschwerdemechanismus des

---

1   UN Doc., A/HRC/WG.10/1/CRP.2, 05.08.2011, Summary of the first session, Para. 53 ff.; *White*, in: Bakker/Sossai (Hrsg.), Multilevel Regulation of Military and Security Contractors, S. 11 (17).

ICoCA,[2] wenn überhaupt, dann nur an untergeordneter Stelle. Stattdessen verweist er auf Mediation und andere Abhilfemaßnahmen, ohne diese aber konkret auszuformen. Hier zeigt sich, dass der Beschwerdemechanismus generell mehr auf ein unternehmensinternes Überprüfungsverfahren ausgerichtet ist und hinter den in den *UN Guiding Principles* formulierten Anforderungen und Erwartungshaltungen zurückbleibt. Dementsprechend wird es sich wahrscheinlich bei den ersten zu erwartenden Beschwerden auch um solche von Konkurrenzunternehmen und nicht um solche von etwaigen Opfern handeln. Wenn auch dadurch eine verbesserte Kontrolle der PMSC-Branche erreicht werden kann, ist dies im Ergebnis zwar zu begrüßen, zeigt aber auch deutlich, dass die bisherige Kritik des mangelhaften Opferschutzes zutreffend ist und der *ICoCA* für sich allein genommen kein zufriedenstellendes Ergebnis liefern kann. Auch aus diesem Grund sollte eine Verbindung mit dem Beschwerdeverfahren der OECD angestrebt werden. Dies führt zum einen zu einer Bündelung der vorhandenen Beschwerdewege durch den *ICoCA* und zum anderen zu einer Verbesserung des *ICoCA*-Beschwerdeverfahrens hinsichtlich Transparenz und Vorhersehbarkeit. PMSC-spezifische Fragestellungen würden im Beschwerdesystem des *ICoCA* verbleiben, allgemeine Fragestellungen an die Nationalen Kontaktstellen verwiesen werden. Da die Mitgliedsstaaten des *ICoCA* gleichzeitig OECD Mitgliedsstaaten sind,[3] sind Widerstände aus den Reihen der Staatenvertreter kaum zu erwarten; damit sind zugleich die bedeutendsten Sitz- und Vertragsstaaten der PMSC-Branche eingebunden. Gleichzeitig muss aber berücksichtigt werden, dass auch das OECD-Beschwerdeverfahren selbst über keine gerichtlichen Sanktions- und Wiedergutmachungselemente verfügt und die Praktiken der einzelnen Nationalen Kontaktstellen ein deutliches Gefälle zeigen. Daher sind bei der Verbesserung des Opferschutzes und des Zugangs zu Rechtsmitteln noch weitere Alternativen zu berücksichtigen.

Insbesondere ist an den vorhandenen Verfahren der UN-Menschenrechts-Vertragsorgane festzuhalten. Diese Verfahren bieten zwar nicht immer die Möglichkeit, dass Einzelpersonen Beschwerden vorbringen und/oder Entschädigungsleistungen einfordern können. Die Feststellungen und Empfehlungen der Überwachungsgremien begründen auch keine Verpflichtung der Staaten, die erteilten Empfehlungen umzusetzen. Jedoch kann durch die Veröffentlichung der Staatenberichte eine *„name-and-shame"*-Kultur geschaffen werden, sodass

---

2 Siehe dazu ausführlich 3. Kapitel § 1.C II.
3 Australien, Norwegen, Schweden, Schweiz, UK, USA, http://icoca.ch/en/membership?
   states_governments=states&op=Search&view_type=map&form_id=_search_for_
   members_filter_form, zuletzt abgerufen am 07.06.2016.

auch die Empfehlungen eine Steuerungswirkung entfalten.[4] In der Praxis kam es bereits zur Überprüfung von Sachverhalten mit PMSC-Bezug. So wurden die USA vom UN-Menschenrechtsausschuss dazu aufgefordert, sicherzustellen, dass alle behaupteten Rechtsverstöße durch PMSC-Personal in Abu Ghraib und Guantánamo verfolgt und gegebenenfalls sanktioniert werden.[5] Ebenso wurde dem Vereinigten Königreich empfohlen, für das angemessene Training von PMSC-Personal Sorge zu tragen damit missbräuchliches Verhalten gegenüber Häftlingen in exterritorialer Haft unterbunden wird.[6] Die Inter-amerikanische Kommission für Menschenrechte forderte die Staaten auch auf, über die Zahl der in ihrem Staatsgebiet operierenden PMSCs zu berichten sowie deren Überwachung zu beschreiben.[7] Ebenso könnten sich die Einführung eines vom ICoCA-Vorstand nach Art. 7.6 ernannten PMSC-Ombudsmanns und dessen Einsatz im ICoCA Beschwerdeverfahrens positiv auswirken. Beschwerden könnten von Opfern oder Drittparteien vorgebracht werden. Dafür sei der Ombudsmann sowohl zu eigenständigen Ermittlungen und Nachforschungen als auch zur Initiierung von Abhilfemaßnahmen zu ermächtigen. Insbesondere in Post-Konflikt Situationen, in denen die UN-Peacekeeper vermehrt eingesetzt werden und das lokale Gerichtssystem oft unter Dysfunktionalität leidet, böte die Bereitstellung eines Ombudsmanns eine lohnende Alternative.[8] Der Ombudsmann würde als Anlaufstelle für die Beschwerdeführer fungieren, eine erste Bewertung des Vorgebrachten durchführen sowie die weitere Verfolgung der Vorwürfe überwachen.[9]

Generell ist zudem eine verstärkte Öffentlichkeitsarbeit zu fordern; Entscheidungen über vorgebrachte Beschwerden sollten nach Vorbild des *Standards Committee of the International Stability Operations Association* veröffentlicht werden.[10] Ebenso gilt es, die Transparenz innerhalb der Regulierungssysteme auszubauen. Ein funktionierender Informationsfluss ist Grundlage und Bedingung für Ermittlungen und daran anschließende Sanktionierungen. Zwar werden im

---

4 *Cameron/Chetail*, Privatizing War, S. 545.

5 UN Doc., CCPR/C/USA/CO/3/Rev.1, 18.12.2006, Concluding observations of the Human Rights Committee – United States of America, Para. 13.

6 UN Doc., CCPR/C/GBR/CO/6, 30.06.2008, Concluding observations of the Human Rights Committee – United Kingdom of Great Britain and Northern Ireland, Para. 14.

7 Inter-American Commission on Human Rights, OEA/Ser.L/V/II, Doc. 57, 31.12.2009, Citizen Security and Human Right, Annex, Question 26.

8 *Hoffmann/Mégret*, Global Governance 2005, 43 (54 f.).

9 *Buzatu*, European Practices of Regulation of PMSCs and Recommendations for Regulation of PMSCs through International Legal Instruments, S. 45.

10 *Seiberth*, Private Military and Security Companies in International Law, S. 220 f.

ICoC Berichtspflichten erwähnt. Diese bedürfen allerdings sowohl hinsichtlich der die Berichtspflicht auslösenden Geschehnisse (insbesondere verschiedenen Wissensgrade wie z.B. reasonable suspicion/discovered)[11] als auch hinsichtlich der Verfasser der Berichte weiterer Präzisierung.

Sollen PMSCs auch weiterhin durch die UN eingesetzt werden, bedarf es daher zahlreicher, bisweilen weitreichender Maßnahmen. Aufgrund der veränderten Aufgabenprofile der UN-Friedensmissionen ist dabei auch die Situation bei bewaffneten internationalen Konflikten zu berücksichtigen. Dabei sind zwei Punkte besonders hervorzuheben.

Zum einen der Grundsatz der Unterscheidbarkeit, zum anderen der Ausschluss von der unmittelbaren Teilnahme an Feindseligkeiten.

Beim Einsatz von PMSCs muss aufgrund des dem humanitären Völkerrecht zu Grunde liegenden Unterscheidbarkeitsprinzips eine ausreichende Differenzierbarkeit von Zivilisten und Kombattanten sowie ein statuskonformer Einsatz gewährleistet werden. Wie in Kapitel 2 § 1 ausgeführt, mangelte es daran aber in zahlreichen Fällen. PMSC-Personal unterscheidet sich bisweilen kaum von den regulären Truppen. Ähnliche Kleidung und ähnliches Auftreten suggerieren vielfach den Eindruck der Zugehörigkeit zum Militär. Ebenso wird von Fällen berichtet, in denen das PMSC-Personal von der Bevölkerung als Teil der UN-Truppen wahrgenommen wurde. Eine scharfe Trennlinie ist folglich nicht auszumachen und eine Ausrichtung des Verhaltens anhand des Unterscheidungsprinzips nicht möglich.

Werden PMSCs, die in aller Regel als Zivilisten zu qualifizieren sind, von den UN für ihre Friedensmissionen eingesetzt, darf das nicht den Verlust ihres statusbedingten Schutzes auslösen. Dies tritt aber dann ein, wenn PMSCs für die unmittelbare Teilnahme an Feindseligkeiten eingesetzt werden. PMSCs dürfen somit für derartige Tätigkeiten nicht herangezogen werden. Dies betrifft auch einen Schwerpunkt der bisherigen PMSC-Tätigkeit, nämlich den Personen- und Objektschutz. Insbesondere die Bewachung militärischer Ziele ist aus diesem Grund zu untersagen. In den *ASPC Guidelines* wird diesbezüglich zwar das Ultima-ratio-Prinzip aufgeführt, in der Praxis hat sich aber die Ausnahme in den Regelfall verkehrt. Ausschließlich solche Tätigkeiten, bei denen aufgrund einer Ex-ante-Risikoanalyse die unmittelbare Teilnahme an Feindseligkeiten zu verneinen ist, dürften weiterhin an PMSCs vergeben werden.

Nicht nur, aber auch aufgrund der speziellen Situation in UN-Friedensmissionen ist PMSC-Personal daher durch Anpassung der Genfer Konvention (Art. 4

---

11 ICoC, Para. 37 f.

A GK III bzw. 43 II ZP 1) der reguläre Kombattantenstatus zu verleihen. Nur so kann der Grundsatz der Unterscheidbarkeit und ein ausreichender Schutz für das PMSC-Personal gewährleistet und somit die Achtung des humanitären Völkerrechts sichergestellt werden. Zugleich kann mit der Verleihung des Kombattantenstatus die Problematik der unmittelbaren Teilnahme an Feindseligkeiten deutlich entschärft werden, da dann der an den Zivilistenstatus geknüpfte Schutz obsolet werden würde. Anderenfalls müssten Situationen hingenommen werden, in denen vergleichbare Handlungen einmal als legitime Selbstverteidigung, ein anderes Mal als unmittelbare Teilnahme an Feindseligkeiten zu werten wären.

Aber auch für die wohl häufigeren Fälle, in denen UN-Friedensmissionen in Gebieten eingesetzt werden, in denen die Schwelle zum bewaffneten Konflikt nicht überschritten wird, ist die aktuelle Rechtslage mangelhaft.

Insbesondere die fehlende Implementierung der Due-Diligence-Vorgaben hinsichtlich Auswahl, Kontrolle und Sanktionierung der PMSCs ist dabei zu erwähnen. Mit den *APSC Guidelines* wird ausschließlich der Bereich der bewaffneten PMSCs abgedeckt. Durch diese weitreichende Beschränkung des Anwendungsbereichs wird die Sorgfaltspflicht bei menschenrechtsbezogenen Risiken nicht erfüllt. Der Einsatz in Friedensmissionen und die damit einhergehenden komplexen Rahmenbedingungen verlangen unabhängig von der Frage des Bewaffnetseins, erhöhte Sorgfalt. Dies bedingt eine Ausweitung der *APSC Guidelines* auch auf unbewaffnete PMSCs. Aber auch unter der Prämisse, dass diesem Erfordernis nachgekommen wird, genügen die Regelungen der *APSC Guidelines* bereits dem Grunde nach nicht den gestellten Anforderungen. Es kann nicht genügen auf die von den Unternehmen gelieferten Informationen zu vertrauen und sowohl die Auswahl als auch die Kontrolle des Personals über unternehmensinterne Verfahren zu steuern. Vielmehr sind eigene UN-Mechanismen zu entwickeln und einzusetzen um eine unabhängige Begutachtung und Kontrolle gewährleisten zu können. Ebenso muss die repressive Komponente der Due-Diligence-Verpflichtungen erfüllt und die drohende Strafbarkeitslücke geschlossen werden. Da die UN über keine Sanktionierungsgewalt verfügen, müssen – wie in den Abkommen mit den truppenstellenden Staaten – auch in den Vereinbarungen mit den Sitzstaaten der PMSCs und (aufgrund der heterogenen Nationalitäten des Personals) mit den Herkunftsstaaten des Personals entsprechende Regelungen getroffen werden.

Die Unzulänglichkeiten der *APSC Guidelines* können auch nicht durch den darin enthaltenen Verweis auf den *ICoC* geheilt werden. Die Idee einer industriegeführten Regulierung erfreut sich zwar sowohl innerhalb der PMSC-Branche als auch bei manchen Staaten durchaus großer Beliebtheit. Dennoch kann dies aus den zuvor genannten Gründen nicht befriedigen. Zuerst müsste der Verweis auf den *ICoC* durch einen Verweis auf den *ICoCA* ersetzt werden. Aber auch dann dominieren die zuvor beschriebenen Schwächen des ICoCA weiterhin fort.

Bei der künftigen Behandlung mit der PMSC-Thematik sind neben der Implementierung der UN-Due-Diligence-Verpflichtungen in den *APSC Guidelines* daher drei weitere Säulen zu stärken.

1. Säule: Selbstregulierung
Der *ICoC/ICoCA* ist als Forum der Industrie beizubehalten. Er dient als Austauschplattform zwischen Industrie, Zivilgesellschaft und Staaten und stärkt den Informationsfluss zwischen den unterschiedlichen Akteuren. Im Vergleich zu anderen Code of Conducts zeichnet sich der *ICoC/ICoCA* durch seinen Multi-Stakeholder-Charakter sowie die Etablierung eines Lizenzierungssystems und eines Beschwerdemechanismus aus. Trotzdem kann dies nicht über die Qualität von *ICoC/ICoCA* als rechtsunverbindliches Instrumentarium, über die (noch) unzulängliche Ausgestaltung des Beschwerdeverfahrens und über die fehlende Unabhängigkeit bei der Vergabe der Lizenzen hinweghelfen. Es bedarf also der zuvor beschriebenen ergänzenden Regelungen (*UN Guiding Principles*, OECD Beschwerdeverfahren, UN-Menschenrechtsvertragsorganen, Bereitstellung eines Ombudsmanns).

2. Säule: Rechtsverbindliche Regelungen auf internationaler Ebene
Die *Draft Convention* ist als Diskurs bestimmender und lenkender Faktor aufrechtzuerhalten und weiterzuentwickeln. Aufgrund des massiven Widerstands etlicher Staaten, insbesondere USA, Vereinigtes Königreich und EU, ist die Realisierung des Gesamtkonzepts der *Draft Convention* zwar nicht zu erwarten, die Übernahme einzelner Teilbereich erscheint jedoch möglich. Insbesondere die Einrichtung einer globalen Datenbank über PMSC-Einsätze und eines Kontrollgremiums hierfür wären an dieser Stelle zu nennen.[12] Dabei träfe die Staaten die Verpflichtung, alle relevanten Informationen über die PMSCs zur Verfügung zu stellen. Dies brächte zugleich eine Verbindung zum *ICoC/ICoCA* gemäß dessen Ausführungen, die Unternehmen relevante Informationen über das eingesetzte Personal der *ICoC-Association* zur Verfügung zu stellen haben.[13]

3. Säule: Rechtsverbindliche Regelungen auf nationaler Ebene
Das an die Staaten gerichtete *Montreux Document* ist als Initiator für eine Anpassung der nationalen Rechtsordnungen zu verstehen. Dies ist bisher nur partiell erfolgt und ist, auch mit Hilfe des *Montreux Forums*, weiter voranzutreiben;

---

12 Siehe ausführlich dazu unter 3. Kapitel B I. 4.
13 ICoC, Para 53.

dabei ist besonders auf die transnationale Ausrichtung der PMSC-Tätigkeiten zu achten. Gleichzeitig muss die Pflicht zur Mitgliedschaft im *ICoC/ICoCA* als Voraussetzung flächendeckend für eine Beauftragung im nationalen Recht verankert werden.

Zusammenfassend kann festgestellt werden, dass die zurzeit vorhandenen Regelungen zum Umgang der UN mit PMSCs nicht ausreichen. Sie bedürfen der dringenden Nachbesserung und Verschärfung. Eine effektive Regelung der PMSC-Branche verlangt eine Kombination verschiedener Ansätze und deren Berücksichtigung auf allen Ebenen. Zentrale Regelungselemente wie z.B. das Lizenzierungssystem und das Beschwerdeverfahren werden momentan erst eingeführt; sie können für die künftige Entwicklung richtungsweisend wirken.

Bleibt es aber beim Status Quo, ist den PMSCs ein Einsatz in UN-Friedensmissionen zu verwehren.

Literaturverzeichnis

Addo, Michael K., Human Rights and Transnational Corporations – An Introduction, in: *Addo*, Michael K. (Hrsg.), Human rights standards and the responsibility of transnational corporations, The Hague/London/Boston 1999.

Agardi, Gabor, Private Militär- und Sicherheitsfirmen: Gefahren und Möglichkeiten des Einsatzes von privaten Militärdienstleistern in Konfliktgebieten, Schriftenreihe der Landesverteidigungsakademie, Wien 2012.

Albin-Lackey, Chris, Without Rules – A Failed Approach to Corporate Accountability, in: Human Rights Watch (Hrsg.), USA World Report 2013.

Armendáriz, Leticia/*Palou-Loverdos*, Jordi, The Privatization of Warfare, Violence and Private Military & Security Companies: A factual and legal approach to human rights abuses by PMSC in Iraq, 2011.

von Arnauld, Andreas, Völkerrecht, 2. Aufl., Heidelberg 2014.

Arnold, Roberta, Training with the Opposition: The Status of the "Free Iraqi Forces" in the US' War against Saddam Hussein, in: ZaöRV 2003, S. 631–652.

Avant, Deborah, The Implications of Marketized Security for IR Theory: The Democratic Peace, Late State Building, and the Nature and Frequency of Conflict, in: Perspectives on Politics 2006, S. 507–528.

Bailes, Alyson J.K./*Holmqvist*, Caroline, The increasing role of private military and security companies, European Parliament, Directorate-General for External Policies of the Union, Directorate B – Policy Department, Brüssel 2007.

Bakker, Christine/*Greijer*, Susanne, Children's Rights: The Potential Impact of Private Military and Security Companies, in: *Francioni*, Francesco/*Ronzitti*, Natalino (Hrsg.), War by contract – Human rights, humanitarian law, and private contractors, Oxford/New York 2011.

Bassen, Alexander/*Jastram*, Sarah/*Meyer*, Katrin, Corporate Social Responsibility – Eine Begriffserläuterung, in: Zeitschrift für Wirtschaft- und Unternehmensethik 2005, S. 231–236.

Bearpark, Andrew/*Schulz*, Sabrina, The Future of the Market, in: *Chesterman*, Simon/*Lehnardt*, Chia (Hrsg.), From mercenaries to market: The rise and regulation of private military companies, New York/Berkeley 2007.

Behnsen, Alexander, The Status of Mercenaries and Other Illegal Combatants under International Humanitarian Law, in: GYIL 2003, S. 494–536.

Best, Geoffrey, Humanity in warfare – The modern history of the international law of armed conflicts, London 1980.

Biegi, Mandana, Abu Ghraib und der Schlesinger-Report – Der Beitrag von Untersuchungskommissionen zur Transformation des Rechts- und Menschenrechtsbewusstseins nach 9/11, in: Sicherheit und Frieden 2006, S. 92–98.

Biermann, Wolfgang/*Vadset,* Martin, Setting the Scene: The Challenge to the United Nations: Peacekeeping in a Civil War, in: *Biermann,* Wolfgang/*Vadset,* Martin (Hrsg.) UN peacekeeping in trouble: Lessons learned from the former Yugoslavia: Peacekeepers' views on the limits and possibilities of the United Nations in a civil war-like conflict, Aldershot/Brookfield USA/Singapore/Sydney 1998.

Blokker, Niels M., International Organizations or Institutions, Implied Powers, in: Max Planck Encyclopedia of Public International Law, 2009.

Bodansky, Daniel/*Crook,* John R., Symposium: The ILC's State Responsibility Articles – Introduction and Overview, in: American Journal of International Law 2002, S. 773–791.

Bohm, Alexandra/*Senior,* Kerry/*White,* Adam, The United Kingdom, in: *Bakker,* Christine/*Sossai,* Mirko (Hrsg.), Multilevel regulation of military and security contractors – The interplay between international, European and domestic norms, Oxford/Portland, 2012.

Bolaños Enriquez, Tania, Anwendung des humanitären Völkerrechts auf militärische Interventionen der Vereinten Nationen in internen bewaffneten Konflikten unter besonderer Beachtung der bewaffneten Konflikte in Afrika, Konstanz 2011.

Boldt, Nicki, Outsourcing War – Private Military Companies and International Humanitarian Law, in: GYIL 2004, S. 502–544.

Brooks, Dough/*Laroia,* Gaurav, Privatized Peacekeeping, in: The National Interest 2005, S. 121–125.

Bryden, Alan, Approaching the Privatisation of Security from a Security Governance Perspective, in: *Bryden,* Alan/*Caparini,* Marina (Hrsg.), Private Actors and Security Governance, Genf 2006.

Buchan, Russel/*Jones,* Henry/*White,* Nigel D., The Externalization of Peacekeeping: Policy, Responsibility, and Accountability, in: Journal of International Peacekeeping 2011, S. 281–315.

Buhmann, Karin/*Roseberry,* Lynn/*Morsing,* Mette, Introduction, in: *Buhmann,* Karin/*Roseberry,* Lynn/*Morsing,* Mette (Hrsg.), Corporate Social and Human Rights Responsibilities: Global, Legal and Management Perspectives, New York 2011.

Bureš, Oldřich, United Nations peacekeeping: Bridging the capabilities-expectations gap, Saarbrücken 2008.

Burmester, H.C., The Recruitment and Use of Mercenaries in Armed Conflicts, in: American Journal of International Law 1978, S. 37–56.

Buß, Regina, Der Kombattantenstatus. Die kriegsrechtliche Entstehung eines Rechtsbegriffs und seine Ausgestaltung in Verträgen des 19. und 20. Jahrhunderts, Bochum 1992.

Buzatu, Anne-Marie, European Practices of Regulation of PMSCs and Recommendations for Regulation of PMSCs through International Legal Instruments, Genf 2008.

Buzatu, Anne-Marie/*Buckland,* Benjamin S., Private Military & Security Companies: Future Challenges in Security Governance, DCAF Horizon 2015 Working Paper No. 3, Genf 2015.

Cameron, Lindsey, Private Military Companies: Their Status under International Humanitarian Law and its Impact on their Regulation, in: International Review of the Red Cross 2006, S. 573–598.

Cameron, Lindsey, New Standards for and by Private Military Companies?, in: *Peters,* Anne/*Koechlin,* Lucy/*Förster,* Till/*Fenner Zinkernagel,* Gretta, (Hrsg.), Non-state actors as standard setters, Cambridge/New York 2009.

Cameron, Lindsey/*Chetail,* Vincent, Privatising War: Private military and security companies under public international law, Cambridge/New York 2013.

Campbell, Angus I. L., The Limits of the Powers of International Organisations, in: International and Comparative Law Quarterly 1983, S. 523–533.

Caparini, Marina, Domestic Regulation: Licensing Regimes for the Export of Military Goods and Services, in: *Chesterman,* Simon/*Lehnardt,* Chia (Hrsg.), From mercenaries to market: The rise and regulation of private military companies, New York/Berkeley 2007.

Caparini, Marina, Regulating Private Military and Security Companies: The US Approach, in: *Alexandra,* Andrew/*Baker,* Deane-Peter/*Caparini,* Marina (Hrsg.), Private military and security companies. Ethics, policies and civil-military relations, London/New York 2008.

Cassese, Antonio, Mercanaries: Lawful Combatants or War Criminals?, in: Zeitschrift für öffentliches und ausländisches Recht und Völkerrecht 1980, S. 1–30.

Cernic, Jernej Letnar, Two Steps Forward, One Step Back: The 2010 Report by the UN Special Representative on Business and Human Rights, in: German Law Journal 2010, S. 1264–1280.

Chirwa, Danwood Mzikenge, The Doctrine of State Responsibility as a Potential Means of Holding Private Actors Accountable for Human Rights, in: Melbourne Journal of International Law 2004, S. 1–36.

Clapham, Andrew, Human rights obligations of non-state actors, Oxford/New York 2006.

Cockayne, James, Commercial Security in Humanitarian and Post-Conflict Settings: An Exploratory Study, New York 2006.

Cockayne, James, Private Military and Security Companies, in: *Clapham*, Andrew/*Gaeta*, Paola (Hrsg.), The Oxford handbook of international law in armed conflict, Oxford 2014.

Cockayne, James, Regulating Private Military and Security Companies: The Content, Negotiation, Weaknesses and Promise of the Montreux Document, in: Journal of Conflict and Security Law 2009, S. 401–428.

Commission on Wartime Contracting in Iraq and Afghanistan, Transforming Wartime Contracting: Controlling costs, reducing risks, Final report to Congress, 2011.

Cox, Katherine E., Beyond Self-Defense: United Nations Peacekeeping Operations and the Use of Force, in: *Kondoch*, Boris (Hrsg.), International peacekeeping, Aldershot/Burlington 2007.

Crawford, James, The ILC's Articles on Responsibility of States for Internationally Wrongful Acts: A Retrospect, in: AJIL 2002, S. 874–890.

Dahm, Georg, Völkerrechtliche Grenzen der inländischen Gerichtsbarkeit gegenüber ausländischen Staaten, in: Festschrift für Arthur Nikisch, Tübingen 1954.

Dahm, Georg/*Delbrück*, Jost/*Wolfrum*, Rüdiger, Völkerrecht Band I/2, 2. Aufl., Berlin 2002.

Degenhart, Christoph, Staatsrecht I – Staatsorganisationsrecht, 27. Auflage, Heidelberg/München/Landsberg/Frechen/Hamburg 2011.

Deutscher Bundestag, Wissenschaftliche Dienst, WD 2 – 3010-118/08, Zur Anwendbarkeit völkerrechtlicher Menschenrechtsverträge und humanitären Völkerrechts bei Auslandseinsätzen der Bundeswehr, Berlin 2008.

Deva, Surya, Protect, Respect and Remedy: A Critique of SRSG's for Business and Human Rights, in: *Buhmann*, Karin/*Roseberry*, Lynn/*Morsing*, Mette (Hrsg.), Corporate social and human rights responsibilities: Global, legal and management perspectives, New York 2011.

De Winter-Schmitt, Rebecca, Montreux Five Years On: An analysis of State efforts to implement Montreux Document legal obligations and good practices, Washington 2013.

Di Blasé, Antonietta, The role of the host state's consent with regard to non-coercive actions by the United Nations, in: *Cassese*, Antonio (Hrsg.) United Nations peace-keeping: Legal essays, Alphen aan den Rjin 1978.

Dickinson, Laura A., Outsourcing war and peace – How privatizing foreign affairs threatens core public values and what we can do about it, New Haven/London 2011.

Dörmann, Knut, The Legal Situation of "Unlawful/Unprivileged Combatants", in: International Review of the Red Cross 2003, S. 45–74.

Doswald-Beck, Louise, Private Military Companies under International Humanitarian Law, in: *Chesterman*, Simon/*Lehnardt*, Chia (Hrsg.), From mercenaries to market: The rise and regulation of private military companies, New York/Berkeley 2007.

Downes, Cathy, Challenges for Smaller Nations in the New Era of UN and Multinational Operations, in: *Smith*, Hugh (Hrsg.), Peacekeeping: Challenges for the future, Canberra 1993.

Drews, Imke-Ilse, Die völkerrechtlichen Dimensionen des staatlichen Einsatzes privater Militärfirmen, Baden-Baden 2011.

Drews, Imke-Ilse, Private Military Companies: The New Mercenaries? – An International Law Anlaysis, in: *Jäger*, Thomas/*Kümmel*, Gerhard (Hrsg.), Private military and security companies: Chances, problems, pitfalls and prospects, Wiesbaden 2007.

Dröge, Cordula, Positive Verpflichtungen der Staaten in der Europäischen Menschenrechtskonvention, Berlin/Heidelberg/New York/Barcelona/Hongkong/London /Mailand/Paris/Tokio 2003.

Dubielzig, Frank/*Schaltegger*, Stefan, Coporate Social Responsibility, in: Althaus, Maco/Geffken, Michael/Rawe, Sven (Hrsg.), Handlexikon public affairs, Münster 2005.

Eichhorst, Markus, Rechtsprobleme der United Nations Compensation Commission, Berlin 2002.

Eisele, Manfred, Friedenssicherung, in: *Volger*, Helmut (Hrsg.), Grundlagen und Strukturen der Vereinten Nationen, München 2007.

Elsea, Jennifer, Private Security Contractors in Iraq and Afghanistan: Legal Issues, Congressional Research Service, Washington 2009.

Emmerich-Fritsche, Angelika, Zur Verbindlichkeit der Menschenrechte für transnationale Unternehmen, in: Archiv des Völkerrechts 2007, S. 541–565.

Engartner, Tim, Staat im Ausverkauf: Privatisierung in Deutschland, Frankfurt 2016.

Engström, Viljam, Constructing the powers of international institutions, Leiden/Boston 2012.

Epiney, Astrid, Die völkerrechtliche Verantwortlichkeit von Staaten für rechtswidriges Verhalten im Zusammenhang mit Aktionen Privater, Baden-Baden 1992.

Eppacher, Thomas, Private Sicherheits- und Militärfirmen: Wesen, Wirken und Fähigkeiten, Münster 2012.

Evertz, Ralf, Regulation of Private Military, Security and Surveillance Services in Germany, PRIV-WAR Project National Reports Series 16/09, Gießen 2009.

Evertz, Ralf, Germany, in: *Bakker*, Christine/*Sossai*, Mirko (Hrsg.), Multilevel regulation of military and security contractors: The interplay between international, European and domestic norms, Oxford/Portland 2012.

Evertz, Ralf, (kein) Umgang mit Militärfirmen – Rechtsvergleichende Betrachtung zur innerstaatlichen Regelung der Aktivitäten privater Sicherheitsanbieter, in: *Bäumler*, Jelena/*Daase*, Cindy/*Schliemann*, Christian/*Steiger* Dominik (Hrsg.), Akteure in Krieg und Frieden, Tübingen 2010.

Faite, Alexandre, Involvement of Private Contractors in Armed Conflict: Implications under International Humanitarian Law, in: Defence Studies 2004, S. 166–180.

Fallah, Katherine, Corporate Actors: The Legal Status of Mercenaries in Armed Conflict, in: International Review of the Red Cross 2006, S. 599–611.

Fasterling, Björn/*Demuijnck*, Geert, Human Rights in the Void? Due Diligence in the UN Guiding Principles on Business and Human Rights, in: Journal of Business Ethics 2013, S. 799–814.

Feurle, Klaudia, Die Privatisierung des Friedens: Private Militär- und Sicherheitsfirmen als Teil des UN-Peacekeeping?, Wien 2008.

Finke, Jonas, Private Sicherheitsunternehmen im bewaffneten Konflikt, in: Beiträge zum Europa- und Völkerrecht 2/2009, Saale 2009.

Fischer, Andrea A.-K, Militär- und Sicherheitsunternehmen in bewaffneten Konflikten und Friedenssicherungsoperationen, Berlin 2013.

Fischer, Horst, Resolution 918 verändert UN-Blauhelmkonzept entscheidend, BO- FAXE, Bochum 1994.

Forand, Alain, Civilian-Military Relations at the UN: The Need for Reform, in: *Smith*, Hugh (Hrsg.), Peacekeeping: Challenges for the future, Canberra 1993.

Forrester, Geoff, Peacekeeping at the Crossroads, in: *Smith*, Hugh (Hrsg.), Peacekeeping: Challenges for the future, Canberra 1993.

Francioni, Francesco, The responsibility of the PMSC's home state for human rights violation arising from the export of private military and security services, PRIV-WAR project, AEL/19, San Domenico di Fiesole 2009.

French, Duncan/*Stephens*, Tim, ILA Study Group on Due Diligence in International Law, First Report, Lincoln 2014.

Gareis, Sven Bernhard, Der UN-Menschenrechtsrat: Neue Kraft für den Menschenrechtsschutz?, in: APuZ 2008, S. 15–20.

Gareis, Sven Bernhard/*Varwick*, Johannes, Frieden erster und zweiter Klasse: UN-geführte Missionen leiden unter Ressourcen und Spezialistenmangel, in: Internationale Politik 2007, S. 68–75.

Giesen, Stefan, Private Military Companies im Völkerrecht, Baden-Baden 2013.

Gillard, Emanuela-Chiara, Business Goes to War, in: International Review of the Red Cross 2006, S. 525–572.

Gillard, Emanuela-Chiara, Private Military/Security Companies: The Status of Their Staff and Their Obligations under International Humanitarian Law and the Responsibilities of States in Relation to Their Operations, in: *Alexandra*, Andrew/*Baker*, Deane-Peter/*Caparini*, Marina (Hrsg.), Private military and security companies: Ethics, policies and civil-military relations, London/New York 2008.

Gray, Christine D., International law and the use of force, 3. Aufl., Oxford/New York 2008.

Griep, Ekkehard, Neue Maßstäbe für die UN-Friedensmissionen: Der Brahimi-Bericht und seine Folgen: Eine Bestandsaufnahme, in: Vereinten Nationen 2002, S. 61–66.

Hamm, Brigitte, Die UN-Leitprinzipien für Wirtschaft und Menschenrechte Auswirkungen auf das Menschenrechtsregime, in: Kritische Justiz 2016, S. 479–495.

Heck, Daniel, Grenzen der Privatisierung militärischer Aufgaben, Baden-Baden 2010.

Heinz, Wolfgang/*Ruszkowska*, Joanna, UN-Friedensoperationen und Menschenrechte, Deutsches Institut für Menschenrechte, 2., Auf., Berlin 2010.

Henckaerts, Jean-Marie, Study on Customary International Humanitarian Law: A Contribution to the Understanding and Respect for the Rule of Law in Armed Conflict, in: International Review of the Red Cross 2005, S. 175–212.

Henckaerts, Jean-Marie/*Doswald-Beck*, Louise, Customary international humanitarian law, Cambridge/New York 2005.

Henninger, Hartmut, Menschenrechte und Frieden als Rechtsprinzipien des Völkerrechts – Das Handeln der Vereinten Nationen in der Konfliktnachsorge aus der Perspektive einer völkerrechtlichen Prinzipienlehre, Tübingen 2013.

Hennings, Antje, Über das Verhältnis von multinationalen Unternehmen zu Menschenrechten – Eine Bestandsaufnahme aus juristischer Perspektive. Göttingen 2009.

Hessbruegge, Jan Arno, The Historical Development of the Doctrines of Attribution and Due Diligence in International Law, in: New York University Journal of International Law and Politics 2003–2004, S. 265–306.

Hirschland, Matthew J., Corporate social responsibility and the shaping of global public policy, New York 2006.

Hirschmann, Gisela/*Heupel,* Monika, Practice What You Preach: Die UN und der Schutz von Menschenrechten in Friedensoperationen und Sanktionspolitik, in: Vereinte Nationen 2014, S. 9–14.

Hoffmann, Florian/*Mégret,* Frédéric, Fostering Human Rights Accountability: An Ombudsperson for the United Nations?, in: Global Governance 2005, S. 43–63.

Holmqvist, Caroline, Private Security Companies. The Case for Regulation, Stockholm International Peace Research Institute Policy Paper 9, Stockholm 2005.

Hoppe, Carsten/*Qurico,* Ottavio, Codes of Conduct for Private Military and Security Companies: The State of Self-regulation in the Industry, in: *Francioni,* Francesco/*Ronzitti,* Natalino (Hrsg.), War by contract – Human rights, humanitarian law, and private contractors, Oxford/New York 2011.

International Committee of the Red Cross, International Humanitarian Law and the Challenges of Contemporary Armed Conflicts, 31st International Conference of the Red Cross and Red Crescent (31IC/11/5.1.2), Genf 2011.

Ipsen, Knut, Kombattanten und Kriegsgefangene, in: *Schöttler,* Horst/*Hoffmann,* Bernd (Hrsg.), Die Genfer Zusatzprotokolle, Bonn 1993.

Janaby, Mohamad Ghazi, The Legality of the Use of Private Military and Security Companies in UN Peacekeeping and Peace Enforcement Operations, in: Journal of International Humanitarian Legal Studies 2015, S. 147–187.

Janik, Cornelia, Die Bindung internationaler Organisationen an internationale Menschenrechtsstandards – Eine rechtsquellentheoretische Untersuchung am Beispiel der Vereinten Nationen, der Weltbank und des Internationalen Währungsfonds, Tübingen 2012.

Jennings, Robert/*Watts,* Arthur, Oppenheim's International Law, Vol. 1, 9. Aufl., London/New York 1992.

Joachim, Laurent, Der Einsatz von „Private Military Companies" im modernen Konflikt, Berlin 2010.

Juma, Laurence, Privatisation, Human Rights and Security: Reflections on the Draft International Convention on Regulation, Oversight and Monitoring of Private Military and Security Companies, in: Law, Democracy & Development 2011, S. 182–214.

Jund, Philipp, Intelligence in Peacekeeping Operations, Honolulu 2009.

Junker, Kirk, Schädigungsverbot (no harm rule), in: *Schöbener,* Burkhard/*Breuer,* Marten (Hrsg.), Völkerrecht – Lexikon zentraler Begriffe und Themen, Heidelberg 2014.

Kalshoven, Fritz, The Undertaking to Respect and Ensure Respect in All Circumstances: From Tiny Seed to Ripening Fruit, in: Yearbook of International Humanitarian Law 1999, S. 3–61.

Kapaun, Nina, Völkerrechtliche Bewertung gezielter Tötungen nicht-staatlicher Akteure, Köln 2014.

Karl, Joachim, The OECD Guidelines for Multinational Enterprises, in: *Addo,* Michael K. (Hrsg.), Human rights standards and the responsibility of transnational corporations, The Hague/London/Boston 1999.

Karlsrud, John/*Rosén,* Frederik, In the Eye of the Beholder? The UN and the Use of Drones to Protect Civilians, in: Stability: Journal of Security & Development 2013, S. 1–10.

Karska, Elzbieta/*Karski,* Karol, Introduction: The Use of Private Military and Security Companies by the United Nations – International Legal Aspects, in: International Community Law Review 2014, S. 399–404.

Kelsen, Hans, The law of the United Nations – A critical analysis of its fundamental problems, 5. Aufl., New Jersey 2005.

Kirchner, Stefan, Transnationale Unternehmen als Objekte und Subjekte des Völkerrechts – Zwischen Verantwortung und Teilhabe, in: *Bäumler,* Jelena/*Daase,* Cindy/*Schliemann,* Christian/*Steiger* Dominik (Hrsg.), Akteure in Krieg und Frieden, Tübingen 2010.

Klabbers, Jan, An introduction to international institutional law, 2. Aufl., Cambridge/New York 2009.

Knauf, Matthias, Soft Law, in: *Schöbener,* Burkhard/*Breuer,* Marten (Hrsg.), Völkerrecht – Lexikon zentraler Begriffe und Themen, Heidelberg 2014.

Köhler, Anna, Private Sicherheits- und Militärunternehmen im bewaffneten Konflikt: Eine völkerrechtliche Bewertung, Frankfurt am Main/New York 2010.

Köster, Constantin, Die völkerrechtliche Verantwortlichkeit privater (multinationaler) Unternehmen für Menschenrechtsverletzungen, Berlin 2010.

Kondoch, Boris, Human Rights Law and UN Peace Operations in Post-Conflict Situations, in: *White,* Nigel D./*Klaasen,* Dirk (Hrsg.), The UN, human rights and post-conflict situations, New York/Manchester 2005.

Kondoch, Boris, The Responsibility of Peacekeepers, Their Sending States and International Organizations, in: *Gill,* Terry D./*Fleck,* Dieter (Hrsg.), The handbook of the international law of military operations, Oxford/New York 2011.

Kovac, Matija, Legal Issues Arising from Possible Inclusion of Private Military Companies in UN Peacekeeping, in: Max Planck Yearbook of United Nations Law 2009, S. 305–374.

Krahmann, Elke, The UN Guidelines on the Use of Armed Guards – Recommendations for Improvement, in: International Community Law Review 2014, S. 475–491.

Krahmann, Elke/*Abzhaparova*, Aida, The Regulation of Private Military and Security Services in the European Union: Current Policies and Future Options, PRIV-WAR project 2010.

Krahmann, Elke/*Schneiker*, Andrea, Mehr Kapazität – Weniger Verantwortung? Ein Plädoyer für verbesserte politische und rechtliche Rahmenbedingungen – Diskussionspapier Private Militär- und Sicherheitsunternehmen – Zur Diskussion auf der 52. Münchner Sicherheitskonferenz, Transparency International Deutschland e.V., Berlin 2016.

Krajewski, Markus, Die Menschenrechtsbindung transnationaler Unternehmen, in: MenschenRechtsMagazin 2012, S. 66–80.

Krennerich, Michael/*Stamminger*, Priska, Die wirtschaftlichen, sozialen und kulturellen Menschenrechte: Die Interpretation ist nicht beliebig!, Nürnberger Menschenrechtszentrum 2004.

Kreß, Claus, Friedensmissionen unter einem Mandat der Vereinten Nationen und Menschenrechte, Stellungnahme für die öffentliche Anhörung des Ausschusses für Menschenrechte und humanitäre Hilfe des Deutschen Bundestages am 24. Oktober 2012, abrufbar unter http://www.tom-kenigs.de/fileadmin/media/MdB/tomkoenigs_de/home/termine/ADrs._172__oeA_Stellungnahme_Kress.pdf.

Krieger, Heike, Der privatisierte Krieg: Private Militärunternehmen im bewaffneten Konflikt, in: AdV 2006, S. 159–185.

Kruck, Andreas/*Spencer*, Alexander, Vom „Söldner" zum „Samariter"? Die narrativen Grenzen strategischer Imagekonstruktion von privaten Sicherheitsdienstleistern, in: *Hofmann*, Wilhelm/*Renner*, Judith/*Teich*, Katja (Hrsg.) Narrative Formen der Politik, Berlin/Heidelberg 2014.

Kühne, Winrich, Der Brahimi-Report – ein Jahr später, SWP-Aktuell 13/2001.

Kühne, Winrich, Völkerrecht und Friedenssicherung in einer turbulenten Welt: Eine analytische Zusammenfassung der Grundprobleme und Entwicklungsperspektiven, in: *Kühne*, Winrich (Hrsg.), Blauhelme in einer turbulenten Welt: Beiträge internationaler Experten zur Fortentwicklung des Völkerrechts und der Vereinten Nationen, Baden-Baden 1993.

Kühne, Winrich, Zukunft der UN-Friedenseinsätze, in: Blätter für deutsche und internationale Politik 2000, S. 1355–1364.

Kulesza, Joanna, Due diligence in international law, Leiden/Boston 2016.

Kunig, Philip, Das Völkerrecht als Recht der Weltbevölkerung, in: AdV 2003, S. 327–335.

Künzli, Jörg, Zwischen Rigidität und Flexibilität – Der Verpflichtungsgrad internationaler Menschenrechte: ein Beitrag zum Zusammenspiel von Menschenrechten, humanitärem Völkerrecht und dem Recht der Staatenverantwortlichkeit, Berlin 2001.

Landshuter, Francisca, Die Friedensmissionen der Vereinten Nationen: Ein Sicherheitskonzept im Wandel, Berlin 2007.

Larsen, Kjetil Mujezinovi ć, Attribution of Conduct in Peace Operations: The 'Ultimate Authority and Control' Test, in: EJIL 2008, S. 509–531.

Lehnardt, Chia, Private Militärfirmen und völkerrechtliche Verantwortlichkeit: Eine Untersuchung aus humanitär-völkerrechtlicher und menschenrechtlicher Perspektive, Tübingen 2011.

Lehnardt, Chia, Private military companies and state responsibility, in: *Chesterman,* Simon/*Lehnardt,* Chia (Hrsg.), From mercenaries to market: The rise and regulation of private military companies, New York/Berkeley 2007.

Lehnardt, Chia, Peacekeeping, in: *Chesterman,* Simon/*Fisher,* Angelina (Hrsg.), Private security, public order – The outsourcing of public services and its limits, Oxford/New York 2009.

Lilly, Damian, The Privatization of Peacekeeping: Prospects and Reality, in: Disarmament Forum 2000, S. 53–62.

Lohninger, Emanuel, Private Sicherheitsfirmen in Österreich – ein Problem für das staatliche Gewaltmonopol, Wien 2010.

Löwe, Volker, Peacekeeping-Operationen der UN: Aspekte einer Beteiligung der Bundesrepublik Deutschland, Münster 1994.

Lüder, Sascha Rolf, Völkerrechtliche Verantwortlichkeit bei Teilnahme an „Peacekeeping"-Missionen der Vereinten Nationen, Berlin 2004.

Macías, Andrés, The Impact of PMSC on the Role of Today's Military, in: OPERA 2012, S. 221–238.

MacLeod, Sorcha, Private Security Companies and Shared Responsibility: The Turn to Multistakeholder Standard-Setting and Monitoring through Self-Regulation-'Plus', SHARES Research Paper 64, Amsterdam Center for International Law, 2015.

MacLeod, Sorcha/*McArdle,* Scarlett, International Responsibility and Accountability of the Corporation: International Initiatives for Holding Corporations to Account and their Viability with regard to Private Military and Security Companies, EUI Working Papers AEL2009/29, San Domenico di Fiesole 2009.

Mancini, Marina/*Ntoubandi,* Faustin Z/*Marauhn,* Thilo, Old Concepts and New Challenges: Are Private Contractors the Mercenaries of the Twenty-First Century?, in: Francioni, Francesco/Ronzitti, Natalino (Hrsg.), War by contract – Human rights, humanitarian law, and private contractors, Oxford/ New York 2011.

Marauhn, Thilo, Die Privatisierung von Militäreinsätzen: Völkerrechtliche Rahmenbedingungen einer Einbeziehung privater Militär- und Sicherheitsdienste, in: *Weingärtner*, Dieter/*Krieger*, Heike (Hrsg.), Streitkräfte und nicht-staatliche Akteure, Baden-Baden 2013.

Mathias, Stephen, Regulating and Monitoring Private Military and Security Companies in United Nations Peacekeeping Operations in: D'Aboville (Hrsg.), Private military and security companies, Mailand 2013.

Matteo, Daniel, The use of private military and security companies in international society – Contestation and legitimation of state practice, Westminster 2015.

Matthiesen, Nora, Wiedergutmachung für Opfer internationaler bewaffneter Konflikte, Berlin 2012.

Maurer, Hartmut, Die verfassungsrechtlichen Grenzen der Privatisierung in Deutschland, in: Juridica International 2009, S. 4–13.

Mayer, Sebastian/*Weinlich* Silke, Die Internationalisierung von Sicherheitspolitik: UN, EU und der moderne Staat, in: *Hurrelmann*, Achim/*Leibfried*, Stephan/*Martens*, Kerstin/*Mayer*, Peter, (Hrsg.), Zerfasert der Nationalstaat? Die Internationalisierung politischer Verantwortung, Frankfurt am Main/ New York 2008.

McCorquodale, Robert/*Simons* Penelope, Responsibility beyond Borders: State Responsibility for Extraterritorial Violations by Corporations of International Human Rights Law, in: Modern Law Review 2007, S. 598–625.

McCoubrey, Hilaire/*White*, Nigel, The blue helmets: Legal regulation of United Nations military operations, Aldershot/Brookfield USA/Singapore/Sidney 1996.

Mégret, Frederic/*Hoffmann*, Florian, The UN as a Human Rights Violator? Some Reflections on the United Nations Changing Human Rights Responsibilities, in: Human Rights Quarterly 2003, S. 314–342.

Melzer, Nils, Interpretative guidance on the notion of direct participation in hostilities under international humanitarian law, Genf 2009.

Menz, Simon, Die Verantwortlichkeit der Mitarbeiter privater Militär- und Sicherheitsunternehmen nach Art. 8 ICC-Statut – Zugleich ein Beitrag zum Sonderdeliktscharakter von Kriegsverbrechen, Berlin 2011.

Montag, Heike, Friedensmissionen als potenziell legitime militärische Ziele – Beitrag zur Einordnung des Personals von friedenserhaltenden Missionen nach dem humanitären Völkerrecht, in: HuV 2011, S. 21–29.

Moravcsik, Andrew, The Origins of Human Rights Regimes: Democratic Delegation in Post War Europe, in: International Organizations 2000, S. 217–252.

Muller, Sam, International organizations and their host states – Aspects of their legal relationship, The Hague/Boston 1995.

Müller, Christian, Das staatliche Gewaltmonopol: Historische Entwicklung, verfassungsrechtliche Bedeutung und aktuelle Rechtsfragen, Berlin 2007.

Munoz-Mosquera, Andres B./*Chalanouli*, Nikoleta P., Regulating and Monitoring PMSCs in NATO Operations, in: *D'Aboville*, Benoît (Hrsg.), Private Military and Security Companies, Mailand 2013.

Murphy, Ray, Force and Arms, in: *Schachter*, Oscar/*Joyner*, Christopher C. (Hrsg.), United Nations legal order, Cambridge 1995.

Murphy, Ray, UN peacekeeping in Lebanon, Somalia and Kosovo – Operational and legal issues in practice, Cambridge/New York 2007.

Murphy, Ray, An Assessment of UN Efforts to Address Sexual Misconduct by Peacekeeping Personal, in: *Murphy*, Ray/*Mansson*, Katharina (Hrsg.), Peace operations and human rights, London 2008.

Neubüser, Felix, Private Militärdienstleister – Eine Bedrohung des staatlichen Gewaltmonopols?, München 2007.

Nierhaus, Michael, Administrive Law, in: *Reimann*, Mathias/*Zekoll*, Joachim (Hrsg.), Introduction to German law, 2. Aufl., The Hague/Frederick 2005.

Nowak, Manfred, Ein Weltgerichtshof für Menschenrechte – Eine utopische Forderung?, in: Vereinte Nationen 2008, S. 205–211.

Nowrot, Karsten, Nun sag, wie hast dus mit den Global Players? Fragen an die Völkerrechtsgemeinschaft zur internationalen Rechtsstellung transnationaler Unternehmen, in: Die Friedenswarte 2004, S. 119–150.

Nowrot, Karsten, Kampfdrohnen für die Bundeswehr!? – Einsatz und Weiterentwicklung von unbemannten Luftfahrtsystemen im Lichte des humanitären Völkerrechts, Beiträge zum Europa- und Völkerrecht, Halle 2013.

Ntoubandi, Faustin Z., South Africa: The Regulatory Context of Private Military and Security Services, in: *Bakker*, Christine/*Sossai*, Mirko (Hrsg.), Multilevel regulation of military and security contractors – The interplay between international, european and domestic norms. Oxford/Portland, 2012.

O'Brien, Melanie, Overcoming boys-will-be-boys syndrome: Is prosecution of peacekeepers in the International Criminal Court for trafficking, sexual slavery and related crimes against women a possiblity?, Lund 2004.

O'Connell, Mary Ellen, Defining Armed Conflict, in: Journal of Conflict & Security Law 2009, S. 393–400.

Odello, Marco/*Piotrowicz,* Ryszard, Legal Regimes Governing International Military Missions, in: *Odello,* Marco/*Piotrowicz,* Ryszard (Hrsg.), International Military Missions and International Law, Leiden/Boston 2011.

Odendahl, Kerstin, Die Bindung privater Militär- und Sicherheitsfirmen an das humanitäre Völkerrecht unter besonderer Berücksichtigung des Dokuments von Montreux, in: Archiv des Völkerrechts 2010, S. 226–247.

Odendahl, Kerstin, Der Schutz von Kulturgütern bei militärischen Konflikten aus privatrechtlicher Sicht, in: *Zimmermann,* Andreas/*Hobe,* Stephan/ *Odendahl,* Kerstin (Hrsg.), Moderne Konfliktformen. Humanitäres Völkerrecht und privatrechtliche Folgen, Heidelberg/München/Landsberg/ Frechen/Hamburg 2010.

Østensen, Ase Gilje, Implementers or Governors? The Expanding Role for Private Military and Security Companies within the Peace Operations Network, in: International Community Law Review 2014, S. 423–444.

Østensen, Ase Gilje, In the Business of Peace: The Political Influence of Private Military and Security Companies on UN Peacekeeping, in: International Peacekeeping 2013, S. 33–47.

Østensen, Ase Gilje, UN use of Private Military and Security Companies – Practices and Policies, Genf 2011.

Osterloh, Lerke, Privatisierung von Verwaltungsaufgaben, in: Veröffentlichungen der Vereinigung der Deutschen Staatsrechtslehrer 1995, S. 204–239.

Oswald, Bruce/*Durham,* Helen/*Bates,* Adrian, Documents on the law of UN peace operations, Oxford 2010.

Paech, Norman, UN-mandatierte Friedensmissionen und Menschenrechte: Stellungnahme für die öffentliche Anhörung des Ausschusses für Menschenrechte und humanitäre Hilfe des Deutschen Bundestages am 24. Oktober 2012, abrufbar unter http://norman-paech.de/menschenrechte/.

Pallek, Markus, Die Aufgaben der Vereinten Nationen nach der Charta, in: *Volger,* Helmut (Hrsg.), Grundlagen und Strukturen der Vereinten Nationen, München 2007.

Palou-Loverdos, Jordi/*Armendáriz,* Leticia, The Privatization of Warfare, Violence and Private Military & Security Companies: A factual and legal approach to human rights abuses by PMSC in Iraq, 2011.

Patterson, Malcom, A Corporate Alternative to United Nations ad hoc Military Deployments, in: Journal of Conflict & Security Law 2008, S. 215–232.

Peine, Franz-Joseph, Grenzen der Privatisierung – verwaltungsrechtliche Aspekte, in: DÖV 1997, S. 353–365.

Percy, Sarah, Morality and Regulation, in: *Chesterman*, Simon/*Lehnardt*, Chia (Hrsg.), From mercenaries to market: The rise and regulation of private military companies, New York/Berkeley 2007.

Percy, Sarah, The Security Council and the Use of Private Force, in: *Lowe*, Vaughn/*Roberts*, Adam/*Welsh*, Jennifer/*Zaum*, Dominik (Hrsg.), The United Nations Security Council and War, Oxford/New York 2010.

Perrin, Benjamin, Promoting Compliance of Private Security and Military Companies with International Humanitarian Law in: International Review of the Red Cross 2006, S. 613–636.

Peters, Anne, Die Anwendbarkeit der EMRK in Zeiten komplexer Hoheitsgewalt und das Prinzip der Grundrechtstoleranz, in: Archiv des Völkerrechts 2010, S. 1–57.

Peters, Anne, Treaty Making Powers, in: Max Planck Encyclopedia of Public International Law, 2009.

Picard, Marry, Private Guards and Public Guardians – The Positive Obligations of States Using Private Military and Security Companies in Foreign Operations, Genf 2013.

Pictet, Jean S., Commentary I Geneva Convention for the Amelioration of the Condition of the Wounded and Sick in Armed Forces in the Field, Genf 1952.

Pictet, Jean S., Commentary III Geneva Convention Relative to the Treatment of Prisoners of War, Genf 1960.

Pieroth, Bodo /*Schlink*, Bernhard/*Kingreen*, Thorsten/*Poscher*, Ralf Grundrechte – Staatsrecht II, 30. Aufl., Heidelberg/München/Landsberg/Frechen/Hmburg 2014.

Pingeot, Lou, Dangerous partnership: Private military & security companies and the UN, New York 2012.

Pingeot, Lou, The United Nations Guidelines on the Use of Armed Private Security – Towards a Normalisation of UN Use of Security Contractors?, in: International Community Law Review 2014, S. 461–474.

Pisillo-Mazzeschi, Riccardo, The Due Diligence Rule and the Nature of the International Responsibility of States, in: German Yearbook of International Law, S. 9–51.

Porretto, Gabriele/*Vité*, Sylvain, The application of international humanitarian law and human rights law to international organisations, Research Paper Series N. 1, Genf 2006.

del Prado, José Luis Gómez, Private Military and Security Companies and the UN Working Group on the Use of Mercenaries, in: Journal of Conflict & Security Law 2008, S. 429–450.

del Prado, José Luis Gómez, A United Nations Instrument to Regulate and Monitor Private Military and Security Contractors, in: Notre Dame Journal of International, Comparative & Human Rights Law 2011, S. 1–79.

del Prado, José Luis Gómez, A U.N. Convention to Regulate PMSCs?, in: Criminal Justice Ethics 2012, S. 262–286.

Pressler, Jessica, Responsibility of the United Nations for the Activities of Private Military and Security Companies in Peacekeeping Operations: In Need of an New International Instrument, in: Max Planck Yearbook of United Nations Law 2014, S. 152–187.

de Preux, Jean, Commentary III Geneva Convention: Relative to the treatment of prisoners of war, Genf 1994.

Quénivet, Noelle, Human Rights Law and Peacekeeping Operations, in: *Odello*, Marco/*Piotrowicz*, Ryszard (Hrsg.), International military missions and international law, Leiden/Boston 2011.

Rama-Montaldo, Manuel, International Legal Personality and Implied Powers of International Organizations, in: British Yearbook of International Law 1970, S. 111–155.

Rassel, Arlett, Strafgerichtsbarkeit über Angehörige der Friedenstruppen in UN-geführten Missionen: Unter besonderer Berücksichtigung von Sexualstraftaten, Frankfurt am Main 2010.

Rawlings, Richard, Introduction: Testing Times, in: *Oliver*, Dawn/Prosser, Tony/ *Rawlings* Richard (Hrsg.), The regulatory State: Constitutional implications, Oxford/New York 2010.

Richemond-Barak, Daphné, Private Military Contractors and Combatancy Status under International Humanitarian Law, Conference – Complementing IHL: Exploring the Need for Additional Norms to Govern Contemporary Conflict Situations, 1–3 June 2008 Jerusalem.

Rittberger, Volker, Die Entwicklung der VN-Friedensmissionen, in: Deutsche Stiftung Friedensforschung (Hrsg.), Erhöhte menschenrechtliche Anforderungen an multilaterale Friedensmissionen? „Menschliche Sicherheit" als Herausforderung für die internationale Friedenspolitik: Fachgespräch mit dem „Arbeitskreis Außen- und Sicherheitspolitik" und der „Arbeitsgruppe Wehrpolitik" der CSU-Fraktion im Bayerischen Landtag am 15. Januar 2009 in München 2010.

Roberts, Adam, UN Peacekeeping – The Crisis in UN Peacekeeping, in: Survival 1994, S. 93–120.

Ronzitti, Natalino, Regulating and Monitoring the Privatization of Maritime Security, in: *D'Aboville*, Benoît (Hrsg.), Private military and security companies, Mailand 2013.

Rosemann, Nils, Code of conduct – Tool for self-regulation for private military and security companies, Genf 2008.

Rosenne, Shabtai, United Nations Treaty Practice, in: Recueil des Cours 1954, S. 281–307.

Ruffert, Matthias/*Walter*, Christian, Institutionalisiertes Völkerrecht – Das Recht der Internationalen Organisationen und seine wichtigsten Anwendungsfelder, 2., Aufl. München 2015.

Ryngaert, Cedric, Litigating abuses committed by private military companies, EUI Working Papers, 2009.

Saage-Maaß, Miriam/*Weber*, Sebastian, „Wer sich in Gefahr begibt, kommt darin um …": zum Einsatz privater Sicherheits- und Militärfirmen in bewaffneten Konflikten, in: Journal of International Law of Peace and Armed Conflict 2007, S. 170–178.

Sams, Kathie E., IHL Obligations of the UN and other International Organisations Involved in International Missions, in: *Odello*, Marco/*Piotrowicz*, Ryszard (Hrsg.), International military missions and international law, Leiden/Boston 2011.

Sandoz, Yves, Private Security and International Law, in: *Cilliers*, Jakkie/*Mason*, Peggy (Hrsg.), Peace, profit or plunder? The privatisation of security in war-torn African societies, Pretoria 1999.

Sandoz, Yves/*Swinarski*, Christopher/*Zimmermann*, Bruno (Hrsg.), Commentary on the additional protocols of 8 June 1977 to the Geneva Conventions of 12 August 1949, Geneva/Norwell 1987.

Sands, Philippe/*Klein*, Pierre, Bowett's law of international institutions, 6. Aufl., London 2009.

Saner, Raymond, Private Military and Security Companies: Industry-Led Self-Regulatory Initiatives versus State-Led Containment Strategies, CCDP Working Papers, Genf 2015.

Sarooshi, Dan, The United Nations and the development of collective security: The delegation by the UN Security Council of its chapter VII powers, Oxford/New York 1999.

Sassoli, Marko, International humanitarian law and peace operations, scope of application ratione materiae, in: *Beruto*, Gian Luca (Hrsg.) International Humanitarian Law Human Rights and Peace Operations, 31st Round Table on Current Problems of International Humanitarian Law, Sanremo 2008.

Scahill, Jeremy, Balckwater – der Aufstieg der mächtigsten Privatarmee der Welt, London 2007.

Schäfer, Bernhard, „Guantánamo Bay" – Status der Gefangenen und habeas corpus, Studien zu Grund- und Menschenrechten, Potsdam 2003.

Schaller, Christian, Private Security and Military Companies under the International Law of Armed Conflict, in: *Jäger*, Thomas/*Kümmel*, Gerhard (Hrsg.), Private military and security companies, Wiesbaden 2007.

Schaller, Christian, Notstandsresolutionen gegen Blockaden im Sicherheitsrat: Die Arafat-Resolution der UN-Generalversammlung, SWP-Aktuell 37 2003.

Schaller, Christian, Operieren private Sicherheits- und Militärfirmen in einer humanitär-völkerrechtlichen Grauzone?, in: Humanitäres Völkerrecht – Informationsschriften 2006, S. 51–58.

Schaller, Christian, Zur Auslegung militärischer Aufgaben: humanitär-völkerrechtliche Aspekte des Einsatzes Privater in bewaffneten Konflikten, in: Jahrbuch der Clausewitz-Gesellschaft e. V. 2006, S. 120–131.

Schaller, Christian, Rechtssicherheit im Auslandseinsatz: Zum völkerrechtlichen Charakter des Einsatzes der Bundeswehr in Afghanistan, SWP-Aktuell 67, 2009.

Schliesky, Utz, Souveränität und Legitimität von Herrschaftsgewalt – Die Weiterentwicklung von Begriffen der Staatslehre und des Staatsrechts im europäischen Mehrebenensystem, Tübingen 2004.

Schlosser, Reiner, Das völkerrechtliche Problem des Partisanenkrieges, Köln 1959.

Schmalenbach, Kirsten, Multinationale Unternehmen und Menschenrechte, in: Archiv des Völkerrechts 2001, S. 57–81.

Schmeidl, Susanne, Case Study Afghanistan, in: *Joras*, Ulrike/*Schuster*, Adrian (Hrsg.), Private Security Companies and Local Population: An Exploratory Study of Afghanistan and Angola, Swiss Peace Working Paper 1/2008, Bern 2008.

Schmidl, Erwin A., Der „Brahimi-Report" und die Zukunft der UN-Friedensmissionen, in: *Reiter*, Erich (Hrsg.), Jahrbuch für internationale Sicherheitspolitik 2001, S. 65–70.

Schmidt-Bleibtreu, Bruno/*Klein*, Franz/*Hofmann*, Hans/*Henneke*, Hans-Günther, Kommentar zum Grundgesetz, 13. Aufl., Köln 2014.

Schmitt, Michael N., „Direct Participation in Hostilities" and 21st century Armed Conflict, in: *Fischer*, Horst (Hrsg.), Krisensicherung und Humanitärer Schutz/Crisis management and humanitarian protection: Festschrift für Dieter Fleck, Berlin 2004.

Schmitt, Michael N., Humanitarian Law and Direct Participation in Hostilities by Private Contractors or Civilian Employees, in: Chicago Journal of International Law 2005, S. 511–546.

Schneiker, Andrea, Die Selbst- und Koregulierung privater Sicherheits- und Militärfirmen, Baden-Baden 2009.

Schreier, Fred/*Caparini,* Marina, Privatising Security: Law, Practice and Governance of Private Military and Security Companies, Genf 2005.

Schulte, Martin, Gefahrenabwehr durch private Sicherheitskräfte im Licht des staatlichen Gewaltmonopols, in: DVBl 1995, S. 130–135.

De Schutter, Olivier, The Responsibility of States, in: *Chesterman,* Simon/*Fisher,* Angelina (Hrsg.), Private security, public order – The outsourcing of public services and its limits, Oxford/New York 2009.

Schüller, Andreas, Rules and Responsibilities of Employees of Private Military Companies under International Humanitarian Law, in: Sicherheit und Frieden 2008, S. 191–196.

Schütze, Julia-Pia, Die Zurechenbarkeit von Völkerrechtsverstößen im Rahmen mandatierter Friedensmissionen der Vereinten Nationen, Berlin 2011.

Schwendimann, Felix, Rechtsfragen des humanitären Völkerrechts bei Friedensmissionen der Vereinten Nationen, Zürich 2007.

Seiberth, Corinna: Private military and security companies in international law: A challenge for non-binding norms: the Montreux document and the international code of conduct for private security service providers, Cambridge 2013.

Seidl, Robert, Private Sicherheits- und Militärfirmen als Instrumente staatlichen Handelns, München 2008.

Seyersted, Finn, Common law of international organizations, Leiden/Boston 2008.

Shaw, Malcom N., International law, 7. Aufl., Cambridge 2014.

Shelton, Dina, Introduction: Law, Non-Law and the Problem of 'Soft Law', in: *Shelton,* Dinah (Hrsg.) Commitment and compliance – The role of non-binding norms in the international legal system, Oxford/New York 2007.

Shraga, Daphna, The United Nations as an actor bound by international humanitarian law, in: International Peacekeeping 1998, S. 64–81.

Simma, Bruno/*Kahn,* Daniel-Erasmus/*Nolte,* Georg/*Paulus,* Andreas, The Charter of the United Nations: A commentary – Volume I, 3. Aufl., Oxford 2012.

Singer, Peter W., Corporate warriors – The rise of the privatized military industry, Ithaca 2008.

Sloan, James, The militarisation of peacekeeping in the twenty-first century, Oxford/Portland 2011.

Sossai, Mirko, The Privatisation of 'the Core Business of UN Peacekeeping Operations': Any legal limit?, in: International Community Law Review 2014, S. 405–422.

Spitz, Stefanie, UN-Peacekeeping Reformen: Der Völkermord in Ruanda und die Lehren der Vereinten Nationen, Saarbrücken 2007.

Spoerri, Philip, The Montreux Document, Private Military and Security Companies – 35th Round Table on Current Issues of International Humanitarian Law, Session 1: Status and Interrelation of Major Standards, San Remo 2012.

Stanger, Allison, One nation under contract – The outsourcing of American power and the future of foreign policy, New Haven 2009.

Stavrinides, Zenon, Human Rights Obligations under the United Nations Charter, in: The International Journal of Human Rights 1999, S. 38–48.

Stienen, Ludger, Privatisierung und Entstaatlichung der inneren Sicherheit – Erscheinungsformen, Prozesse und Entwicklungstendenzen – Eine empirische Untersuchung zur Transformation von Staatlichkeit am Beispiel der inneren Sicherheit der Bundesrepublik Deutschland, Frankfurt am Main 2011.

Stock, Christian, Brahimi plus 10: UN-Friedenssicherung auf dem Prüfstand: Veranstaltungsdokumentation, Deutsche Gesellschaft für die Vereinten Nationen e.V., Berlin 2010.

Stöber, Jan, Battlefield Contracting – Die USA, Großbritannien, Frankreich und Deutschland im Vergleich, Berlin 2012.

Suy, Eric, Legal Aspects of UN-Peacekeeping Operations, in: Netherland Yearbook of International Law 1988, S. 318–320.

Taljaard, Raenette, Implementing South Africa's Regulation of Foreign Military Assistance Act, in: *Bryden*, Alan/*Caparini*, Marina (Hrsg.), Private Actors and Security Governance, Genf 2006.

Tardy, Thierry: Robust Peacekeeping: a False Good Idea?, in: *de Coning*, Cedric/ *Stensland*, Andreas Øien/*Tardy* Thierry (Hrsg.), Beyond the 'New Horizon' UN Peacekeeping Future Challenges Seminar Proceedings, Genf 2010.

Thürer, Daniel, Soft Law, in: Max Planck Encyclopedia of Public International Law, 2008.

Tietje, Christian, Individualrechte im Menschenrechts- und Investitionsschutzbereich – Kohärenz von Staaten- und Unternehmensverantwortung?, Halle 2012.

Tomuschat, Christian, Human rights – Between idealism and realism, 3. Aufl., Oxford/New York 2014.

Tonkin, Hannah, Common Article 1: A Minimum Yardstick for Regulating Private Military and Security Companies, in: Leiden Journal of International Law 2009, S. 779–799.

Tonkin, Hannah, State control over private military and security companies in armed conflict, Cambridge/New York/Melbourne/Madrid/Cape Town/ Singapore/Sao Paulo/Deli/Tokyo/Mexico City 2011.

Tougas, Marie-Louise, Commentary on Part I of the Montreux Document on Pertinent International Legal Obligations and Good Practices for States Related to Operations of Private Military and Security Companies During Armed Conflict, in: International Review of the Red Cross 2014, S. 305–358.

Tull, Denis M., Die Peacekeeping-Krise der Vereinten Nationen: Ein Überblick über die Debatte, SWP-Studie, Berlin 2010.

UK National Contact Point for the OECD Guidelines for Multinational Enterprises, Lawyers for Palestinian Human Rights (LPHR) & G4S PLC, Final Statement after Examination of Complaint, 2015.

University Centre for International Humanitarian Law, Expert Meeting on Private Military Contractors: Status and State Responsibility for their Actions, Genf 2005.

Voyame, Maurice D., The Notion of 'Direct Participation in Hostilities' and its Implications on the Use of Private Contractors under International Humanitarian, in: *Jäger,* Thomas/*Kümmel,* Gerhard (Hrsg.), Private military and security companies, Wiesbaden 2007.

Villiger, Mark Eugen, Commentary on the 1969 Vienna Convention on the Law of Treaties, Leiden/Boston 2009.

Völpel, Tim, UN-Friedensmissionen in Ruanda und Kongo: Lessons Learned from UNAMIR to MONUC, Institut für Politische Wissenschaft RWTH Aachen, Aachen 2012.

Vöneky, Silja/*Wolfrum,* Rüdiger, Die Reform der Friedensmissionen der Vereinten Nationen und ihre Umsetzung nach deutschem Verfassungsrecht, in: ZaöRV 2002, S. 569–640.

Vrdoljak, Ana Filipa, Women, PMSCs and International Law, in: *Eichler,* Maya (Hrsg.), Gender and private security in global politics, New York 2015.

Werzer, Julia, The UN Human Rights Obligations and Immunity: An Oxymoron Casting a Shadow on the Transitional Administrations in Kosovo and East Timor, in: Nordic Journal of International Law 2008, S. 104–140.

White, Nigel D., Regulatory Inititatives at the International Level, in: *Bakker,* Christine/*Sossai,* Mirko (Hrsg.), Multilevel regulation of military and security contractors – The interplay between international, european and domestic norms, Oxford/Portland 2012.

White, Nigel D., Towards Integrated Peace Operations: The Evolution of Peacekeeping and Coalitions of the Willing, in: *Odello,* Marco/*Piotrowicz,* Ryszard (Hrsg.), International Military Missions and International Law, Leiden/Boston 2011.

White, Nigel D., The Privatisation of Military and Security Functions and Human Rights: Comments on the UN Working Groups Draft Convention, in: Human Rights Law Review 2011, S. 133–151.

White, Nigel D., Institutional Responsibility for Private Military and Security Companies, in: *Francioni,* Francesco/*Ronzitti,* Natalino (Hrsg.), War by contract - Human rights, humanitarian law, and private contractors, Oxford/New York 2011.

White, Nigel D., The UN Charter and Peacekeeping Forces: Constitutional Issues, in: *Pugh,* Michael C. (Hrsg.), The UN, peace, and force, London/Portland 1997.

White, Nigel D./*Klaasen,* Dirk, An emerging legal regime?, in: *White,* Nigel D./*Klaasen,* Dirk (Hrsg.), The UN, human rights and post-conflict situations, New York/Manchester 2005.

White, Nigel D./*MacLeod,* Sorcha, EU Operations and Private Military Contractors: Issues of Corporate and Institutional Responsibility, in: European Journal of International Law 2008, S. 965–988.

Wills, Siobhàn, Military Intervention on Behalf of Vulnerable Populations: The Legal Responsibility of States and International Organizations Engaged in Peace Support Operations, in: Journal of Conflict & Security Law 2004, S. 387–418.

Windfuhr, Michael, Wirtschaft und Menschenrechte als Anwendungsfall extraterritorialer Staatenpflichten, in: Zeitschrift für Menschenrechte 2012, S. 95–119.

Wulf, Herbert, Internationalisierung und Privatisierung von Krieg und Frieden, Baden-Baden 2005.

van Zantvoort, Marieke, The United Nations and International Human Rights – Analysis of the extent to which the UN and UN peacekeeping forces are bound by international human rights law, Amsterdam 2011.

Zimmermann, Andreas/*Jötten,* Sara, Extraterritoriale Staatenpflichten und internationale Friedensmissionen, in: MenschenRechtsMagazin 2010, S. 5–17.

Zwanenburg, Marten, Accountability of peace support operations, Leiden/Boston 2005.

Zwanenburg Marten, Compromise or Commitment: Human Rights and International Humanitarian Law Obligations for UN Peace Forces, in: Leiden Journal of International Law 1998, S. 229–245.

UN Dokumente

A/3943, 09.10.1958, Summary study on the experience derived from the establishment and operation of the Force: report of the Secretary General.

A/45/594, 09.10.1990, Model status-of-forces agreement for peace-keeping operations.

A/46/185, 23.05.1991, Model Agreement between the United Nations and Member States contributing Personal and Equipment to United Nations Peace-keeping Operations.

A/47/277, 17.06.1992, An agenda for peace: Preventive diplomacy, peacemaking and peace-keeping.

A/59/565, 02.12.2004, Follow-up to the outcome of the Millennium Summit – Note by the Secretary-General.

A/59/710, 24.03.2005, A comprehensive strategy to eliminate future sexual exploitation and abuse in United Nations peacekeeping operations.

A/59/2005/Add.3, 26.05.2005, In larger freedom: towards development, security and human rights for all.

A/63/379, 26.09.2008, Comprehensive management audit of the Department of Safety and Security. Report of the Office of Internal Oversight Services.

A/65/325, 25.08.2010, Report of the Working Group on the use of mercenaries as a means of violating Human Rights and impeding the exercise of the right of peoples to self-determination.

A/67/624, 07.12.2012, Reports on the Department of Safety and Security and on the use of private security. Report of the Advisory Committee on Administrative and Budgetary Questions.

A/68/339, 20.08.2013, Report of the Working Group on the use of mercenaries as a means of violating human rights and impeding the exercise of the right of peoples to self-determination.

A/69/338, 21.09.2014, Report of the Working Group on the use of mercenaries as a means of violating human rights and impeding the exercise of the right of peoples to self-determination.

A/RES/217 A (III), A/810 at 71, 10.12.1948, Universal Declaration of Human Rights.

A/RES/377/V, 03.11.1950, Uniting for Peace.

A/RES/43/21, 03.11.1988, The uprising (intifadah) of the Palestinian people.

A/RES/44/34, 04.12.1989, International Convention against the Recruitment, Use, Financing, and Training of Mercenaries.

A/RES/51/242, 26.09.1997, Supplement to an Agenda for Peace.

A/RES/55/232, 16.02.2001, Outsourcing practices.

A/RES/60/147, 21.03.2006, Basic Principles and Guidelines on the Right to a Remedy and Reparation for Victims of Gross Violations of International Human Rights Law and Serious Violations of International Humanitarian Law.

A/HRC/8/5, 07.04.2008, Protect, Respect and Remedy: a Framework for Business and Human Rights. Report of the Special Representative of the Secretary-General on the issue of human rights and transnational corporations and other business enterprises, John Ruggie.

A/HRC/10/14, 21.01.2009, Promotion and Protection of all Human Rights, Civil, Political, Economic, Social and Cultural Rights Including the Right to Development. Report of the Working Group on the use of mercenaries as a means of violating human rights and impeding the exercise of the right of peoples to self-determination.

A/HRC/10/14/Add.2, 19.02.2009, Report of the Working Group on the use of mercenaries as a means of violating human rights and impeding the exercise of the right of peoples to self-determination, Addendum – Mission to the United Kingdom of Great Britain and Northern Ireland.

A/HRC/15/25/Add.2, 14.06.2010, Report of the Working Group on the use of mercenaries as a means of violating human rights and impeding the exercise of the right of peoples to self-determination, Addendum – Mission to Afghanistan.

A/HRC/15/25, 05.07.2010, Report of the Working Group on the use of mercenaries as a means of violating human rights and impeding the exercise of the right of peoples to self-determination.

A/HRC/RES/15/26, 07.10.2010, Open-ended intergovernmental working group to consider the possibility of elaborating an international regulatory framework on the regulation, monitoring and oversight of the activities of private military and security companies.

A/HRC/17/31, 21.03.2011, Report of the Special Representative of the Secretary General on the issue of human rights and transnational corporations and other business enterprises, John Ruggie – Guiding Principles on Business and Human Rights: Implementing the United Nations „Protect, Respect and Remedy" Framework.

A/HRC/WG.10/1/2, 13.05.2011, Draft of a possible Convention on Private Military and Security Companies (PMSCs) for consideration and action by the Human Rights Council, Prepared by the Working Group on the use of mercenaries as a means of violating human rights and impeding the exercise of the right of peoples to self-determination.

A/HRC/WG.10/CRP.1, 17.05.2011, Why we need an International Convention on Private Military and Security Companies (PMSCs) – Submission by the Working Group on the use of mercenaries as a means of impeding the exercise of the right of peoples to self-determination.

A/HRC/Res/17/4, 06.07.2011, Human rights and transnational corporations and other business enterprises.

A/HRC/WG.10/1/CRP.2, 05.08.2011, Summary of the first session.

A/HRC/WG.10/2/CRP.1, 06.08.2012, Submission by the Working Group on the use of mercenaries as a means of impeding the exercise of the right of peoples to self-determination.

A/HRC/21/43, 02.07.2012, Report of the Working Group on the use of mercenaries as a means of violating human rights and impeding the exercise of the right of peoples to self-determination.

A/HRC/22/41, 24.12.2012, Report of the open-ended intergovernmental working group to consider the possibility of elaborating an international regulatory framework on the regulation, monitoring and oversight of the activities of private military and security companies on its second session.

A/HRC/RES/24/13, 08.10.2013, The use of mercenaries as a means of violating human rights and impeding the exercise of the right of peoples to self-determination.

A/HRC/30/34, 08.07.2015, Annual report of the Working Group on the use of mercenaries as a means of violating human rights and impeding the exercise of the right of peoples to self-determination.

A/HRC/30/47, 09.07.2015, Report of the open-ended intergovernmental working group to consider the possibility of elaborating an international regulatory framework on the regulation, monitoring and oversight of the activities of private military and security companies on its fourth session.

A/CN.4/541, 02.04.2004, Second report on responsibility of international organizations.

A/CN.4/620/Add.1, 26.02.2010, Report of the International Law Commission on the work of its sixty-first session (2009).

A/CN.4/SR.2717, 08.05.2002, Summary record of the 2717th meeting.

A/59/10, 3 May-4 June and 5 July-6 August 2004, Report of the International Law Commission.

A/55/305 – S/2000/809, 21.08.2000, Comprehensive review of the whole question of peacekeeping operations in all their aspects, Identical letters dated 21 August 2000 from the Secretary-General to the President of the General Assembly and the President of the Security Council.

A/66/10, 26 April–3 June and 4 July–12 August 2011, Report of the International Law Commission – Sixty-third session.

A/70/95 – S/2015/446, 17.06.2015, Comprehensive review of the whole question of peacekeeping operations in all their aspects, Comprehensive review of special political missions Strengthening of the United Nations system, Identical letters dated 17 June 2015 from the Secretary-General addressed to the President of the General Assembly and the President of the Security Council.

E/5500, 14.06.1974, The Impact of Multinational Corporations on the Development Process and on International Relations.

E/C.12/2000/4, 11.08.2000, General Comment No. 14, The right to the highest attainable standard of health (article 12 of the International Covenant on Economic, Social and Cultural Rights).

E/CN.4/Sub.2/2003/12/Rev.2, 26.08.2003, Norms on the responsibilities of transnational corporations and other business enterprises with regard to human rights.

E/CN.4/2006/97, 22.02.2006, Interim report of the Special Representative of the Secretary-General on the issue of human rights and transnational corporations and other business enterprises.

E/CN.4/2006/11/Add.1, 03.03.2006, The right of peoples to self-determination and its application to peoples under colonial or alien domination or foreign occupation – Report of the Working Group on the use of mercenaries as a means of violating human rights and impeding the exercise of the right of people to self-determination on the resumed first session (10 to 14 October 2005 and 13 to 17 February 2006).

CCPR/C/OP/1, 29.07.1981, Human Rights Committee Selected Decisions under the Optional Protocol, 1985, Communication No. 52/1979.

CCPR/C/79/Add.50, 07.04.1995, Consideration of reports submitted by States parties under article 40 of the Covenant, Concluding Observations of the Human Rights Committee: United States of America.

CCPR/C/USA/CO/3/Rev.1, 18.12.2006, Consideration of reports submitted by States parties under article 40 of the Covenant, Concluding Observations of the Human Rights Committee. United Nations of America.

CCPR/C/GBR/CO/6, 30.07.2008, Consideration of reports submitted by States parties under article 40 of the Covenant, Concluding Observations of the Human Rights Committee. United Kingdom of Great Britain and Northern Ireland.

S/1994/653, 01.06.1994, Report of the Commission of Inquiry established pursuant to Security Council Resolution 885 (1993) to investigate armed attacks on UNOSOM II personnel which led causalities among them.

S/1999/957, 08.09.1999, Report of the Secretary-General to the Security Council on the Protection of Civilians in Armed Conflict.

S/RES/1996, 08.07.2011.

ST/SGB/1999/13, 06.08.1999, Secretary-General's Bulletin – Observance by United Nations forces of international humanitarian law.

Agreement between the United Nations and the Government of the Republic of Rwanda on the Status of the United Nations Assistance Mission for Rwanda, 05.11.1993, United Nations Treaty Series Vol. 1748, S. 16 ff.

Cockayne, Submission prepared for the second session of the UN Human Rights Council's open-ended intergovernmental working group to consider the possibility of elaborating an international regulatory framework on the regulation, monitoring and oversight of the activities of private military and security companies, Genf 2012.

Convention on the Privileges and Immunities of the United Nation, 13.02.1946, United Nations Treaty Series 1946/47 No. 4, S. 16 ff.

Convention on the Safety of United Nations and Associated Personnel, 09.12.1994, United Nations Treaty Series Vol. 2051, S. 363 ff.

Dickinson, Laura A., Report submitted to the United Nations Working Group on the Use of Mercenaries as a Means of Violating Human Rights and Impeding the Exercise of the Right of Peoples to Self-Determination, 26 th session, Genf 2015.

Office of the High Commissioner for Human Rights, Human Rights Resolution 2004/5, 08.04.2004, Use of mercenaries as a means of violating human rights and impeding the exercise of the right of peoples to self determination.

Office of the High Commissioner for Human Rights, Human Rights Resolution 2005/2, 07.04.2005, The use of mercenaries as a means of violating human rights andimpeding the exercise of the right of peoples to self-determination.

Office of Internal Oversight Services/International Audit Division, Audit Report – MONUC aerodrome operations services contract, 2008, abrufbar unter https://file.wikileaks.org/file/un-oios/OIOS-20080304-01.pdf.

Statement of the Working Group on the Use of Mercenaries as a Means of Violating Human Rights and Impeding the Exercise of the Right of Peoples to Self-Determination, Fifth session of the Open-Ended Intergovernmental Working Group to consider the possibility of elaborating an international regulatory framework on the regulation, monitoring and oversight of the activities of private military and security companies, 12.–17. Dezember 2016, Genf.

Status of Forces Agreement between the United Nations and the Government of the Republic of South Sudan concerning the United Nations Mission in

South Sudan, 08.08.2011, abrufbar unter http://www.un.org/en/peacekeeping/missions/unmiss/documents/unmiss_sofa_08082011.pdf.

United Nations, Department of Peacekeeping/Department of Field Support, United Nations Peacekeeping Operations: Principles and Guidelines, New York 2008.

United Nations, Department of Peacekeeping Operations/Training Unit: We are United Nations peacekeepers. Online verfügbar unter http://www.un.org/en/peacekeeping/documents/un_in.pdf.

United Nations, Department of Peacekeeping Operations, United Nations Civilian Police Handbook, New York 1995. Online verfügbar unter https://info.publicintelligence.net/UN-CivilianPolice.pdf.

United Nations, Department of Peacekeeping Operations, Military Observers Handbook, New York 1995.

United Nations, Department of Safety and Security/United Nations Security Management System, Guidelines on the Use of Armed Security Services from Private Security Companies, 2012.

United Nations, Department of Safety and Security/United Nations Security Management System, Guidelines on the Use of Armed Security Services from Private Security Companies, Security Management Operations Manual, Annex A – Statement of Works, 2012.

United Nations Department of Safety and Security/United Nations Security Management System, Security Management Operations Manual, Guidelines on the Use of Armed Security Services from Private Security Companies, Annex B Model Contract, 2012.

United Nations Department of Safety and Security/United Nations Security Management System, Security Policy Manual, 2012.

United Nations, Field Security Handbook, System-wide Arrangements for the Protection of United Nations Personnel and Property in the Field, 2006.

UN Working Group on the use of mercenaries as a means of violating human rights and impeding the exercise of the right of peoples to self-determination: National Legislation Studies on PMSCs. Europe Study.

UN Working Group on the use of mercenaries as a means of violating human rights and impeding the exercise of the right of peoples to self-determination, Concept note on a possible legally binding instrument for the regulation of private military security companies. Fourth session of the open-ended intergovernmental working group to consider the possibility of elaborating an international regulatory framework on the regulation, monitoring and oversight of the activities of private military and security companies, Genf 27. April–1. May 2015.

Erlanger Schriften zum Öffentlichen Recht

Herausgegeben von Max-Emanuel Geis, Heinrich de Wall, Markus Krajewski, Bernhard W. Wegener, Andreas Funke und Jan-Reinard Sieckmann

Band 1   Ingo Mehner: Privatisierung bayerischer Kreiskrankenhäuser. 2012.

Band 2   Claudius Fischer: Disziplinarrecht und Richteramt. 2012.

Band 3   Jan Schubert: Die Handelskooperation zwischen der Europäischen Union und den AKP-Staaten und deren Vereinbarkeit mit dem GATT. 2012.

Band 4   Michael Link: Open Access im Wissenschaftsbereich. 2013.

Band 5   Adolf Rebler: Die Genehmigung der Durchführung von Großraum- und Schwertransporten. 2014.

Band 6   Heidrun M.-L. Meier: Das Kunsthochschullehrernebentätigkeitsrecht. Der Hochschullehrer im Spannungsverhältnis zwischen Dienstrecht und grundrechtlicher Freiheit. 2015.

Band 7   Michaela Tauschek: Das Abstandsgebot in Richtlinie 2012/18/EU („Seveso-III-Richtlinie") und seine Auswirkungen auf die Erteilung von Baugenehmigungen. Deutsche Behörden zwischen Baurecht, Umweltrecht und Europarecht. 2016.

Band 8   Tina Linti: Rechtsrahmen und Regulierung Privater Militär- und Sicherheitsunternehmen unter besonderer Berücksichtigung ihrer Einsatzmöglichkeiten in UN-Friedensmissionen. 2018.

www.peterlang.com